신화의 강 갠지스

世界河域文明系列—女神的恒河
作者：北京大陸橋文化傳媒

Copyright ⓒ 2007 by 中國青年出版社
All rights reserved.

Korean Translation Copyright ⓒ 2010 by Sansuya Publishing Co.,
Korean edition is published by arrangement with 中國青年出版社
through EntersKorea Co., Ltd., Seoul.

이 책의 한국어판 저작권은 (주)엔터스코리아를 통한 중국의 中國青年出版社와의 계약으로 도서출판 산수야가 소유합니다.
저작권법에 따라 한국 내에서 보호를 받는 저작물이므로 무단 전재와 복제를 금합니다.

문명의 강 2

신화의 강
갠지스

베이징대륙교문화미디어 엮음 — 곽선미 옮김

황토빛 강물에 흐르는 신과 인간의 대서사시

산수야

일러두기__
외국 인·지명은 국립국어원의 외래어 표기 용례에 근거해 표기했다.
단, 중국 인·지명은 한국어 한자음에 따라 표기했다.

차 례

들어가며 9

1장 | 인드라 신의 안식처 델리
서사시의 도시 18

델리 왕조 24

무굴 제국 28

칭기즈 칸의 후예 티무르 29 | 무굴 제국의 창건자 바부르 34

불행한 행운아 후마윤 37

델리의 붉은 성 44

무굴 제국의 멸망 47 | 인도의 독립 50

마하트마 간디의 안식처 55

비폭력·비협력 운동 55 | 인도의 분열 59 | 인도의 눈물 64

부록 | 인도사 연표 74

2장 | 무굴 제국의 수도 아그라

위대한 황제 아크바르 79
세계의 지도자 79 | 아그라 성 88

부록 | 무굴 건축 94

사랑의 눈물 타지마할 96
뭄타즈 마할 96 | 슬픔이 만들어낸 기적 100

부록 | 현존하는 세계 7대 불가사의 건축물 107

아우랑제브의 천도 110

3장 | 격변의 땅 칸푸르

하르샤 왕조 119

구법승 현장 124

부록 | 『대당서역기』 136

세포이 항쟁 138

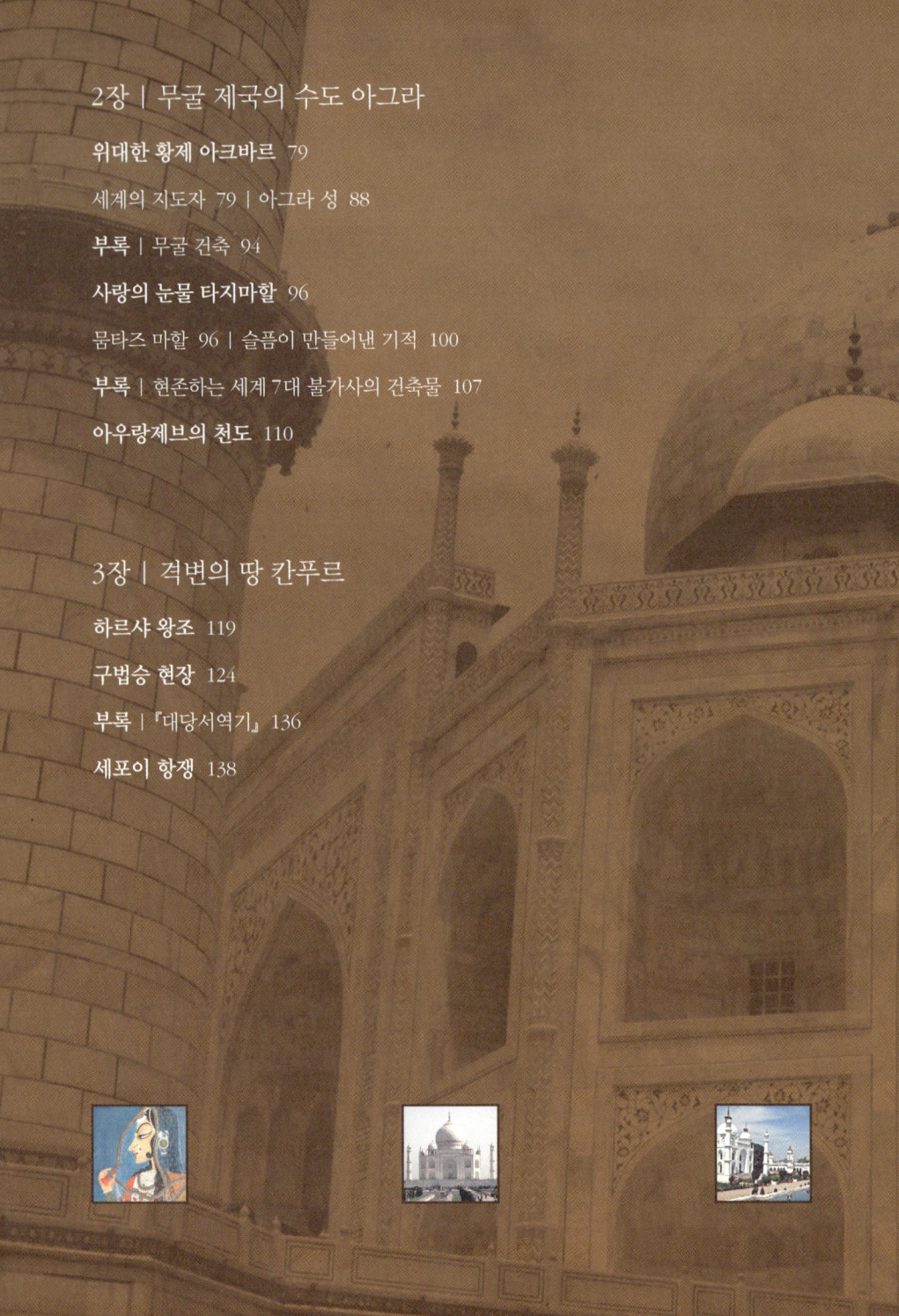

4장 | 신과 인간의 합일 카주라호

카주라호 사원군 151

5장 | 성스러운 도시 바라나시

시바 신이 머무는 곳 167
부록 | 힌두교 3대 신 174 | 힌두교의 기원과 교리 175
최초의 설법지 사르나트 178
마하비라의 탄생지 184
천국의 문 190

6장 | 불교문화의 기록 파트나

마우리아 왕조 198
왕조의 창건자 찬드라 굽타 198 | 전륜성왕 아소카 203
굽타 왕조 210
찬란한 불교문화 217
『서유기』 217 | 날란다 사원 222 | 부다가야 227

7장 | 식민지의 흔적 콜카타

궁전의 도시 235
식민통치의 중심 235 | 동인도회사 241

동방의 위대한 시인 249
라빈드라나트 타고르 249 | 독특한 교육철학 253 | 행동하는 양심 256

불후의 문호 258

부록 | 타고르의 유언 261 | 「자나 가나 마나」 262

콜카타의 천사 264

부록 | 테레사 수녀의 노벨평화상 수상 연설 272

들어가며

현세의 구세주, 여신의 갠지스 강이여,
커다란 부로 세계를 풍족하게 해주소서!
무지한 우리는 마음속으로 당신만을 존경합니다.
신성한 갠지스 강이여!
현세의 구세주, 여신의 갠지스 강이여,
온 세상을 행복하게 만들어주소서!

인도에서 가장 긴 갠지스 강은 히말라야 산맥의 남쪽 기슭에서 발원해 인도 동북부를 가로지르며 2,500여 킬로미터를 내달린다. 인류 문명의 발생 과정에서 강은 늘 중요한 역할을 했는데, 인도의 갠지스 강은 더욱 그러하다. 인도 신화에 등장하는 갠지스 강은 본래 여신으로 눈의 왕 히마바트의 딸이다. 그녀는 아득히 먼 새하얀 눈의 왕국에서 살다가 인류를 구하기 위해 인간 세상으로 내려와 대지를 촉촉이 적셨다. 소를 신성시하는 힌두교도들은 갠지스 강의 발원지가 히말라야 산맥 남쪽 기슭의 강고트리 빙하 끝에 있는 고무크(힌디어로 '소의 입'이라는 뜻을 갖고 있다—옮긴이)라는 점에 착안해, 갠지스 강물을 소의 입에서 나온 맑은 샘물로 여겨 숭배한다.

갠지스 강의 상류는 오늘날 중국 시짱 자치구 아리 현에 있는 카일라스 산맥이다. 이 산맥 중서부에 위치한 카일라스 산은 힌두교의 최고신인 시바의 수행 장소로 알려져 있다. 카일라스 산의 동남쪽 기슭에는 빙하가 녹아내린 물로 형성되어 바닥이 보일 정도로 맑은 마나사로와르라는 호수가 있다. 이 호수에서 시바 신이 자신의 아내이자 히말라야 산의 딸인 우마 여신과 함께 목욕했다는 이야기가 전해 내려온다. 그래서 힌두교도들은 카일라스 산을 신의 산, 마나사로와르 호수를 성스러운 호수라 부르며, 중요한 성지이자 순례지로 여겼다. 아주 오랜 세월 동안 험난한 산맥을 넘어 마나사로와르 호수에 도착한 힌두교도들은 이곳에서 목욕을 하면서 무병장수를 기원했고, 신의 산 카일라스를 참배해 시바 신의 계시를 받았다.

갠지스 강은 또 다른 전설을 갖고 있다. 옛날 인도의 어느 왕이 여신에게 선조의 죄업을 씻을 수 있는 천상의 물을 보내달라고 열심히 기도했다. 정성에 감복한 여신이 물을 내려보냈지만 대지가 지나치게 거센 물살을 견디지 못하고 여기저기 갈라졌다. 그러자 시바 신이 히말라야 산맥 부근의 갠지스 강 상류로 내려와 자신의 머리 위로 물을 천천히 흐르게 해 물살을 약하게 만들었다. 이로써 왕은 선조의 죄를 씻었고, 인류에게 행복을 가져왔다. 이

때부터 힌두교도는 갠지스 강을 여신의 화신化身이자 속죄의 강으로 여겨 떠받들었고, 시바 신을 숭배하고 성스러운 물로 목욕하는 것이 힌두교도의 2대 종교활동으로 자리 잡았다.

 갠지스는 풍부한 강물로 대지를 적시고, 사람들이 배를 이용하고 땅에 물을 댈 수 있도록 해주며, 광활한 갠지스 평야와 삼각주에 비옥한 토양을 선사한다. 덕분에 부지런하고 성실한 갠지스 강 유역의 사람들은 대대로 안정된 생활을 하며 위대한 고대 문명을 창조했다. 오늘날에도 이곳은 인도와 방글라데시의 중심부로, 특히 인구가 밀집한 갠지스 강의 중·상류 지역은 경제와 문화가 크게 발달했다. 지리적으로 볼 때 갠지스 강의 양대 수원은 알라크난다 강과 바기라티 강으로, 두 강의 상류에서 발생한 급류가 히말라야 산맥 사이를 흐르다가 데브프라야그 부근에서 합류한다. 고대 도시 하르드와르 부근에서 평야로 유입된 갠지스 강은 지류인 야무나 강과 나란히 흐르다가 알라하바드에서 합류한다. 모래가 많아 혼탁한 황토빛을 띠는 갠지스 강과 수심이 깊고 맑아 푸른빛을 띠는 야무나 강은 뚜렷한 색채 대비를 이루다가 점차 한데 뒤섞여 웅장한 기세로 성지 바라나시로 흘러들어 여러 지류와 합류하면서 더욱 기세를 확장해 한없이 하류로 흘러간다.

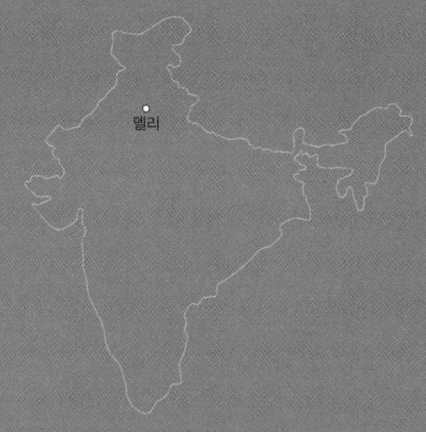

1장 | 인드라 신의 안식처 델리

역사가들의 고증에 따르면 델리가 최초로 출현한 시기는 기원전 1400년까지 거슬러 올라간다. 흥미로운 점은 3,000년이라는 긴 시간 동안 델리에서 7개의 도시가 탄생하고 또 사라졌다는 것이다. 고대 인도의 서사시 『마하바라타』에 등장하는 판다바 오형제가 처음 도시를 건설했을 때의 이름은 '인드라 신이 머무는 곳'이라는 뜻을 가진 인드라프라스타였다. 인드라는 고대 아리아인이 전쟁의 신으로 숭배했던 최고신이다. 델리라는 이름은 기원전 1세기가 지난 뒤에야 인도 역사에서 중요한 위치를 차지했다. 12세기에 델리는 이슬람 정권인 델리 왕조의 정식 수도가 되었고, 이후 무굴 제국의 수도가 되어 번영을 누렸다.

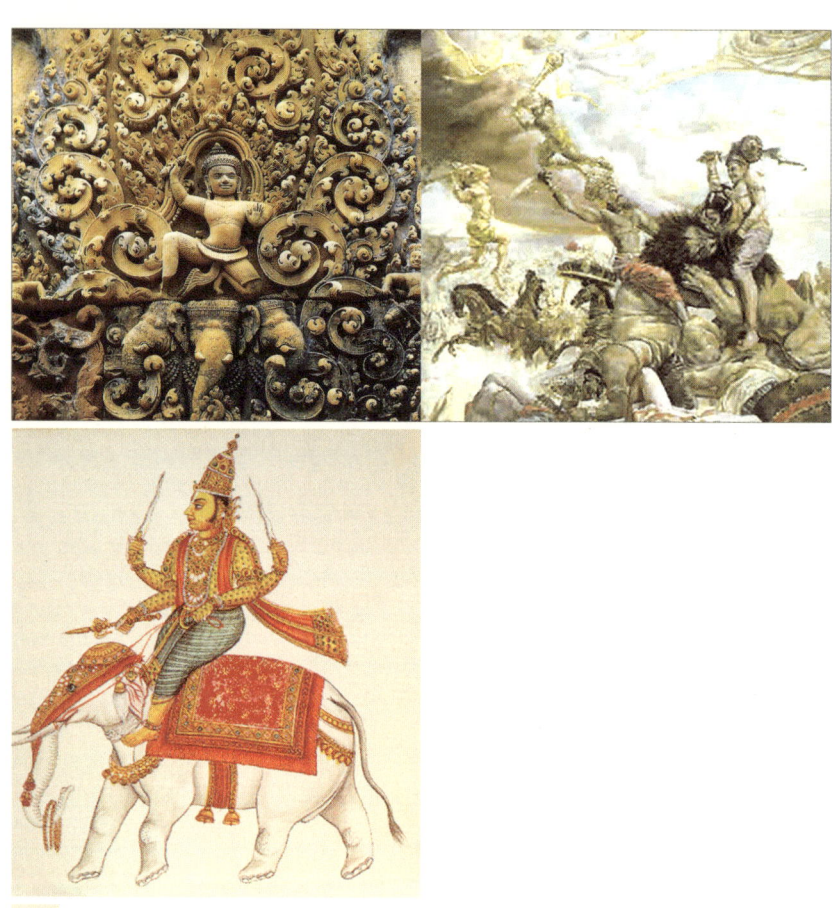

1 인도 고대 신화 속에 등장하는 전쟁의 신 인드라는 아리아인의 초기 문명에서 매우 중요한 신으로, 호전적인 성품을 지녀 무수한 인간과 요괴 들을 무찔렀고, 용 브리트라를 죽여 대지에 물을 뿌렸다.
2 그림이나 조각에서 인드라는 아이라바타라는 흰색 코끼리를 탄 모습으로 묘사된다.

모든 것을 변화시킨 자,

다사족을 굴복시키고 멸망시킨 자,

돈주머니를 얻은 도박꾼처럼 적들의 재산을 가진 자,

아, 사람들이여,

그가 바로 인드라다.

큰 죄를 범한 온갖 사람들을 화살로 죽이는 자,

교만하고 불손한 자를 절대 용서하지 않는 자,

다사족을 죽인 자,

아, 사람들이여,

그가 바로 인드라다.

—『리그베다』

고대 인도의 경전 『리그베다』에는 아리아인이 전쟁의 신으로 모셨던 인드라에게 바치는 찬양가가 들어 있다. 인드라는 『베다』의 신들 가운데 최고신으로, 하늘의 왕이다. 인도 신화 속에 묘사된 인드라는 자유자재로 변신할 수 있고, 항상 손에 벼락을 쥐고 있으며, 화살과 갈고리, 그물 등을 이용해 적을 공격한다. 자신의 피부색과 같은 붉은빛이 감도는 황금색 말이 끄는 전차를 타고, 전투를 벌일 때 바람의 신과 협공을 펼치기도 한다. 불로불사주인 소마즙을 즐겨 마시며, 불의 신이 구운 소를 한 끼에 다 먹어치우기도 하는 대식가다.

이처럼 엄청난 위력을 가진 인드라가 세운 가장 큰 공적은 거대한 용 브리트라를 죽이고 메마른 대지에 물을 뿌린 것이다. 어느 날 소마즙을 많이 마셔 곤드레만드레 취한 인드라는 바람의 신을 대동하고 몸에 물을 가둔 거대한 용 브리트라와 격렬한 접전을 벌였다. 마침내 브리트라가 쓰러지자 인드라는 벼락으로 브리트라의 배를 갈라 물을 해방시켰다. 인드라는 성채의 파괴자로도 불리는데, 그가 파괴한 성채 중에 99개는 브리트라의 것이었다. 또 머리가 셋, 눈이 여섯 개 달린 요괴를 비롯한 여러 악마들을 죽였고, 아리아인이 다사족(아리아인에게 정복되어 노예가 된 인도 선주민을 일컫는다―옮긴이)을 정복하는 것을 도와주었다. 인드라는 비와 번개의 신으로도 불린다. 예컨대 가뭄을 걷어내고 비를 내려 대지에 풍년이 들게 하고, 때로는 폭풍우를 쳐 사람들을 겁주기도 했다. 인드라에 관한 노래는 사람들의 입을 통해 오늘날까지 전해지고 있다.

수레바퀴가 끝없이 돌고 도네.
중앙 바퀴통에 360개의 바퀴살이 모여 있고
중요한 24개의 바퀴살이 있네.
여섯 명의 소년이 정성스레 밀고 있네.
만상을 망라한 물레를.
세 명의 소녀가 쉬지 않고 베를 짜네.
검은 실, 흰 실, 왔다 갔다 돌고 도네.
모든 중생 세계가 함께 움직이네.
손에는 번개 방망이를 쥐고 온 세상을 보호하네.
브리트라를 죽인 자,
검은 옷을 걸친 용맹스러운 하늘의 신.
이 세상의 진실과 거짓을 구분하고
바다 깊은 곳에서 신마神馬를 얻었네.

알고 보니 화신火神이요, 탈것을 담당하네.

세계의 왕, 삼계의 지배자,

인드라 신이시여,

나는 영원히 정중한 절을 올리겠나이다.

문헌기록에 따르면 약 기원전 2000년에 아리아인이 인도를 침입했는데, 인도 역사에서는 이때부터를 베다 시대의 시작으로 여긴다. 얼마 뒤에 인도 북쪽의 갠지스 강 유역에서 잇달아 문명이 발생하면서 델리도 빠르게 발전했다. 재미있는 사실은 델리가 일찍이 인드라 신의 안식처로 여겨졌다는 사실이다.

베다 시대 『베다』는 인도에서 가장 오래된 문헌자료로, 찬미시와 기도문, 주문 등으로 이루어져 있다. 브라만교와 힌두교의 가장 근본이 되는 경전으로, 오랜 세월에 걸쳐 사람들 사이에서 구전되던 이야기를 모아 집대성한 것이다. 베다는 '지식' 또는 '계시'라는 뜻이며, 『리그베다』, 『야주르베다』, 『사마베다』, 『아타르바베다』의 네 권으로 구성된다. 이 중에 『리그베다』는 기원전 2000년 중엽에 형성되어 기원전 1000년경에 집대성되었다. 그래서 일반적으로 이 시기를 리그베다 시대 또는 초기 베다 시대라고 부른다. 나머지는 기원전 900년경에 형성되었고, 이 시기를 후기 베다 시대라고 부른다.

서사시의 도시

갠지스 강은 카일라스 산맥에서 발원해 동남쪽으로 흐르면서 인도 북부 지역을 풍요롭게 적신다. 야무나 강은 발원지부터 갠지스 강과 평행을 이루며 약 1,376킬로미터를 세차게 흐르다가 마침내 알라하바드 부근에서 만난다. 야무나라는 이름은 태양신의 딸 야미 여신에서 유래했는데, 산스크리트어로 '태양신의 딸 야미 강'이라는 뜻을 갖고 있다. 갠지스 강의 지류 가운데 야무나 강은 하천 바닥의 폭이나 경류량(땅 위나 땅속을 흐르는 빗물 줄기—옮긴이), 드높은 기세나 거느린 지류의 수에서 단연 으뜸으로, 원류인 갠지스 강을 뛰어넘는다고 생각하는 사람들도 있다. 그래서 예로부터 야무나 강은 줄곧 신성한 강으로 숭배받으며 갠지스 강과 쌍벽을 이루었다. 실제로 야무나 강기슭에서 번영한 델리와 아그라, 마투라, 알라하바드 등의 도시는 모두 인도에서 매우 중요한 위치를 차지한다. 특히 야무나 강 서쪽 기슭에 자리 잡은 델리는 인도의 오랜 수도로서 영원한 매력을 발산한다.

고대 인도는 종교와 신화의 나라로 널리 알려졌다. 특히 갠지스 강과 그 지류들은 인도 문명의 근원으로 많은 신화를 탄생시켰다. 기원전 500년경에 인도의 유명한 2대 서사시 『마하바라타』와 『라마야나』가 탄생했다. 두 작품은 인류의 귀중한 문화유산으로 인도뿐만 아니라 전 세계적으로 명성이 자자하다. 이 중 전체 18편인 서사시 『마하바라타』는 특히 10만여 송頌에 이르는 시구詩句로 유명하다. 마하바라타는 위대한 바라타 왕의 후예라는 뜻으로, 바라타족에 속한 카우라바 가문과 판다바 가문의 불화로 인해 벌어진 전투를 기본 내용으로 삼았다. 양가의 격전지인 쿠루크세트라가 지금의 델리 부근이다. 서사시의 내용은 다음과 같다.

기원전 800년경, 판다바가의 판두는 장님이었던 사촌 형 카우라바가의 드르타라슈트라를 대신해 바라타의 왕위를 이었지만, 얼마 지나지 않아 죽고 말았다. 당시 판두는 두 아내와의 사이에서 사람들이 판다바 오형제라고 부르던 유디슈티라, 비마, 아르주나, 나쿨라, 사하데바라는 다섯 아들을 두었지만, 모두 어렸기 때문에 장님 드르타라슈트라가 왕위에 올랐다. 드르타라슈트라에게는 맏아들인 두리오다나를 비롯해 백 명의 아들이 있었는데, 사람들은 이들을 카우라바 형제라고 불렀다. 판다바 오형제는 우애가 매우 두터웠고, 어른이 되자 모두 뛰어난 능력을 나타냈다. 둘째 비마는 나무를 통째로 뽑을 수 있을 만큼 힘이 셌고, 먹는 양도 엄청나 일곱 수레에 가득 실은 쌀밥을 한 번에 먹어치우기도 했다. 셋째 아르주나는 뛰어난 활솜씨로 유명했다.

장님 왕의 맏아들인 두리오다나는 별다른 재능을 갖지 못했고, 아버지와 달리 속이 좁아서 특출한 능력을 보이는 판다바 오형제를 매우 시기했다. 그래서 두리오다나는 자신의 왕위 계승에 방해가 되는 판다바 오형제와 어머니 쿤티가 사는 궁을 불태우겠다는 계획을 세우고 준비에 들어갔다. 다행히

1
2

1 갠지스 강의 지류인 야무나 강은 발원지부터 갠지스 강과 나란히 흐르다가
  알라하바드 부근에서 합류해 인도의 수많은 역사적인 도시를 탄생시켰다.
  특히 델리는 인도의 위대한 서사시 『마하바라타』의 배경이 된 도시로 유명하다.
2 서사시 『마하바라타』는 바라타족에 속한 카우라바 가문과 판다바 가문 간에
  벌어졌던 권력 쟁탈전과 함께 수많은 신화와 교훈적인 이야기를 담고 있다.

사전에 계획을 눈치챈 판다바 오형제는 지하에 굴을 파서 어머니를 모시고 무사히 탈출해 세상을 떠돌아다녔다.

판다바 오형제가 판찰라 왕국에 도착했을 때, 마침 이곳의 왕은 승리한 자에게 흑공주라 불리는 딸 드라우파디와 결혼시키겠다는 조건을 내걸고 활쏘기 시합을 열고 있었다. 평소 뛰어난 활솜씨를 자랑하던 셋째 아르주나가 일등을 차지했다. 뛸 듯이 기뻐하며 흑공주를 데리고 집으로 돌아온 판다바 오형제는 문 밖에서 어머니에게 큰 소리로 "어머니, 아르주나가 엄청난 상품을 받았어요!"라고 외쳤다. 집 안에 있어서 미처 상품이 무엇인지 보지 못한 어머니는 별 생각 없이 "잘됐구나. 너희는 우애가 좋은 형제이니 상품도 공평하게 나눠 가지도록 해라"고 대답했다. 어머니의 말씀을 거역할 수 없었던 판다바 오형제는 모두 흑공주를 아내로 맞이했고, 흑공주의 아버지인 판찰라 왕의 도움을 받아 고향으로 돌아갔다. 그동안에 벌어진 모든 일을 알게 된 장님 왕 드르타라슈트라는 판다바 오형제에게 왕국의 절반을 나눠주었다. 판다바 오형제는 우거진 숲을 열심히 개간해 인드라프라스타(델리)를 건설했고, 큰형 유디슈티라가 왕위에 올랐다. 이 왕국이 델리의 시초라고 할 수 있다.

하지만 두리오다나는 여전히 판다바 오형제를 눈엣가시로 여겼다. 능력으로는 이길 수 없다는 것을 잘 알고 있던 두리오다나는 속임수를 쓰기로 계획을 바꿔 유디슈티라를 판돈이 크게 걸린 주사위 도박에 초대했다. 당시에는 왕이 도박을 거절하는 건 체면이 깎이는 일이었기 때문에 유디슈티라는 초대에 응할 수밖에 없었다. 하지만 이 도박에서 크게 져 보석뿐만 아니라 왕국과 동생들마저 빼앗기게 되었다. 이제 걸 수 있는 것이라고는 흑공주뿐이었다. 그만두려 해도 그만둘 수 없었던 유디슈티라는 흑공주마저 판돈으로 걸었지만, 이번에도 지고 말았다. 카우라바 형제는 의기양양해서 체면도 잊고 흑공주의 머리를 잡은 채 그녀를 방에서 끌어냈다. 흑공주는 신에게 도움을 빌었고, 다행히 최고신 크리슈나의 도움으로 능욕을 면할 수 있었다. 나중에 이 사실을 안 장님 왕 드르타라슈트라는 아들을 꾸짖고 판다바 오형제에게 왕국을 돌려주었다. 하지만 두리오다나는 유디슈티라를 또다시 도박에 초대했다. 이번 도박에는 색다른 조건을 걸었다. 도박에서 진 자는 숲 속에서 12년 동안 유배 생활을 해야 하고, 13년째 되는 해에는 신분을 노출시키지 말아야 하며, 만약 발견되면 유배 기간이 12년 더 늘어난다는 조건이었다. 판다바 오형제는 이번에도 지고 말았고, 약속대로 흑공주와 함께 숲 속으로 들어갔다.

판다바 오형제는 13년 동안 숲에서 숨어 지내는 고통스러운 나날을 보냈다. 하지만 두리오다나는 약속대로 왕국을 돌려주기는커녕 각지에서 군대를 소집해 전쟁을 선포했다. 이로써 치열한 전투가 시작되었는데, 이 부분이 바로 서사시 『마하바라타』의 클라이맥스다.

서사시는 쿠루크세트라에서 벌어진 전투를 흙먼지가 휘몰아쳐 온 천지가 어두컴컴할 정도로 치열하게 서로 싸워 피와 살이 사방으로 흩어지고, 시체가 온 들판에 널려 있었다고 묘사한다. 결국 판다바 오형제가 카우라바 형제를 이기면서 유디슈티라는 다시 왕이 되었다. 몇 년 뒤 판다바 오형제는 손

『마하바라타』 고대 인도의 가장 위대한 서사시로, 전설적인 인도의 현인 비아사가 썼다고 전해진다. 이 작품은 고대 인도 각 계층의 생활을 반영해 인도 고대사회의 백과사전으로 불린다. 전체 길이는 호메로스의 『일리아스』와 『오디세이아』를 합친 길이의 약 7배에 해당한다. 오늘날의 학자들이 밝혀낸 바에 따르면 『마하바라타』는 기원전 4세기부터 기원후 4세기 사이에 지금의 형태를 갖추었다. 8,800송에 이르는 최초의 대서사시 『승리의 노래』에서 훗날 2만 4,000송의 『바라타』로 축약되었고, 마지막으로 10만여 송으로 이루어진 『마하바라타』가 완성되었다.

자에게 왕위를 물려주고 천국을 찾아 만년설이 내리는 산으로 갔지만, 도중에 사형제와 흑공주가 죽고 유디슈티라만이 살아남아 개 한 마리를 데리고 천국에 들어간다.

　역사가들의 고증에 따르면 델리가 최초로 출현한 시기는 기원전 1400년까지 거슬러 올라간다. 흥미로운 점은 3,000년이라는 긴 시간 동안 델리에서 7개의 도시가 탄생하고 또 사라졌다는 것이다. 판다바 오형제가 처음 이 도시를 건설했을 때의 이름은 '인드라 신이 머무는 곳'이라는 뜻을 가진 인드라프라스타였다. 델리라는 이름은 기원전 1세기가 지난 뒤에야 인도 역사에서 중요한 위치를 차지한다. 델리라는 이름의 유래에 대해서는 아직도 의견이 분분한데, 어떤 역사가는 마우리아 왕조의 왕 이름을 변형시켰거나, 기원전 8세기 카나우지의 제후 이름에서 따왔다고 생각한다. 일부 학자들은 인도의 어떤 왕이 이 도시에 수많은 철제 기둥을 세웠는데 보수를 했음에도 불구하고 여전히 위태롭자, '견고하지 않다'는 힌디어의 발음에서 유래해 델리라는 이름이 붙여졌다고 주장한다. 이 밖에 델리의 지명을 '관문'이라는 뜻의 페르시아어에서 기원했다고 보는 사람도 있다.

델리 왕조

고대 인도의 역사는 아시아의 다른 나라들보다 훨씬 복잡한데, 이는 통일 왕조가 늦게 나타났다는 점만 보더라도 알 수 있다. 흔히 델리의 역사가 오래되었다고 하지만, 12세기 말에 이르러서야 왕조의 정식 수도가 되었다. 이것도 이슬람 문명이 전파된 덕분이다.

아랍 제국은 이슬람 국가가 된 기원전 7~8세기경에 크게 발전해 전성기를 누렸다. 이들은 아라비아 반도와 이집트, 아프리카 북부, 중앙아시아 등을 장악하고, 아시아대륙의 동남단까지 영토를 확장했다. 8세기 초에 우마이야 왕조(661~750)는 남아시아 서북단 지역까지 세력을 뻗었다. 8~10세기경에 신드와 펀자브 남부 지역 일대는 이미 아랍인의 통치를 받고 있었고, 물탄과 만수라라는 작은 두 왕국이 잇달아 세워졌다. 하지만 10세기 중엽 전까지는 이슬람 세력이 인도아대륙의 서북 일대로 제한되었고, 인도의 정치와 경제, 문화에 뚜렷한 영향을 미치지는 못했다.

962년에 지금의 아프가니스탄 동부 지역에서 이슬람교를 신봉하는 튀르크인이 가즈나 왕조(962~1186)를 세웠다. 이슬람 술탄 마흐무드(재위 998~1030)는 군대를 이끌고 연속해서 17차례나 인도를 침공해 저항하는 라지푸트족을 격파했다. 1009년에는 카나우지를 공격해 이 유서 깊은 도시를 약탈하고 폐허로 만들었다. 1025년에는 완강히 저항하는 인도인을 무너뜨리고 힌두교 성지인 솜나트의 시바 신전을 공격한 뒤에 낙타 4만 마리를 동원해 사원의 막대한 보물을 가즈나로 옮겼다. 약탈이 원정의 주된 목적이었던 마흐무드는 인도를 직접적으로 통치하지는 않았지만 가즈나 왕조의 군사정벌로 중앙아시아에서 인도아대륙으로 연결되는 통로가 열렸다. 가즈나 왕조는 마흐무드가 죽은 뒤 급격히 쇠퇴했고, 아프가니스탄 서부에서 새로 일어난 이슬람의 구르 왕조에게 멸망했다.

구르 왕조는 가즈나 왕조와 마찬가지로 약탈을 일삼고 계속해서 인도를 침략했다. 1190년에 구르 왕조의 술탄 무이즈 웃 딘 무하마드가 인도의 중심지를 공격해 지금의 델리 부근에서 타라오리 전투를 벌였다. 1192년에는 다시 12만 대군을 이끌고 접전을 벌인 끝에 대승을 거두고 델리까지 진격했다. 구르 왕조의 군대는 비하르와 벵골 등의 지역을 연이어 함락시켰다. 이때 데칸 고원의 북부 지역이 구르 왕조의 손에 넘어갔다.

1206년에 무하마드가 암살당하면서 구르 왕조는 분열되었고, 구르 왕조의 주델리 총사령관 쿠트브 웃 딘 아이바크가 술탄이 되었다. 이때부터 델리 왕

구르 왕조(1148~1215)   12~13세기에 튀르크인이 아프가니스탄과 인도 북부 지역에 세운 이슬람 왕조다. 12세기 말에 인도 내 가즈나 왕조의 식민지를 빼앗고 야무나 강과 갠지스 강 유역으로 점차 세력을 확장했고, 1191년 타라오리 전투를 통해 인도아대륙을 정복하면서 이슬람교를 인도 문화 깊숙이 전파했다. 1160년부터 세력이 나날이 강해져 아프가니스탄과 이란의 호라산, 박트리아, 인도 대부분 지역을 점령했다. 구르 왕조는 순니파의 교의를 따르고 바그다드 압바스 왕조의 종주권을 인정하면서 이슬람교의 수호자를 자처했다.

조의 통치가 시작되어 델리 또한 인도 정치의 심장부로 떠올랐다. 델리 왕조는 인도 역사에서 처음으로 안정된 이슬람 정권이었다. 320여 년간 노예 왕조(1206~1290), 할지 왕조(1290~1320), 투글루크 왕조(1320~1414), 사이이드 왕조(1414~1451), 로디 왕조(1451~1526) 등의 다섯 왕조가 차례대로 델리 왕조를 이끌었다. 델리 왕조는 정복전쟁을 통해 점차 인도아대륙 대부분 지역을 이슬람의 통치 아래 두었다. 노예 왕조의 술탄 일투트미시(재위 1211~1236)는 펀자브와 벵골의 반란을 연이어 평정하고, 빈디아 산맥 북쪽 구릉지대에 있는 괄리오르와 말와를 정복했다. 그래서 역사가들 사이에서 일투트미시는 델리 왕조의 창시자로 불린다. 술탄 기야스 웃 딘 발반(재위 1265~1287)은 오만불손한 '40인 귀족집단'을 호되게 처벌하고 술탄의 권위와 이슬람 율법을 강화했다. 할지 왕조의 술탄 알라 웃 딘 할지(재위 1296~1316)는 귀족들을 굴복시키고 개혁을 추진해 중앙정부가 직접 통제하는 토지를 늘리고 할거 세력을 제거했다. 뿐만 아니라 자신의 부관 말리크 카푸르를 남인도로 보내 4대 힌두교 왕국인 야다바, 카카티야, 호이샬라, 판디아를 잇따라 정복해 데칸 고원을 관할 지역으로 삼았다. 이때부터 델리 왕조의 영토가 동쪽으로는 벵골, 서쪽으로는 인더스 강, 북쪽으로는 카슈미르, 남쪽으로는 코베리 강까지 확장되었다.

주목할 점은 외래 문명의 침입이 고대 인도의 본토 문명에 강한 충격을 안겨주었다는 것이다. 술탄으로 대표되는 이슬람 정복자들은 인도에서 정치적 입지를 굳건히 다졌고, 인도 선주민의 전통신앙과 문화관념을 크게 허물었다. 델리 왕조 초기에는 힌두교도를 잔인하게 탄압하고 온갖 수단을 동원해 이슬람교 개종을 강요했으나 별다른 효과가 없었다. 그 후 역대 술탄들은 심한 종교 차별을 실시했다. 경제적으로는 힌두교도에게 이슬람교도보다 훨씬 높은 토지세를 부과하고 치욕의 상징인 인두세를 징수했으며, 정치적으로는 어떠한 고급 관직도 맡을 수 없게 했다. 종교에 광적인 경향을 보인 일부 술탄은 심지어 힌두교도의 이발을 금지하고, 야무나 강에서 목욕하거나 연회를 여는 행위를 절대 용납하지 않는다는 엄명을 내리기도 했다. 그럼에도 불구하고 델리에서 인도인의 전통신앙을 완전히 말살시키지는 못했다.

14세기 중엽 이후 전성기를 누리던 델리 왕조는 차츰 쇠퇴하기 시작했다. 힌두교도의 저항은 물론 이슬람 귀족의 반항도 끊이지 않았고, 민족 간의 갈등은 갈수록 격렬해졌다. 이 기회를 틈타 지방 곳곳에서 반란이 일어났다. 14세기 말에 인도를 침입한 티무르의 군대는 먼저 델리 북쪽을 공략해 투글루크 왕조의 저항을 무너뜨리고, 델리 성을 약탈했다. 델리 왕조의 통치 지역은 급격하게 줄어들었고, 술탄의 명령이 델리 주변까지 전달되지 않았다. 15세기 후반에 군대를 보유한 북부 이슬람 귀족과 힌두교 제후는 형식적으로만 델리의 술탄을 받들었다. 한편 남부 데칸 고원에서는 양대 정권인 바흐마니 이슬람왕국과 비자야나가르 힌두왕국이 서로 대립해 전쟁이 끊이지 않았다. 이러한 혼란과 할거는 또다시 북방민족의 침략에 빌미를 제공했다.

수백 년 동안 델리는 여러 왕조를 거치면서 눈부신 발전을 이루었다. 오늘날 우리는 올드 델리의 시내와 교외에서 옛 도시의 무너진 담벼락을 수없이 볼 수 있다. 델리 왕조는 이미 역사의 뒤안길로 사라졌지만 이런 폐허를 마주하면 찬란했던 수백 년 전의 모습이 저절로 떠오른다.

무굴 제국

오늘날 사람들의 마음속에 기억되는 델리 왕조는 황급히 지나가는 나그네일지도 모른다. 사실 델리의 진정한 주인은 무굴 제국이다. 1398년에 티무르가 인도를 침입해 델리를 점령하면서 이미 내부 분열이 심각했던 델리 왕조는 치명적인 타격을 입었다. 성마다 총독들이 독립을 선언해 사이이드 왕조와 로디 왕조는 델리와 라호르 지역만 통치하는 소국으로 전락했다. 1526년에 벌어진 제1차 파니파트 전투에서 바부르가 이브라힘 로디 술탄이 이끄는 델리 왕조의 10만 대군을 크게 격파했다. 이 전쟁에서 이브라힘 로디는 전사했다. 바부르는 델리를 침공해 힌두스탄의 황제를 자처하며 무굴 왕조의 인도 통치를 시작했다. 이로써 320년간에 걸친 델리 왕조의 통치는 막을 내렸다.

무굴 제국(1526~1857)은 인도 역사에서 매우 중요하다. 무굴 제국 시기에 인도아대륙은 정치적으로 통일되고 경제와 문화가 발전하기 시작했을 뿐만 아니라, 봉건사회 말기로 들어섰다. 또한 이 시기는 중세에서 근대로 넘어가는 전환기이기도 하다. 흥미로운 사실은 무굴 제국의 수도로서 델리의 지위가 그다지 튼튼하지 않았다는 점이다. 무굴 제국 이전의 통치자들이 고심하며 대규모 토목공사를 진행한 덕분에 델리 곳곳에 장관을 이루는 웅장한 건축물이 들어섰음에도 불구하고 제국의 수도는 얼마 지나지 않아 아그라로 바뀌었다. 17세기 중반이 되어서야 무굴 제국의 5대 황제 샤 자한이 아그라에서 다시 델리로 수도를 옮기고, 10년이라는 긴 시간을 투자해 델리에 있던 7개 도시 중 가장 마지막에 생겨난 도시를 건설했다.

칭기즈 칸의 후예 티무르

무굴 왕조의 시조인 티무르를 빼놓고는 무굴 제국을 논할 수 없다. 티무르 제국의 건설자인 티무르(1336~1405)는 중동 역사에서 매우 유명한 정복자로, 케시(지금의 우즈베키스탄 경내) 부근의 튀르크에 동화된 몽골 귀족 출신으로 알려져 있다. 사실 그의 출신에 대해서는 칭기즈 칸의 후예인 튀르크에 동화된 몽골인이라는 주장과 튀르크인일 뿐 칭기즈 칸의 후예는 본인이 자처한 것이라는 주장이 대립하고 있다.

역사기록에 따르면 티무르는 키가 크고 체격이 건장했으며, 머리가 유난히 크고 갈색 피부를 갖고 있었다. 용맹하고 싸움을 매우 잘해 전투의 중요한 순간마다 최전방에서 싸웠다. 비록 문맹이었지만 자신에게 유리한 기회를 잡기 위해서라면 잠깐의 굴욕쯤은 참아낼 정도로 매우 지혜로웠다.

티무르가 태어난 케시는 당시 서차가타이 한국의 영토에 속했다. 케시의 성주였던 하지 바를라스는 조카 티무르를 천호장千戶長에 임명했지만, 동차가타이 한국의 투글루크 테뮈르가 케시를 침략해 점령하자, 티무르는 즉시 그를 찾아가 충성을 맹세했다. 그러나 얼마 뒤 티무르는 투글루크 테뮈르의 아들 일리아스 호자와 사이가 틀어져, 처남 후사인과 함께 페르시아로 망명했다. 이때 다리에 부상을 입은 것이 평생 장애로 남아 사람들은 그를 절름발이 티무르라고 불렀다. 그러나 이런 장애쯤은 뛰어난 정복자가 되는 데 걸림돌이 되지 않았다. 수많은 방황과 모험 끝에 티무르와 후사인은 파죽지세로 일리아스 호자를 물리치고 트란속사니아(아무다리야 강 동쪽과 시르다리야 강 서쪽의 중앙아시아 투르키스탄의 역사적 지역—옮긴이) 전역을 점령했다. 하지만 이후 티무르가 태도를 바꾸면서 후사인과도 사이가 틀어져 서로 적이 되고 말았다. 1370년에 티무르는 후사인을 살해하고 스스로 아미르(수장이라는 의미—옮긴이)라는 칭호를 붙였다. 그리고 사마르칸트를 수도로 삼아 형태를 갖춘 국가를 세웠다.

티무르는 항상 칭기즈 칸의 업적을 떠올리면서 자신을 다독이고, 제국 건설이라는 야망을 위해 끊임없이 이웃나라에 칼날을 겨누었다. 먼저 호라즘 제국을 섬멸하고, 대대로 철천지원수였던 동차가타이 한국을 다섯 차례에 걸쳐 침공했다. 동차가타이 한국은 이때의 패배로 치명적인 타격을 입어 끝내 재기하지 못했다. 가장 큰 걱정거리를 제거한 티무르는 창끝을 이란과 아프가니스탄으로 겨누었다. 당시 두 지역은 훌라구의 후예가 각각 지배하며 서로 대립하고 있었기 때문에 티무르에게는 최고의 사냥감이었다. 1380년부터 1393년까지 티무르는 간헐적으로 할거 세력을 하나하나 제거하고 마침내 이란과 아프가니스탄을 점령했다. 이때에 이르러 티무르 제국은 동쪽으로 인더스 강, 서쪽으로 유프라테스 강, 북쪽으로 카프카스까지 점령하고, 남쪽으로는 걸프 지역을 내려다보는 최대 영토를 형성했다. 1389년부터 1395년 사이에 세 차례에 걸쳐 치른 킵차크 한국과의 전쟁은 티무르에게 가장 힘든 전투였다. 티무르는 칭기즈 칸의 후예 토크타미시를 양아들로 생각하고 킵

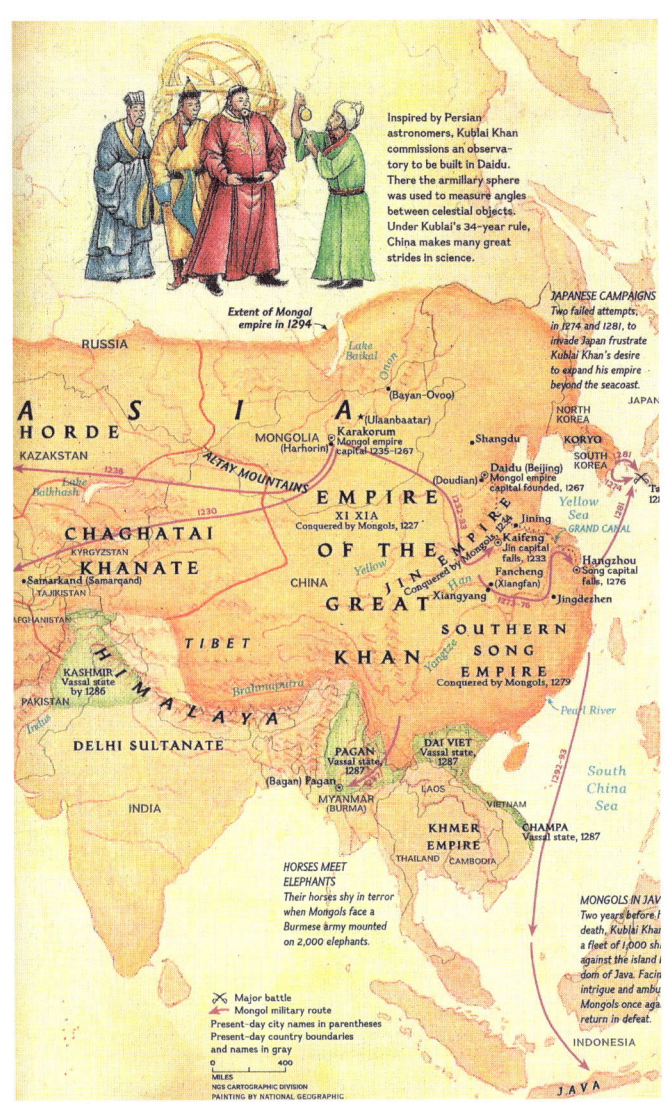

광활한 인도 영토에 매력을 느낀 티무르는 델리 왕조의 이슬람 술탄들이 힌두교도에게 지나친 관용을 베푼다는 핑계로 인도에 군대를 파견했다.

중국 원정길에 병사한 티무르의 유해는 썩지 않는 향유를 바른 채 관에 넣어져 사마르칸트로 옮겨졌고, 이곳에서 구르에아미르라고 불리는 호화로운 무덤에 매장되었다. 사진은 티무르의 무덤이다.

차크 한국의 칸으로 키웠지만, 토크타미시는 양아버지에게 공격의 창을 겨눠 은혜를 원수로 갚았다. 티무르는 괘씸한 마음에 거침없이 반격에 나서 직접 군대를 이끌고 세 차례나 킵차크 한국을 공격해 토크타미시를 완전히 격파했다. 그리고 유럽과 아시아를 잇는 교역로를 심각하게 훼손시킨 뒤에 단 한 명의 병사도 남기지 않은 채 이곳을 떠났다.

인도의 광활한 영토에 큰 매력을 느낀 티무르는 델리 왕조의 이슬람 술탄들이 힌두교도에게 지나친 관용을 베푼다는 핑계로 군대를 파견했다. 이때 델리 왕조는 이미 사분오열 상태였기 때문에 한창 승승장구하던 티무르 제국을 막을 힘이 없었다. 1398년에 티무르는 야무나 강 전투에서 술탄 무하마드 샤에게 큰 승리를 거두고 의기양양하게 델리로 진군했다. 여기에서도 마구잡이식의 파괴를 자행한 티무르는 사이이드 왕조의 키즈르 칸을 꼭두각시 군주로 내세워 왕좌에 앉혔다.

1400년에 티무르는 군대를 이끌고 이집트 노예 왕조의 통치를 받고 있던

티무르는 해마다 사방으로 원정을 나서 몽골에서 지중해에 이르는 지역의 국가를 정복했다. 그래서 유목민 전사들의 지도자로서 제국을 이루어, 농민과 유목민을 모두 지배하는 군사적 성공을 거둔 중앙아시아의 마지막 정복자로 평가받고 있다.

시리아로 원정을 떠나 알레포와 다마스쿠스를 급습하고 약탈했다. 1402년에 벌어진 앙카라 전투로 티무르의 명성은 정점에 달했다. 지금까지 상대적으로 약한 적만을 상대했던 티무르의 이번 상대는 발칸 반도의 절반을 정복해 유럽인들이 이름만 들어도 벌벌 떨던 바예지드 1세였다. 당대 최고의 두 영웅이 앙카라에서 전투를 벌였고, 마침내 티무르가 승리를 거머쥐었다. 패배의 대가로 새장에 갇히는 신세가 된 바예지드 1세는 얼마 지나지 않아 죽고 말았다.

티무르의 군대는 오스만 제국의 수도 부르사를 포함한 소아시아의 대도시를 약탈하고, 오스만 제국이 정복했던 지역의 제후들이 다시 일어설 수 있도록 도와주었다. 비록 티무르는 점점 세력을 키워가던 오스만 제국의 기세를 끝까지 막지는 못했지만, 그의 승리로 유럽 국가들은 한숨을 돌릴 수 있었고 비잔틴 제국의 역사도 반세기나 더 연장될 수 있었다. 당시 티무르는 중국을 제외한 대부분의 아시아 제국을 격파한 상태였다. 그러나 이에 안주하지 않고 칭기즈 칸의 옛 영광을 완전히 되찾고 중국인들까지 이슬람교로 귀의시키겠다는 목표를 세웠다. 1404년에 동쪽 원정을 결정한 티무르는 이듬해에 20만 대군을 이끌고 진군하다가 갑작스럽게 병사해 결국 칭기즈 칸 2세가 되지는 못했다.

역사가들은 티무르가 칭기즈 칸의 후예를 자처해 수많은 지역을 정복하고 셀 수도 없을 만큼 어마어마한 전리품을 약탈했지만, 제국을 세울 만한 장기적인 전략이 없었고 뒷받침해준 후손이 없었기 때문에 결국 칭기즈 칸 2세가 되지 못했다고 평가한다. 더구나 티무르가 정복한 지역의 대부분은 경제와 문화가 크게 쇠퇴했다. 하지만 그는 각지의 진귀한 보물과 인재를 수도 사마르칸트에 모아 번화한 도시로 만들었고, 학자와 예술가를 적극적으로 지원했다. 그래서 이 시기를 티무르 르네상스라고 부르기도 한다.

티무르가 생을 마감한 뒤에 그의 제국도 끊임없는 다툼으로 분열되어 결국 사라지고 말았다. 그에게 그나마 위안이 되는 것은 백여 년 뒤에 인도에 수백 년 동안 찬란하게 빛난 무굴 제국을 세운 바부르라는 뛰어난 후손이 등장했다는 사실이다.

무굴 제국의 창건자 바부르

티무르가 델리를 공격한 목적은 단순한 약탈에 불과했을 뿐, 직접 통치를 원했던 것은 아니었다. 오히려 인도를 진정으로 통치한 인물은 그의 5대손 바부르다. 바부르는 1483년에 중앙아시아의 페르가나에서 태어났다. 어머니가 칭기즈 칸의 친척이었기 때문에 그는 칭기즈 칸과 티무르의 혈통을 모두 이어받았다. 자히르 웃 딘 무하마드라는 이름이 있었지만, 몽골어로 호랑이라는 뜻을 가진 바부르로 불렸다. 바부르는 기지면 기지, 용기면 용기, 힘이면 힘, 어느 하나 빼놓을 수 없을 만큼 모두 뛰어났다. 5분 동안 홀로 다섯 명의 적을 너끈히 해치웠고, 이틀 동안 말을 타고 160마일을 질주했으며, 갠지스 강을 두 번이나 헤엄쳐 건너는 내기를 하기도 했다.

1494년에 겨우 열한 살의 나이에 왕위를 이어받은 바부르는 그로부터 3년 뒤인 1497년에 티무르 제국의 수도 사마르칸트를 되찾았고, 서쪽 지방의 반란 음모를 성공적으로 좌절시켰다. 하지만 1501년에 우즈베크에게 무참히 패하고 말았다. 이때 바부르는 왕위를 잃고 중앙아시아로 쫓겨나 오갈 곳 없는 방랑자 신세가 되었고, 티무르 제국의 재건은 마치 이룰 수 없는 헛된 꿈처럼 보였다. 하지만 1504년에 아프가니스탄 내란이라는 절호의 기회를 잡은 바부르는 부하 300명을 이끌고 아프가니스탄을 공격해 카불을 차지하는 데 성공했다. 이로써 티무르 제국의 옛 영광을 재현하겠다는 그의 원대한 꿈이 다시 꿈틀거리기 시작했다.

1510년 12월에 우즈베크의 통치자 무하마드 샤이바니 칸이 전사하자 바부르는 사파비 왕조와 동맹을 맺고 페르시아 군대의 도움을 받아 1511년 10월에 사마르칸트를 되찾았다. 하지만 페르시아의 시아파에 굴복하고, 트란속사니아 순니파의 지지를 받지 못한 바부르는 얼마 뒤 우즈베크의 재반격에 패배하면서 다시 카불 지역으로 후퇴했다. 1525년부터 바부르는 인도를 여러 차례 공격한 끝에 델리 왕조의 군대를 격파했고, 1526년에 제1차 파니파트 전투에서 마침내 기적을 만들어냈다. 1만 2,000명에 불과한 병력을 이끌고 술탄 이브라힘 로디의 10만 대군을 몰살시키는 승리를 거둔 것이다.

바부르는 속전속결로 델리를 침공해 4월 27일에 이슬람 사원에서 열린 예배에서 자신을 힌두스탄 황제로 선포하고, 델리를 새로운 수도로 정했다. 이

1 칭기즈 칸과 티무르의 후손인 바부르는 훌륭한 통치자였을 뿐만 아니라, 뛰어난 모험가, 군인, 작가이기도 했다.
2 바부르는 무굴 제국의 창건자라는 정치적인 업적과는 별개로 뛰어난 재능을 가진 시인이었다. 또한 천재적인 일기 작가이기도 했는데, 그의 산문 회고록 『바부르나메』는 자서전 가운데 고전으로 손꼽힌다.
3 바부르는 인도 역사에서 매우 중요한 제1차 파니파트 전투에서 수적 열세를 극복하고 큰 승리를 거두었다. 이 전투는 인도에서 무굴 제국이 창건되는 계기가 되었다.

로써 지난 320년간에 걸친 델리 왕조의 인도 통치는 역사의 뒤안길로 사라지고, 무굴 제국이 시작되었다. 무굴은 몽골의 인도식 표현으로, 바부르는 몽골의 후손임을 자처했다. 역사에서 이 국가를 무굴 제국으로 부르는 이유도 바로 이 때문이다. 1527년에 바부르는 카누아에서 메와르의 라나 상가가 이끄는 라지푸트족과 결전을 벌여 격퇴하는 데 성공했고, 1529년 가가라 전투 이후 북인도를 통일했다.

무굴 왕조는 인도를 지배한 모든 이민족 중에서 가장 위대한 왕조라 할 수 있다. 완벽한 행정통치를 기반으로 여러 종교 간의 관계뿐만 아니라 중앙과 지방 정권 간의 사이도 좋았으며 경제와 문화도 커다란 번영을 누렸다. 게다가 무굴 왕조가 인도에 이슬람 문화를 가미한 덕분에 인도는 새로운 시대로 진입할 수 있었다.

망명과 원정으로 평생을 바쁘게 보낸 바부르는 1530년에 아그라에서 생을 마감했고, 아들 후마윤이 무굴 제국의 새로운 황제가 되었다. 무굴 제국을 창건한 바부르는 재위 기간이 겨우 4년밖에 안 되지만 인도 역사에 미친 영향은 실로 대단하다. 그는 성공한 군주였을 뿐만 아니라 감성적인 시인이자 차가타이 문학의 대표 작가이기도 하다. 세련되고 아름다운 문체로 유명한 그의 산문 회고록 『바부르나메』는 15~16세기 중앙아시아와 인도의 역사를 연구하는 데 없어서는 안 될 중요한 자료로 알려져 있다.

불행한 행운아 후마윤

오늘날 델리의 동남쪽 교외에는 장관을 이루는 황제의 무덤이 우뚝 솟아 있다. 바로 이곳에 무굴 제국의 2대 황제 후마윤이 잠들어 있다. 1569년에 건설된 후마윤의 무덤은 인도 최초의 정원식 무덤이자 이슬람 양식과 힌두 양식의 전형적인 결합이라는 점에서 특별한 의미가 있다. 1993년에 유네스코는 후마윤의 무덤을 세계문화유산으로 지정했다.

인도 역사에서 가장 낭만적인 인물인 후마윤은 학식이 뛰어나고 덕망이 높았으나, 아버지 바부르가 보여주었던 지혜로움이나 강인함은 부족했다. 사실 이런 점이야말로 한 제국의 황제가 갖춰야 할 필수 조건인지도 모른다. 바부르는 1526년부터 무굴 제국을 통치했지만 계속된 정벌로 새로운 법률이나 행정체계를 정비할 여유가 없었다. 게다가 갑작스러운 죽음을 맞이해, 북인도에 대한 정벌을 확고히 끝내지 못한 채 맏아들 후마윤에게 불안정한 정권을 넘겨주었다. 금방이라도 제국이 무너질 수 있는 위태로운 상황에서 후마윤의 연약하고 우유부단한 성격은 황제로서 부적합했다. 그래서 하마터면 무굴 제국의 통치가 그의 손에서 끝이 날 뻔했다.

스물세 살의 후마윤은 재위 초기에 엄청난 내부 갈등과 충돌을 겪었고 적들이 사방을 둘러싸고 있었지만, 안타깝게도 곁에는 믿을 만한 가족이나 신하, 심지어 군대조차 없었다. 게다가 갈수록 힘을 키워가는 피정복자의 반역과 정적들은 그를 크게 위협했다. 초기에는 행운아라는 뜻을 가진 이름처럼 순식간에 구자라트와 말와를 정복해 아버지를 닮아 패기가 넘치는 듯 보였지만, 좋은 시절은 그리 오래가지 못했다. 1년이라는 짧은 시간 동안에 그는 이 두 지역에 대한 통제력을 잃고 말았다. 불행은 당시 북인도를 통치하던 아프가니스탄 수르 왕조의 셰르 샤와 충돌을 빚으면서 시작되었다. 후마윤은 1539년과 1540년에 두 차례나 셰르 샤에게 패했고, 결국 인도 통치권을 빼앗겼다. 이로써 바부르의 평생의 노력은 수포로 돌아갔고, 후마윤은 15년이라는 긴 세월 동안을 떠돌아다녀야 했다. 하지만 이러한 상황에서도 문화에 대한 애정은 식을 줄 몰라 페르시아와 중국 예술에 대한 연구를 멈추지 않았다.

1555년에 후마윤에게 행운의 여신이 다시 찾아왔다. 셰르 샤가 창시한 수르 왕조의 내란을 틈타 이란 사파비 왕조의 도움을 받아 재기에 성공하고, 무굴 제국의 통치권을 되찾은 것이다. 하지만 이 무슨 잔인한 운명의 장난인지 막 승리의 축배를 들려던 찰나, 후마윤은 1556년 1월 24일 델리에 있는 올드 포트에 세워진 셰르 만달 도서관 계단에서 발을 헛디뎌 갑작스럽게 생을 마감하고 말았다. 행운아라는 이름을 가졌던 황제는 사실 너무나도 불행했다. 하지만 인도를 되찾은 업적을 세웠으니 그는 죽어서 당당하게 아버지 바부르를 만날 수 있었을 것이다. 다행인 것은 아들 아크바르가 할아버지 바부르의 뛰어난 지략을 그대로 물려받아 무굴 제국을 찬란하게 빛냈다는 사실이다.

무굴 제국 시기는 인도 건축예술의 전성기로, 이 중 델리의 올드 포트는 오랜 역사가 살아 숨 쉬는 유산이다. 최근 몇 년간 밝혀진 고고학적 증거를 통해 서사시 『마하바라타』에 언급된 인드라국이 약 5만 년 전에 올드 포트가 있던 자리에 세워졌을 가능성이 드러났다.

인도 고고학계는 올드 포트에서 인류가 거주한 역사가 약 2,500년에 이른다고 밝혔다. 지금의 올드 포트는 16세기에 후마윤을 물리친 수르 왕조의 창시자 셰르 샤가 재건한 것으로, 그는 1539년부터 1540년까지 델리와 아그라를 차지했다. 이때 후마윤이 인도에서 쫓겨나 떠돌아다니면서 무굴 왕조의 인도 통치는 종지부를 찍는 듯했다. 셰르 샤는 델리를 방어하기 위해 성채 건설을 명했고, 이 성은 무굴 왕조의 재기를 저지하는 데 한몫을 담당했다. 그러나 1545년에 셰르 샤가 죽자 후마윤이 페르시아의 도움을 받아 1555년에 셰르 샤의 후계자를 물리치고 델리를 탈환하면서 무굴 제국의 통치는 다시 이어졌다.

올드 포트의 팔각탑은 후마윤이 천문대와 도서관으로 이용한 곳이다. 역사 기록에 따르면 후마윤은 바로 이 팔각탑의 계단에서 발을 헛디뎌 부상을 입었고 결국 죽음에 이르렀다. 후마윤이 죽은 뒤에 팔각탑에 저주가 걸렸다는 소문이 돌자 무굴 제국의 통치자들은 올드 포트를 떠났다.

6대 황제 아우랑제브를 제외한 18세기 이전 무굴 제국의 황제들은 훌륭한 건축가였다. 이들은 오늘날에도 사람들의 감탄을 자아내는 뛰어난 대형 건축물을 남겼고, 무굴이라 불리는 건축양식에 자신들의 심미적 취향과 지혜를 쏟아부었다.

인도에는 광석 등의 건축 재료가 풍부했고, 장인들이 경지에 오른 정교한 기술과 위대한 지혜를 맘껏 발휘한 덕분에 찬란한 건축예술을 꽃피웠다. 무굴 제국의 창건자 바부르도 4년이라는 짧은 재위 기간 동안 건축에 커다란 영향을 끼쳤다. 그는 특히 아름다운 정원에 각별한 애정을 쏟았기 때문에 몇 세기 동안 정원은 무굴의 모든 성과 궁전, 무덤에서 빼놓을 수 없는 중요한 부분이 되었다. 야무나 강 근처에 있는 후마윤의 무덤은 인도에서 현존하는 가장 오래된 무굴 양식의 건축물이다.

후마윤의 무덤은 황후 하지 베굼이 남편을 기리기 위해 1565년에 건축가 미락 미르자 기야스에게 설계를 명해 1569년 초에 완성한 것이다. 하지 베굼 황후는 페르시아 학자의 딸로 후마윤이 제국을 잃고 떠돌던 시기인 1542년에 결혼해 힘겨운 시간을 함께 보냈다. 후마윤의 무덤은 무굴 건축양식의 발전을 상징하는 이정표로서, 이슬람 양식과 힌두 양식이 오묘하게 융합되어 새로운 건축양식을 만들어냈다.

1 2

1 바부르의 후계자인 후마윤은 '행운아'라는 뜻을 지닌 자신의 이름과는 달리 무굴 제국을 잃는 불행을 겪었고, 다행히 제국을 되찾은 뒤에는 올드 포트의 팔각탑 계단에서 굴러 갑작스럽게 생을 마감했다.

2 아버지 바부르의 문화와 군사 업적과는 비교할 수 없지만, 후마윤의 무덤은 인도가 자랑하는 뛰어난 건축물 가운데 하나다.

무덤은 방대한 규모와 완벽한 배치를 자랑하는데, 남쪽에 있는 묘역의 평면은 직사각형으로 약 2,000미터에 이르는 둘레에 붉은 사암으로 만든 벽을 세웠다. 종려나무와 사이프러스나무가 줄지어 서 있고 분수가 사방으로 물을 내뿜고 있는 묘역 내부는 우아하고 아름다운 커다란 정원을 연상시킨다. 묘역의 정문은 석회암을 조각해 만든 팔각형의 누각식 건물로, 표면에는 아름다운 한 폭의 도안이 대리석과 붉은 사암으로 상감되어 있다. 정사각형 구조의 정원 중앙에는 한 변이 90미터인 높은 기단 위에 24미터 높이의 정사각형 묘 건물이 우뚝 솟아 있다. 묘 건물의 문 네 개는 상부가 아치형으로 되어 부드러운 선을 드러내고, 벽면은 위아래 두 부분으로 깔끔하게 나뉘어 있다. 특히 대리석 소재를 사용한 우아한 반구형인 중앙 돔의 설계 방법이 사람들의 마음을 사로잡는다.

인도 건축에서 처음으로 선보인 이층 돔은 서아시아에서 매우 오랫동안 쓰인 돔 건축양식을 응용한 것으로 후마윤의 무덤에서 재탄생했다. 실제로 이 무덤의 건축가는 페르시아의 건축물을 직접 설계한 바 있다. 대형 돔은 위아래에 각각 한 개씩 있는 독특한 이중 구조로 그 사이에 간격을 두었다. 외부 돔은 흰 대리석을 받치고 있고, 내부 돔은 건물을 뒤덮고 있다. 외부 돔 중앙에는 노란색의 작은 금속 탑을 세워 태양빛을 반사해 사방을 환하게 비추도록 했다. 묘 건물 내부는 방사형으로, 22미터 높이인 팔각형 방으로 통한다. 방 윗부분에는 팔각형 돔 정자가 두 개 있어서 중앙의 원형 돔을 더욱 돋보이게 하며, 방 양쪽에는 또 다른 방과 회랑이 있다. 중앙에 후마윤과 황후의 석관이 안치되어 있고, 양쪽에는 무굴 제국 다섯 황제의 석관이 있다.

붉은 사암의 섬세한 무늬 조각, 정원식 무덤의 실내장식, 사면의 아치형 문에 이르기까지 모두 전형적인 무굴 건축양식을 보여준다. 일반적으로 후마윤의 무덤이 페르시아의 영향을 받았다고 이야기하지만, 사실 기본 평면도는 인도 양식을 따랐다. 바깥쪽에 사용된 수많은 흰 대리석 역시 인도 양식에 속한다. 페르시아 양식의 건축물에서는 이와 달리 화려한 색채의 벽돌 장식을 즐겨 사용한다. 후마윤의 무덤은 전체적으로 위엄 있고 웅장하면서도 단정하고 아름다운 느낌이 든다. 이슬람 무덤의 어둡고 음산한 스타일에서 완전히 벗어나 이슬람 건축양식의 소박함과 힌두 건축양식의 화려함이 오묘하게 조화를 이룬 걸작이다.

델리의 붉은 성

 델리는 고대 인도 문명의 눈부신 역사를 비추는 거울이다. 델리라는 문턱을 넘는 순간 우리는 인도의 역사 속으로 걸어 들어가는 듯한 느낌을 갖는다. 그래서 델리의 붉은 성은 인도 역사상 가장 반짝이는 진주로 오늘날까지 눈부신 빛을 발산한다. 세계에서 가장 선명하고 아름다운 색채를 뽐내는 이 성은 1639년에 무굴 제국의 5대 황제 샤 자한이 짓기 시작했다. 그는 본래 아그라에 건설한 궁전이 기품이 없다며 야무나 강 부근의 광활한 땅에 수만 명을 동원해, 10년 만에 사방에서 빛이 나는 붉은 성을 탄생시켰다. 그 후로 이곳은 줄곧 무굴 제국의 중심지가 되었다.
 길이 915미터, 너비 518미터인 이 성은 성벽과 내부 주요 건물이 모두 붉은 사암으로 만들어져 붉은 성으로 불린다. 성 안의 모든 건축물이 팔각형인데, 특히 누각은 전부 붉은 사암과 대리석으로 지어져 목재나 쇠못은 전혀 찾아볼 수 없다. 붉은 성은 내부와 외부로 나뉘는데, 외부 성채는 황제의 집무실로 신하들이나 외국 사절을 접견하는 곳이고, 내부 성채는 왕을 제외한

1
2
3

   1 델리의 붉은 성은 무굴 제국의 5대 황제 샤 자한이 건설했다. 무굴 제국의 독창적인 건축양식에 이슬람·페르시아·힌두 양식이 더해져 장식이 화려하고 아름답다.
   2 과거의 찬란했던 영광은 어느새 사라졌지만, 오늘날 붉은 성은 여전히 라호르 문의 웅장한 기세와 우뚝 솟은 붉은 성벽, 완벽한 배치를 갖춘 궁전 등을 자랑하며 서 있다.
   3 붉은 성은 샤 자한의 영욕의 세월과 더불어 세포이 항쟁, 영국의 식민통치 같은 인도의 중요한 역사적 순간을 함께했다.

여성들만 출입할 수 있는 특별 구역으로 랑 마할, 디반에카시(개인 알현실), 묘실, 모티 마스지드(진주 모스크), 목욕탕, 화원 등이 있다.

붉은 성은 눈부시게 화려하다. 바닥에는 정교하게 만들어진 카펫이 깔려 있고, 벽에는 다양한 보석이 박혀 있다. 은으로 주조한 천장에는 금으로 다양한 도안을 새겨놓았다. 궁전의 돌기둥과 벽에는 꽃과 식물, 인물의 부조가 새겨져 있고, 대리석을 사용해 투조透彫한 창살에는 값비싼 보석을 박았다. 디반에카시에 있던 공작 옥좌는 무려 10만 캐럿의 황금으로 만들었다고 전해진다. 윗부분에는 다이아몬드와 비취, 사파이어 등의 보석을 박고, 옥좌 다리 부분에는 황옥을 박았으며, 등받이는 거목을 소재로 에나멜을 상감한 뒤 아름다운 보석을 박아 공작의 모습을 표현해 무굴 제국의 부유함을 드러냈다. 하지만 안타깝게도 이 진귀한 보물은 1739년에 페르시아 왕이 약탈해 간 뒤에 녹아 없어져 다시는 볼 수 없게 되었다.

붉은 성에는 큰 문 두 개와 작은 문 세 개가 있는데, 이 중 가장 크고 웅장한 문이 서쪽 정문인 라호르다. 1947년 8월 15일, 인도의 초대 총리 자와할랄 네루가 이곳에서 인도의 독립을 선언하고 삼색 국기를 게양했다. 지금도 영향력 있는 전국적 집회가 라호르 문 앞 광장에서 자주 거행된다.

성의 설계자인 무굴 왕조의 5대 황제인 샤 자한을 빼놓고는 붉은 성을 이야기할 수 없다. 평소 건축에 조예가 깊었던 그는 붉은 성뿐만 아니라 무굴 건축양식 최고의 걸작인 타지마할을 후세에 길이 남겼다. 타지마할은 아내 뭄타즈 마할에 대한 샤 자한의 애틋하면서도 뜨거운 사랑이 탄생시킨 아름다운 건축물이다.

과거의 찬란했던 모습은 덧없이 사라졌지만, 오늘날 붉은 성은 라호르 문의 웅장한 기세와 우뚝 솟은 붉은 성벽, 완벽한 배치를 갖춘 궁전의 모습으로 여전히 남아 있다. 낡고 파손된 모습은 처량해 보인다기보다는 오히려 오래되어 더욱 신비롭고, 상처가 있어서 슬프도록 아름다워 보인다.

무 굴   제 국 의   멸 망

붉은 성은 무굴 제국의 강대함과 번영을 보여주는 동시에 제국의 쇠락과 멸망도 보여준다. 18세기 중엽에 무굴 제국이 쇠퇴하자 영국 제국주의자들은 점차 인도를 점령하기 시작했고, 1764년에 무굴 제국은 완전히 영국의 식민지로 전락했다. 이후 무굴 제국의 황제들은 수도 델리의 붉은 성에서 온종일 숨죽인 채 영국 정부가 지급하는 연금에 의지해 어렵게 살아갔다.

1837년에 영국의 통제 속에 무굴 제국의 12대 황제 바하두르 샤가 즉위했다. 역사적으로는 그를 바하두르 샤 2세라고 부른다. 당시 아시아 전역에서 기승을 부리던 영국산 아편이 이미 오래전부터 인도 황궁에도 유입되어 바하두르 샤 2세는 어렸을 때부터 침식을 잊을 정도로 심각한 아편 중독에 빠져 있었다. 바하두르 샤 2세의 재위 동안 영국의 식민통치는 더욱 가혹해졌다. 1848년에 인도 총독으로 취임한 댈후지는 무사실권 원칙을 내놓았는데, 이 원칙에 따르면 인도 황제가 죽은 뒤에 황위를 계승할 후계자가 없으면 영토와 연금은 모두 영국 동인도회사의 소유가 되었다.

1845년에 바하두르 샤 2세는 황위를 물려받을 황태자가 병으로 사망하자 제국의 명맥을 잇기 위해 댈후지에게 양자 입양을 승인해달라는 편지를 보냈다. 댈후지는 부탁을 들어주긴 했으나 바하두르 샤 2세 사후에 후계자는 황제가 될 수 없고, 황실 가족은 붉은 성에서 교외로 거처를 옮기고, 황실 생활비는 매달 10만 루피에서 1만 5,000루피로 대폭 삭감한다는 조건을 내걸

 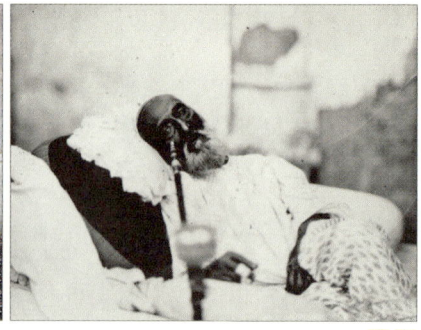

1 바하두르 샤 2세는 무굴 제국의 마지막 황제로, 정치가라기보다는 심미주의자였다. 시인이기도 했던 황제는 자연을 주제로 시를 지어 자신의 황궁 생활을 묘사했다.
2 바하두르 샤 2세는 어린 시절부터 침식을 잊을 정도로 심각한 아편 중독에 빠져 있었다.

었다. 이 소식이 알려지자 인도 전역이 분노로 들끓었다. 그동안 약한 모습만 보이던 바하두르 샤 2세도 더는 참을 수 없었다. 그는 영국의 통제에서 벗어나 과거의 명성을 되찾을 기회를 엿보았다. 때마침 영국에 저항하는 세포이 항쟁이 전국적으로 일어났다.

세포이 항쟁은 1857년 초에 영국이 인도인 병사의 신앙을 모독한 사건이 계기가 되어 일어났다. 5월 10일에 델리 부근에서 인도 제3기병단이 최초로 반란을 일으키고 바하두르 샤 2세를 지도자로 추대했다. 천재일우의 기회를 잡은 황제는 적극적으로 반란군에 협력해 인도를 해방시키기 위해 노력했다. 황태자를 반란군의 총사령관으로 파견하고, 자신은 온종일 황궁에서 기도를 드렸다. 또한 반란군의 정신적 지도자로서 민심을 격려하는 글을 발표해 서로 다른 종교와 여러 민족으로 구성된 인도인에게 당당히 영국에 맞서라고 호소했다. "힌두스탄의 자손들이여! 우리의 결심을 끝까지 지켜나간다면 적은 결국 사라질 겁니다." 그의 호언장담은 반란군에게 커다란 힘을 불어넣었다.

항쟁 초기에 반란군은 큰 승리를 거뒀고 영국군 총지휘관을 총살했다. 하지만 영국은 곧 중국과 실론(스리랑카의 옛 이름—옮긴이)에 파견한 군대를 소환했고, 불행하게도 반란군 내부에서 분열이 일어나 상황은 점차 악화되었다. 결국 전세가 역전되어 9월 21일 새벽녘에 영국군이 다시 델리를 탈환했다. 반란군이 철수할 때 바하두르 샤 2세는 동행을 거부하고 가족들을 데리고 선대 황제의 무덤에 숨어 있었다. 하지만 내부 첩자였던 황태자의 장인이 영국 기마대를 안내해 포위되고 말았다. 처음에 영국군은 바하두르 샤 2세와 측근들의 안전을 보장하겠다고 약속했지만, 생포한 뒤에 황제의 아들 두 명과 손자 한 명을 잔인하게 살해하고, 참수한 무굴 제국 후계자의 머리를 바하두르 샤 2세에게 보내 커다란 정신적 충격을 주었다.

전쟁이 끝난 뒤에 동인도회사는 소송을 냈고, 1858년에 열린 재판에서 바하두르 샤 2세는 항쟁의 주모자로 판결되어 인도 황제 칭호를 박탈당했다. 대신 영국의 빅토리아 여왕이 인도 황제를 겸했다. 영국은 새로운 반란을 막기 위해 바하두르 샤 2세와 남은 황실 가족들을 미얀마의 양곤으로 유배를 보냈다. 미얀마에서 늙은 황제의 곁을 돌본 이는 오직 황후뿐이었고, 화려한 삶을 누리던 황제가 그나마 자유롭게 할 수 있는 활동은 오직 시를 쓰는 것뿐이었다. 1862년 11월 7일에 바하두르 샤 2세는 양곤에서 세상을 떠났다. 이는 무굴 제국의 완전한 종말을 의미했다. 임종 전에 그가 가슴 깊이 슬퍼하며 지은 시에 이런 구절이 있다. "사랑하는 모든 것이 떠났네. 가을이 아름다운 화원을 빼앗아가듯이 사라졌네. 이제 내게는 화려한 기억만 남아 있네."

영국은 인도인들이 바하두르 샤 2세의 서거를 빌미로 다시 대규모 반란을 일으킬 것을 우려해 비밀리에 양곤 근처에 있는 불교 사원에 황제의 유골을 안장했다. 인도인들은 1991년이 되어서야 바하두르 샤 2세의 묘지를 찾았고, 기념비를 세워 마지막 인도 황제를 기렸다. 하지만 붉은 성의 이야기는 여기서 끝나지 않았다. 인도 국민은 독립을 위해 많은 우여곡절과 시련을 겪으며 대규모 투쟁을 이어나갔다. 1947년 8월 15일, 마침내 이곳에 인도 국기가 휘날렸다.

인 도 의   독 립

1947년 8월 15일, 인도의 초대 총리 자와할랄 네루가 붉은 성의 라호르 문에서 독립을 선언하고 삼색 국기를 게양했다. 붉은 성 앞을 지키기 위해 수많은 인도인들이 엄청난 희생을 치렀는데, 이 중 가장 눈에 띄는 인물이 바로 네루다.

네루는 18세기에 인도로 이주한 카슈미르 지방의 부유한 브라만 가문 출신으로, 네루 가문의 남자들은 대대로 무굴 제국에서 고위 관직을 지냈다. 1889년 11월 14일, 루비라는 뜻의 이름을 가진 네루가 알라하바드 시에서 태어났다. 가족 중에 유일한 남자였던 네루는 아주 어렸을 때부터 가정교사 퍼디낸드 브룩스에게 힌두교의 철학적 교리를 배우고 힌두교 관련 서적을 탐독했다. 열네 살 때 우연히 어머니에게 자신의 가족이 몇 년 전 사소한 오해를 받아 영국 병사에게 살해될 뻔했다는 이야기를 들은 네루는 영국에 대한 호감을 잃고 인도 사회에 관심을 기울이기 시작했다. 더욱이 인도에서 영국인과 유라시아 혼혈인이 인도인에게 우쭐거리는 모습을 본 어린 네루는 식민통치에 반감을 느꼈다.

1905년에 영국으로 유학을 간 네루는 사립 귀족학교인 해로학교에 다녔다. 처음에는 나이도 어리고 라틴어도 잘 몰라 저학년 반에서 수업을 들었지만, 점차 뛰어난 능력을 나타내기 시작했다. 영국 대선 시기가 되자 네루는 매일 신문을 꼼꼼히 읽으면서 선거에 깊은 관심을 보였고, 대선에 대한 이해도를 알아보는 교사의 질문에 영국 내각의 모든 의원 이름을 줄줄이 말해 모두를 놀라게 했다. 1907년 10월, 케임브리지대학에 조기 입학한 네루는 자연과학을 전공했지만, 역사와 사회, 정치, 경제 분야를 공부하는 데 더 많은 시간을 쏟았다. 친구들과 프리드리히 니체, 조지 버나드 쇼 심지어는 남녀문제 같은 주제를 놓고 자주 토론을 벌였다. 케임브리지대학에서 읽은 책은 그의 정치관을 형성하는 데 커다란 영향을 미쳤다. 특히 시드니 실키의 『뉴아일랜드』를 읽고 난 뒤에 '구걸과 울음으로는 영국에서 아무것도 얻을 수 없다'는 결론을 내렸다. 대학을 졸업하고도 아직 인도 정부에서 관직을 맡을 수 있는 나이가 되지 않았던 네루는 1910년에 런던에 있는 이너템플대학에서 법률을 공부하고 변호사 자격을 취득했다. 이너템플대학에서 보낸 2년은 그의 정치 여정에 큰 영향을 미쳤다. 이곳에서 접한 여러 학파의 사상 가운데 그는 특히 페이비어니즘Fabianism(1884년 런던에서 결성된 영국 사회주의 단체의 이념으로, 점진적인 사회주의를 추구했다—옮긴이)에 마음이 끌렸다.

7년 동안 영국에서 공부하기는 했지만, 네루는 인도처럼 역사가 오래된 국가가 유럽의 작은 섬나라의 식민통치를 받는 것은 부당하다고 생각했다. 그래서 귀국한 네루는 곧바로 국민회의당에 가입했다. 제1차 세계대전이 끝나고 러시아에서 10월 혁명이 일어나자, 간디가 주도한 비폭력·비협력 운동이 인도 전역에 빠르게 확산되었다. 네루는 간디의 생각이 인도의 전통 관념뿐만 아니라 현실과도 잘 맞는다고 생각해 운동에 가담했다. 1921년부터 1945년까지 그는 모두 아홉 번이나 체포되어 1,041일 동안을 감옥에서 보냈다.

1921년에 네루는 국민회의당의 성명에서 "인도의 자유를 위해 싸우는 것은 무한한 영광입니다. 또 간디와 함께 일하는 것은 매우 행복합니다. 인도의 국민으로서 다른 사업에 뛰어들거나 크고 멋진 꿈을 이루는 것보다 훨씬 좋습니다"라고 말했다.

독립운동을 위해 네루는 영국에서 익숙해진 서구식 습관을 점차 버렸다. 간디를 따르기 시작한 날부터 양복을 벗고 인도식 무명옷을 입었고, 이전에는 표준 영어를 구사하는 것을 자랑으로 여겼으나 점차 힌디어나 인도 각지의 방언을 사용했다. 전국에 "농촌으로 가자!"는 구호가 울려 퍼지자 네루는 농민을 독립운동에 끌어들이기 위해 국민회의당 당원들과 함께 농민회의에 참석하고 연설을 했다. 이런 장소에서 네루는 군중의 위대한 힘과 군중 심리를 절실히 느끼고, 도시와 농촌의 서로 다른 요구를 구분해 이해했다. 독립운동에 참여하면서 네루는 어느새 정치적으로 성숙해졌다. 1923년 말에 네루는 국민회의당 총서기로 선출되어 처음으로 행정업무를 경험했다. 그는 매일 15시간씩 일했지만 총서기직은 월급이 없었기 때문에 네루와 그의 아버지는 사재를 털어가면서 활동 경비를 마련했다. 그는 지출을 최대한 줄이기 위해 항상 식사를 간단히 때우고 기차도 삼등칸만 이용했다.

네루는 간디를 따르기는 했으나 그의 이념을 맹신하지는 않았다. 간디가 농민운동이 비폭력 원칙에서 벗어났다며 제1차 비폭력·비협력 운동을 중단

비폭력·비협력 운동 영국 식민통치에 반대해서 마하트마 간디의 주도로 일어난 인도 국민들의 저항 운동이다. 간디는 평화적 방식으로 식민정부와 기관, 법정, 학교를 거부하고, 총파업, 영국 상품 불매, 납세 거부 같은 비폭력적인 수단으로 투쟁할 것을 제창했다. 이 중 중요한 운동으로는 비폭력·비협력 운동(1920. 9~1922. 2), 시민 불복종 운동(1930. 3~1934. 4), 제한적 불복종 운동(1940. 10~1941. 12), 인도를 떠나라 운동(1942. 8. 8~1944. 5. 24) 등이 있다.

자와할랄 네루는 독립한 인도공화국의 초대 총리로 의회정치를 실시했으며, 외교에 있어서 비동맹주의를 추구했다. 또한 인도에는 민주주의와 사회주의가 모두 필요함을 강조해, 민주주의를 통해 사회주의를 성취하려 했다.

하자, 인도의 민족해방운동은 침체에 빠졌다. 이때 네루는 시민들이 경찰의 폭력 앞에서 속수무책으로 당할 수밖에 없는 비폭력 운동의 허점을 인식했고, 독립운동의 활로를 찾기 위해 1926년에 다시 유럽에 갔다. 이때부터 네루와 가족들은 재정난에 허덕이기 시작해 변호사 수입과 아버지의 경제적 도움으로 근근이 생활비를 마련했다. 1년 9개월 동안 네루는 이탈리아, 프랑스, 영국, 독일, 소련을 차례대로 방문하면서 프랑스 작가 로맹 롤랑과 미국 시민자유연맹을 창설한 로저 볼드윈을 비롯한 저명인사와 사귀었다. 또한 자신의 사상을 더욱 심화시켜 인도가 나아갈 길을 찾기 위해 노력해 인도의 완전한 독립과 신속한 산업화를 위해 반드시 사회주의를 실행해야 한다는 결론을 내렸다. 물론 종교 갈등이 인도를 압박하겠지만 경제가 발전하면 자연스럽게 해결될 거라고 확신했다. 이는 훗날 네루가 총리가 되어 정책을 제정할 때 중요한 사상적 기초가 되었다.

1929년에 열린 국민회의당의 라호르 대회에서 네루가 기초한 완전 독립을 투쟁의 목적으로 삼은 「역사의 신기원 개척」이라는 결의안이 통과되었다.

네루는 인도의 젊은 세대에게 전폭적인 지지를 받았고, 이를 바탕으로 당내 각 세력을 중재하고 전국의 반영 세력, 특히 쉽게 들끓는 젊은 세대를 적절히 통제했다. 이를 지켜본 간디가 당 의장으로 적극 추대하면서 네루는 불혹의 나이에 당의 최고지도자가 되었다. 네루는 당에 영국식 의회 민주주의를 도입했고, 이후 국민회의당은 각지의 선거에서 완승을 거두었다. 1937년에 그는 5개월 동안 코끼리와 기차, 배를 타고 선거 지역인 11개 성을 누비면서 매일 10회 이상 연설을 하고 천만여 명의 청중을 불러 모았다. 마침내 국민회의당은 펀자브와 벵골을 제외한 인도 전역에서 승리했고, 네루는 인도 독립을 위한 대중적 기반을 탄탄히 다졌다.

제2차 세계대전이 발발하자 영국은 인도의 인적·물적 자원을 대거 차출해 인도인의 민족 감정에 불을 지폈다. 1942년에 네루가 이끄는 국민회의당은 '인도를 떠나라 운동'을 적극적으로 전개했다. 그러자 영국 식민정부는 즉각 국민회의당의 행동을 불법으로 간주하고 간디와 네루를 비롯한 관련자들을 체포했다. 이것이 네루의 아홉 번째이자 마지막 투옥이었다. 네루는 1945년 6월 15일에야 구금 상태에서 풀려났다.

1947년 8월 15일 마침내 인도가 독립하던 날, "바람이 아무리 심하게 불어도, 파도가 아무리 거세더라도 우리는 영원히 자유의 횃불을 밝히기 위해 노력할 것입니다"라고 선포한 네루의 목소리는 인도 방방곡곡에 퍼졌다.

마하트마
간디의
안식처

비폭력·비협력 운동

야무나 강가에 있는 델리의 동쪽 외곽은 엄숙하고 경건하면서도 품격이 느껴지는 묘역이자 영원한 성지다. 공원묘지 형식의 아무런 장식 없이 지극히 평범하고 소박한 묘는 마치 자석처럼 수많은 사람들을 끌어당긴다. 이유는 간단하다. 인도 역사에서 가장 위대한 인물인 마하트마 간디가 잠들어 있는 곳이기 때문이다.

 1869년 10월 2일, 서인도 포르반다르에서 모한다스 카람찬드 간디라는 이름을 가진 남자아이가 태어났다. 이 아이가 바로 훗날 세계적으로 유명해진 마하트마 간디다. 젊은 시절에 간디는 영국에서 법률을 공부했다. 이 시기에 간디는 인도 사회에 존재하는 불평등과 영국의 식민지라는 굴욕적인 현실을 점차 인식하며 이를 바꾸기로 마음먹었다. 1891년에 졸업 후 귀국한 간디는 뭄바이와 라지코트에서 변호사로 활동했다. 1893년 4월에는 거상 다다 압둘라의 직원 신분으로 남아프리카공화국에 가서 21년이라는 긴 세월을 보냈

1
2

1 서인도 포르반다르의 부유한 집안에서 태어난 간디는 영국에서 공부를 했지만,
  점차 영국의 식민지라는 인도의 현실을 깨닫고 비폭력 이론을 형성하기 시작했다.
2 간디는 비폭력·비협력 운동이라는 독특한 투쟁 방법으로 인도의 독립을 위해
  노력했기 때문에 전 세계 사람들의 커다란 존경을 받았다.

다. 이 시기에 읽은 많은 책과 유년 시절의 종교적 영향으로 간디는 차츰 비폭력 이론을 형성했다.

남아프리카공화국에서 인종차별과 마주한 간디는 인종차별 반대 운동에 참여했다. 그러나 간디는 모든 정치투쟁이 박애정신을 근본으로 삼아야 한다고 생각했다. 1906년 8월 22일, 트란스발 주가 굴욕적인 인도인등록 법령을 제정하자, 간디는 인도 교민을 이끌고 사티아그라하(비폭력 저항 운동—옮긴이)를 벌였다. 이 운동이 최고조에 달한 1913년 10월 28일에 간디는 인도인 광부 2,073명, 부녀자 127명, 어린아이 57명을 이끌고 나탈 주의 뉴캐슬에서 트란스발 주까지 평화행진을 하며 법령의 폐지를 요구했다. 남아프리카공화국 정부가 강경하게 진압하고 간디를 잇달아 세 번이나 체포했음에도 불구하고 인종차별 반대 운동은 중단되지 않았다. 결국 남아프리카공화국 정부도 어쩔 수 없이 간디를 석방하고 협상을 통해 한 발 물러섰다. 이 투쟁을 승리로 이끄는 과정에서 간디는 비범한 지혜와 두둑한 배짱, 굳센 의지를 보여주었고, 점차 사회운동가로서 명성을 떨치기 시작했다. 1915년에는 인도로 돌아와 독립운동의 지도자가 되었다.

인도의 모든 종교는 오랜 전통을 자랑하며, 특히 불교와 힌두교의 영향력이 매우 크다. 두 종교의 교리는 복잡하지만 어떠한 폭력도 반대하고 양보와 평화의 방식으로 분쟁을 해결하려 한다는 공통점을 갖고 있다. 간디는 독실한 힌두교 신도로서 진심으로 교리를 믿었고, 인도의 독립을 쟁취하기 위해 이른바 비폭력·비협력 운동이라는 독특한 방법을 제시했다. 비폭력·비협력 운동은 비폭력 저항과 영국 식민정부에 협력하지 않는다는 비협력적 태도를 표방했다. 구체적으로는 영국이 수여하는 공직과 작위 거부, 식민정부의 모든 집회 불참, 인도인이 세운 사립학교 다니기, 영국 상품 불매 운동,

영국식 의복 입지 않기, 직접 옷감 짜기, 영국 공채 불매 운동, 영국 은행에 저축하지 않기 등이 포함되었다.

1919년 11월에 간디는 비협력을 정식으로 제기했고, 1920년에 소집된 국민회의당 특별회의에서 비협력 운동 결의안이 통과되었다. 비폭력·비협력 운동은 1930년의 소금행진이 진행되면서 고조되었다. 이때 영국 식민정부는 소금전매법을 제정해 소금 생산을 독점하고 소금세와 소금 가격을 제멋대로 인상해 인도인들의 강한 반발을 불러일으켰다. 간디는 인도 국민들에게 바닷물을 끓여 직접 소금을 만드는 방법으로 소금전매법에 저항하자고 호소했다. 이미 환갑을 넘긴 간디는 사람들을 이끌고 인도 북부 아마다바드의 수도원에서 출발해 남쪽으로 이동하면서 해변에서 직접 소금을 제조하면서 대중의 지지를 부탁했다.

연해 지역에서 잇따라 간디의 간절한 호소에 호응하며 직접 소금을 제조하기 시작했고, 전국 각지에서 식민통치를 반대하는 투쟁이 전개되어 파업과 수업 거부, 시위행진이 일어나 소금세 폐지 운동은 갈수록 거세졌다. 영국 식민정부는 매우 당혹스러워하며 간디와 국민회의당의 주요 지도자들을 체포하고, 국민회의당 단속 명령을 내렸다.

간디의 체포 소식이 전해지자 인도 전역이 떠들썩해지면서 수만 명의 인도인이 간디와 함께 수감되겠다고 나섰다. 당황한 영국 식민정부가 6만 명 이상을 투옥하자 인도 국민의 분노는 극에 달했다. 곧이어 각지에서 무장시위가 일어났고, 심지어 독립을 선포하고 자치 정권을 수립한 지역도 생겨났다. 1931년 1월, 영국 식민정부는 어쩔 수 없이 간디를 석방하고 국민회의당에 대한 단속 명령을 해제했다. 그리고 협상을 진행해 간디가 비협력 운동을 멈추는 대신, 식민정부는 정치범을 석방하고 연해 주민의 소금 생산을 허가하겠다고 한발 물러섰다. 그러나 간디는 이후에도 비협력 운동을 여러 차례 벌이면서 독립투쟁을 이어갔다.

제2차 세계대전이 발발하자 영국령 인도 총독은 독단적으로 인도를 전쟁에 투입하겠다고 선포해 인도 각계의 불만을 불러일으켰다. 7개 성의 국민회의당 대표들이 줄줄이 사퇴하며 항의했고, 1940년 10월 13일에는 간디가 제한적 불복종 운동을 제안했다. 태평양전쟁이 발발하고 전쟁의 불씨가 인도에 퍼지면서 독립을 요구하는 인도 국민의 목소리는 더욱 높아졌다. 1942년 3월, 영국은 교착 상태에 빠진 정치적 난관을 돌파하고 인도에 대한 식민통치를 유지하기 위한 초안을 제시했으나, '전쟁 시 국민정부의 설립과 인도 국민의 자주국방'이라는 국민회의당의 요구와 맞지 않아 거부되었다. 국민회의당은 8월 8일에 간디가 제시한 영국의 즉각 철수를 요구하는 결의안을 통과시켰다. 그러자 영국 식민정부는 9일 새벽에 갑자기 간디와 국민회의당의 지도자를 포함한 6만여 명을 수감하고 국민회의당을 탄압했다. 1944년 5월 6일에 간디는 병으로 석방되었다.

거의 30년에 가까운 기간 동안 간디는 인도의 독립과 평화를 쟁취하는 데 커다란 공헌을 했다. 뿐만 아니라 그의 정치사상과 독특한 투쟁 방법은 전 세계적으로 커다란 영향을 미쳤다. 그래서 인도인들은 간디를 가리켜 위대한 영혼이라는 뜻으로 마하트마라고 부른다.

인 도 의 분 열

제2차 세계대전이 끝나자 인도의 민족해방운동은 다시 고조되었다. 1946년 2월 18일에는 뭄바이 항구에서 수병水兵 2만여 명이 반란을 일으켰고, 2월 21

1 2
3

1 간디는 인도 내의 힌두교도와 이슬람교도 간의 갈등을 해소하기 위해
  전국을 누비며 연설을 하고 단식투쟁을 벌였다.
2 영국령 인도 총독이었던 루이스 마운트배튼은 힌두교도가 다수인 인도공화국과
  이슬람교도가 많은 파키스탄으로 분할 독립시킨다는 방안을 발표했다.
3 인도와 파키스탄이 각각 독립하면서 힌두교도와 이슬람교도 간의 유혈충돌이
  여러 차례 일어나자, 간디는 자신만의 특별한 무기인 단식으로 평화를 호소했다.

일에는 인도 해군 장교와 병사들이 대대적으로 가담했다. 영국 식민정부는 중포重砲를 실은 군함을 동원해 봉기를 진압하려 했지만, 마침내 군사력만으로는 인도를 통치할 수 없다는 사실을 깨달았다. 세다가 간디가 제창한 비폭력·비협력 운동이 성과를 거두면서 인도 독립에 필요한 민족적 기반이 다져지고 있었다.

반란 둘째날, 영국의 클레멘트 애틀리 총리는 황급히 인도에 내각 사절단을 파견해 인도 독립을 놓고 협상을 벌였다. 하지만 영국은 여전히 식민통치기에 사용하던 수법대로 분할 통치책을 고수했다. 1947년 6월 3일, 영국령 인도 총독 루이스 마운트배튼은 힌두교도가 다수인 지역은 인도공화국으로, 이슬람교도가 많은 지역은 파키스탄으로 분할 독립시킨다는 일명 마운트배튼 방안을 발표했다. 인도 국민의 의사는 전혀 고려하지 않은 이 결정으로 말미암아 독립일 자정부터 교파 간에 연일 충돌이 발생해 50만 명 이상이 사망했다.

영국 정부가 마운트배튼 방안을 발표하기 이전부터 인도아대륙에서는 종교충돌이 있었다. 1930년에는 저명한 이슬람 사상가 무하마드 이크발이 처음으로 파키스탄 건국을 주장했고, 이 주장은 제기되자마자 이슬람교도의 열렬한 지지를 받았다. 1942년에 영국 역시 인도를 힌두교 지역과 이슬람교 지역, 토후국 지역(영국령에 속하지 않지만, 영국의 감독 아래 토착 전제군주가 통치하던 지역—옮긴이)으로 나누어 독립시키는 방안을 고려하기 시작했다. 하지만 마하트마 간디와 국민회의당은 인도는 하나의 민족이라는 주장을 일관되게 견지하면서 파키스탄의 수립을 극구 반대했다. 간디는 수년간 존재해온 민족문제를 해결하기 위해 인도를 나누는 것은 마치 "머리를 베어 두통에서 벗어나는 것"과 같다고 비유했다.

하지만 마운트배튼 방안에 따라 파키스탄은 인도 영토를 사이에 두고 지리적으로 서로 2,000킬로미터나 떨어진 동파키스탄과 서파키스탄으로 이루어진 주권국가로 독립했다. 동파키스탄에 거주하는 민족은 대부분 벵골족으로 벵골어를 사용하는 반면에, 서파키스탄에는 신드와 펀자브, 발루치스탄, 파탄 같은 여러 민족이 섞여 있어 두 지역은 이슬람교도라는 점을 제외하면 문화와 민족 등 모든 것이 서로 달랐다. 지리적으로 단절된 상태에서 이러한 민족과 문화, 언어의 차이는 쉽게 내부 분열을 일으키거나, 외부 세력에 악용되어 지나친 간섭을 받을 수 있다는 우려를 낳았다. 결국 1972년에 동파키스탄은 방글라데시라는 독립국가로 분리되고 말았다.

영국이 언어와 문화, 민족 차이가 아닌 종교에 따라 자치령을 나누었기 때문에 인도와 파키스탄의 분할 독립은 영원히 해결할 수 없는 문제를 남겼다. 게다가 마운트배튼 방안은 각 토후국이 어느 자치령에 속할지를 스스로 결정하도록 규정했기 때문에 잠무와 카슈미르의 귀속 문제가 수면 위로 떠올랐다. 영국 정부의 압력으로 파키스탄과 인도는 각각 1947년 8월 14일과 15일에 독립을 선언했지만, 독립 이후에도 카슈미르 지역을 둘러싸고 무장충돌을 일으켰다.

1948년에 힌두교 극우 민족주의자들의 압력을 받은 인도 정부가 평화조약에 따라 파키스탄에 약속한 5억 5,000루피의 지급을 중단하기로 결정하자, 1월 13일에 일흔아홉의 고령이었던 간디는 뉴델리에 있는 벌라 하우스에서 생애 마지막 단식투쟁을 시작했다. 지난 수십 년 동안 넘기 어려운 장애물을 만날 때마다 단식을 무기로 삼았던 간디는 이번에도 단식이라는 무기를 다시 꺼내 들어 인도와 파키스탄 양국의 지도자가 카슈미르 분쟁을 중단하고 교파 간의 학살을 제지하라고 압박했다.

인도아대륙 북서부에 있는 카슈미르 지역은 인도와 파키스탄이 각각 자신들의 영토라고 주장하고 있어 끊임없는 갈등을 불러일으키고 있다.

간디는 "단식을 통해 모든 신에게 우리의 마음을 정화시키고 분쟁을 없애 달라는 기도를 할 겁니다. 힌두교도와 시크교도, 이슬람교도는 이 나라에서 반드시 형제처럼 화목하게 지내야 합니다"라고 호소했다. 단식을 시작한 뒤 간디의 체력은 눈에 띄게 떨어져 신장 기능이 약해지고 혈압은 급격하게 상승했다. 생명이 위급한 상황에서도 화합을 기원하는 간디의 모습에 사람들은 감동해 점차 마음을 열었다.

며칠이 지나자 인도 각 도시에서 사람들이 하나둘 광장으로 뛰쳐나와 두 손 높이 팻말을 들고 "친선", "단결", "간디를 구하자!"라는 구호를 목이 쉬어라 외쳤다. 각 교파와 정당 대표는 인도 전역에 '간디 생명 구하기 위원회'를 결성했고, 전국의 우편부서 직원들은 사람들에게 "우리는 반드시 간디의 생명을 구해야 합니다. 앞으로는 형제처럼 화목하게 지냅시다"라고 적힌 수백만 통의 편지를 보냈다. 수십만 명이 집회를 열고 간디가 단식을 그만둘 수 있게 해달라는 기도를 하자 교파 간의 적대감이 잠시나마 사라졌다. 심지어 파키스탄인들조차 간디의 생명을 구하기 위한 활동을 벌였다. 단식 닷새째인 1월 18일, 국민회의당은 분할 독립안에 규정된 대로 파키스탄에 5억 5,000루피를 배상하는 요구 사항을 받아들이기로 했다. 간디는 비로소 단식 투쟁을 끝냈다.

인 도 의 눈 물

간디의 단식투쟁 덕분에 파키스탄과의 유혈충돌은 피할 수 있었지만, 인도 아대륙의 평화를 위해 애쓰는 간디의 모습에 실망하고 분노한 인도인들도 있었다.

간디의 단식 첫째날, 파키스탄의 이슬람교도들이 다른 교파에 대해 학살을 자행했고, 여기에서 살아남은 시크교도와 힌두교도들은 크게 분노해 간디를 만나겠다고 뉴델리로 몰려왔다. 이들을 위로하는 간디에게 갑자기 한 난민이 강력한 어조로 "당신 때문에 우리는 크나큰 고통을 겪었소. 당장 이곳을 떠나시오! 모든 것을 버리고 히말라야 산맥으로 사라지시오!"라고 소리쳤다. 일반인이 이 정도라면 극우 민족주의자들은 간디를 얼마나 증오했을까? 결국 간디를 암살하려는 음모가 은밀히 계획되었다.

간디를 암살한 나투람 고드세는 힌두교 광신자로, 1930년대에 국민지원부대라는 극우 종교조직에 가입했다. 당시 인도에는 간디의 소극적 비협력 운동이 유행했는데, 나투람도 자주 참석해 때로는 운동을 주도하는 등 간디의 열렬한 추종자로 활동했다. 하지만 인도와 파키스탄이 분할 독립하면서 간디와 다른 길을 걸었다.

나투람은 인도와 파키스탄 두 개의 국가로 나뉘는 것을 강력하게 반대했을 뿐만 아니라, 힌두교와 이슬람교 간의 갈등을 평화적으로 조정하기 위해 애쓰는 간디에게 커다란 불만을 품었다. 1948년에 인도 정부는 파키스탄에 주기로 약속한 5억 5,000루피의 지급을 중단하기로 결정했지만, 간디가 단식투쟁을 하자 다시 합의문을 이행했다. 간디에 대한 증오가 극에 달한 나투람은 인도 역사에서 가장 위대한 인물을 살해하기로 했다. 나투람은 사람들을 모아 간디를 암살하려 했지만 번번이 준비 부족으로 실패했고, 자신은 지명 수배자가 되었다. 하지만 나투람은 경찰에 붙잡히기 전에 암살 계획을 실행에 옮겨 마침내 1948년 1월 30일 오후 5시 벌라 하우스에서 마하트마 간디를 암살했다.

1948년 1월 30일은 인도와 전 세계가 영원히 잊지 못하는 날이다. 날씨는 구름 한 점 없이 화창했고, 벌라 하우스 정원의 잔디밭에는 간디가 주최하는 저녁 기도회가 열리기를 기다리는 수많은 사람들이 있었다. 하지만 간디의 추종자로 가장한 암살자가 이 중에 섞여 있을 줄은 아무도 예상하지 못했다. 이날은 특별히 벌라 하우스의 경호원 수가 늘었음에도 불구하고 정작 나투람이 입장할 때는 어떠한 검문도 받지 않았다. 완벽한 성공을 위해 암살자는 사람들의 시선이 무대에 집중된 틈을 타 오른쪽에 있는 무리 속으로 슬며시 끼어들었다.

오후 5시 10분, 정원에서 초조하게 기다리는 사람들 앞에 드디어 간디가 나타났다. 평소의 저녁 기도회와 마찬가지로 간디의 양옆에는 조카 아바와 수양딸 마누가 그의 타구唾具와 안경, 반성록을 들고 서 있었다. 간디는 지팡이에 의지한 채 정원으로 걸어 나왔다. 늘 간디의 안전을 책임지던 경관은 그날따라 아프다는 이유로 곁에 없었다.

홀로 계단에 선 간디가 반가운 미소를 지으며 합장으로 인사를 건네자, 사람들은 존경과 사모하는 마음이 담긴 목소리로 "바푸! 바푸!"를 외쳤다. 그리고 정중히 인사를 올리면서 길을 터주었다. 간디가 행렬 앞쪽으로 이동하는 그 짧은 순간에 나투람은 주머니에 양손을 넣었다. 잠시 후 나투람은 왼손은 꺼냈지만, 오른손은 주머니 속에 있는 권총을 움켜쥐고 엄지손가락으로 안전장치를 풀었다. 훗날 수양딸 마누는 뚱뚱한 체격에 황갈색 군복을 입은 나

바푸 인도인은 손윗사람이나 노인 들을 부를 때 일반적으로 이름 뒤에 '지'나 '바푸'를 붙인다. 지는 할아버지에 대한 존칭으로, 바푸는 아버지나 아버지 또래의 남성에 대한 존칭으로 쓰인다. 모한다스 카람찬드 간디를 바푸 또는 위대한 영혼이라는 뜻의 '마하트마'라고 부르는 것도 같은 연유다. 스승과 나이 많은 어른에 대한 존칭은 '구루'라고 하며, 과학자와 불교학자는 '판디트'라고 부른다. 예컨대 자와할랄 네루는 생전에 판디트 네루로 불렸다. 일반 학자는 님이라는 뜻의 '스리', 이슬람주의와 아랍어에 정통한 이슬람 학자는 '마울비'라고 한다.

투람이 갑자기 간디 앞으로 뛰쳐나온 모습을 보았다고 회상했다. 나투람은 간디에게 경의를 표하는 것처럼 허리를 굽히고 낮은 목소리로 "국가를 위해 공헌해주신 것에 감사드립니다"라고 말했다. 간디 옆에 있던 마누는 나투람이 간디의 발을 만지려는 것으로 오해하고 손을 내밀며 정중하게 "형제님, 마하트마께서는 이미 기도회에 이십분 정도 늦으셨습니다. 이제 길을 비켜주시죠"라고 말했다. 그 순간 누구도 상상치 못한 일이 벌어졌다. 나투람이 마누를 밀쳐내고 재빠르게 권총을 꺼내 간디의 맨가슴에 연속으로 세 발을 쏜 것이다!

　마누는 나투람 때문에 떨어뜨린 안경과 반성록을 주우려고 하다가 첫 번째 총성을 듣고 황급히 일어났다. 그 순간에 간디가 저녁 기도회에 참석한 사람들에게 인사하려고 마지막 걸음을 내딛으려는 모습을 보았다. 새하얀 옷에 검붉은 피가 점점 번져갔고, 간디는 "오, 라마여!"라고 외치며 합장한 채로 천천히 잔디 위로 넘어졌다. 움푹 파인 땅에는 빨간 피가 고였다. 마누는 간디 옆에 떨어진 회중시계의 바늘이 정확히 17시 17분을 가리키는 것을 보았다. 간디가 암살당한 지 43분 뒤인 18시 정각에 인도 정부는 간디의 서거를 공식 발표했다.

　간디가 암살되었다는 비보가 전해지자 전 세계는 경악을 금치 못했고, 인도는 큰 비통함과 혼란에 빠졌다. 당시 영국의 마운트배튼 총독은 산책하고 돌아오던 길에 이 사건을 보고받고 황급히 "암살자가 누구냐? 이슬람교도냐? 힌두교도냐?"라고 물었다. 만약 암살자가 이슬람교도라면 인도아대륙은 또다시 대규모 종교충돌에 빠지리란 것을 그는 너무도 잘 알고 있었다. 보도 담당관을 대동한 마운트배튼은 벌라 하우스로 급히 달려갔다. 벌라 하우스의 정문 앞에는 이미 수많은 인파가 몰려들고 있었다. 이들 사이를 어렵게 비집고 안으로 들어갔을 때 갑자기 한 사람이 분노가 가득한 얼굴로 외쳤다. "이슬람교도가 성스러운 아버지 간디를 죽였다!" 사람들은 순식간에 쥐 죽은 듯 조용해졌다. 마운트배튼은 즉시 걸음을 멈추고 그 사람에게 크게 "완전히 정신이 나갔군요! 마하트마 간디를 죽인 자는 이슬람교도가 아닌 힌두교도라는 것을 분명히 알아두시오!"라고 소리쳤다.

인도의 라디오 방송국 국장은 대규모 혼란을 막기 위해 간디가 서거했다는 불행한 소식을 바로 전달하지 않고, 평소대로 정규 프로그램을 방송하는 결정을 내렸다. 그사이에 군대와 경찰은 전국적으로 경비태세를 갖추었다. 정각 6시, 간디가 암살당한 지 43분 뒤에 인도 정부는 한 글자 한 글자 꼼꼼히 다듬어 "마하트마 간디가 오늘 17시 17분에 뉴델리에서 암살당했습니다. 암살자는 힌두교도입니다"라고 발표했다.

암살 사건이 벌어진 벌라 하우스에서는 사람들이 간디의 시신을 침대에 눕혔고 조카 아바가 핏자국으로 얼룩진 땅을 천으로 덮었다. 사람들은 간디의 유품인 나무 물레와 암살 당시 그가 신고 있던 샌들, 원숭이 조각상, 『바가바드기타』, 회중시계, 타구, 금속 세면기 등을 정리했다. 간디의 시신은 급하게 개조한 군용 상자에 옮겨져서 길 양쪽에 무수히 늘어선 사람들 사이를 지나 화장터에 도착했다. 친척과 친구들은 간디의 시신 주위에 꽃을 올려놓고 향료를 뿌렸다. 24시간 뒤에 간디의 시신은 힌두교 풍습에 따라 화장되었다.

간디의 서거 소식이 전해지자 비통함에 휩싸인 한 인도인은 실신해 정신을 잃었고, 심지어 바다에 뛰어들어 자살하려는 사람도 있었다. 전국적으로 상점, 카페, 음식점, 영화관, 공장이 일제히 문을 닫고 일을 중단했다. 파키스탄에서도 여성 수백만 명이 차고 있던 유리 팔찌를 깨는 전통적인 방식으로 극한 슬픔을 표현했다. 분노에 사로잡힌 인도 국민은 암살 사건과 연루된

1 2 3
4

1 1948년 1월 30일에 간디는 자택에서 나투람 고드세라는 힌두교 광신자에게 암살당했다.
2 간디의 장례식에는 수많은 사람들이 참석해 그에게 영원한 이별을 고했고,
자와할랄 네루는 비통한 심정으로 담화문을 발표했다.
3 간디 서거 58주년 기념식에 참석한 사람들이 간디를 추모하고 있다.
4 간디가 국가를 위해 목숨을 바친 곳에 그의 생애와 업적을 기리는 기념비가 세워졌다.

간디의 서거는 인도인뿐만 아니라 전 세계 사람들에게 커다란 충격을 주었다.
오늘날에도 인도 곳곳에서 그를 기리는 여러 기념물들을 볼 수 있다.

『인도민족보』 신문사와 극우주의 정당인 힌두 마하사바의 사무 기관을 찾아가 때려 부쉈다.

장례식 당일에는 수많은 사람들이 거리로 나와 앞다투어 간디에게 영원한 이별을 고했다. 이날 조문객은 백만 명에 달했다. 조문객들은 경비원의 제재에도 아랑곳하지 않고 벌라 하우스 정원에 몰래 들어가 간디를 기리기 위해 꽃과 풀을 꺾어왔다. 간디의 절친한 동료였던 자와할랄 네루는 비통한 심정으로 뉴델리에서 국민 담화를 발표했다.

생명의 찬란한 빛이 사라졌고 나라 전체가 캄캄한 어둠 속에 빠졌습니다. 우리가 경애하는 지도자이자 바푸, 마하트마라고 불리던 사람이 우리 곁을 떠났습니다. 아니, 제가 방금 빛이 사라졌다고 한 말은 정정하겠습니다. 이 나라를 비추는 찬란한 빛은 평범한 빛이 아니기 때문입니다. 천년 뒤에도 그는 영원히 눈부신 빛을 비출 것이고, 우리는 찬란한 그 빛을 계속 볼 수 있습니다. 그러면 모든 이를 위로해 줄 것이기 때문입니다. 이 빛의 의미는 지금보다 훨씬 커질 것입니다. 그는 생명과 영원의 진리를 대표해 우리를 바른 길로 인도하고 잘못된 길로 들어서지 않도록 보호하며 이 나라를 자유의 길로 이끌어줄 것입니다.

인도 뉴델리 야무나 강가의 화장터에 간디를 기리는 기념비가 세워졌다. 무덤은 검은 대리석으로 만든 평범한 제단식 건물로, 상단에는 영어와 힌디어로 간디의 가르침이 새겨져 있다.

나는 자유롭고 강성해진 인도가 용감하게 자신을 희생해 세계를 아름답게 만들기를 희망한다. 모든 사람은 가정을 위해 희생해야 하고, 각 가정은 마을을 위해 희생해야 하며, 각 마을은 도시를 위해 희생해야 하고, 각 도시는 조국을 위해 희생해야 하고, 각 국가는 전 인류를 위해 희생해야 한다. 나는 이 세상이 천국이 되기를 간절히 바란다.

간디의 서거는 인도뿐만 아니라 전 세계에도 커다란 슬픔을 안겼다. 영국에서는 조지 6세와 애틀리 총리, 윈스턴 처칠, 캔터베리 대주교를 비롯한 수천 명의 사람들이 간디의 암살 소식에 잇달아 조의를 표했다. 프랑스의 조르주 비도 총리도 애도를 표하며 "인류의 박애를 믿는 모든 사람은 간디의 서거를 영원히 기억하며 눈물을 흘릴 것입니다"라는 내용의 조전弔電을 보냈다. 바티칸에서는 교황 비오 12세가 간디를 "평화사업의 수호자이자 기독교도의 친구"라고 칭하며 그의 죽음에 안타까움을 드러냈다. "전 세계가 인도와 함께 슬픔에 잠겨 흐느껴 운다"라고 말한 해리 트루먼 미국 대통령의 한마디가 모든 사람들의 애통한 마음을 가장 잘 대변해준다.

야무나 강가에 있는 간디의 묘는 이미 수많은 사람들이 참배를 하기 위해 다녀갔다. 추모 공원의 한가운데에는 검은 대리석의 네모난 단상이 있는데, 바로 간디의 화장터다. 낮이든 밤이든 단상 뒷면에 항상 켜져 있는 등불은 민족 독립을 쟁취한 인도의 정신을 상징한다. 단상 정면에는 암살 당시 간디가 마지막으로 한 말인 "오, 라마여"라는 문구가 새겨져 있다. 라마는 인도의 서사시 『라마야나』에 등장하는 영웅으로, 힌두교에서는 보호의 신 비슈누의 화신化身으로 여기는 인물이다. 무덤 상단에는 영어와 힌디어로 앞서 이야기한 간디의 가르침이 새겨져 있다.

무덤 입구에 있는 간디의 비석에는 1925년에 발표한 저서 『젊은 인도』에 언급한 7대 사회악이 새겨져 있다. 7대 사회악이란 원칙 없는 정치, 일하지 않고 얻은 재산, 양심 없는 쾌락, 인격 없는 지식, 도덕성 없는 상업, 인간성 없는 과학, 희생 없는 신앙을 의미한다. 간디의 무덤 앞에 서면 누구나 영혼 깊숙한 곳에서부터 주체할 수 없는 깊은 감동과 떨림을 느끼게 된다. 아마도 인도 역사에서 가장 위대한 인물이 잠들어 있는 곳이기 때문일 것이다.

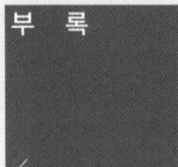

부 록

인도사 연표

선사시대(기원전 2300년 이전)

인더스 문명 시기(기원전 2300~기원전 1500)

베다 시기

리그베다 시대(기원전 1500~기원전 1000)

후기 베다 시대(기원전 1000~기원전 500)

마가다 왕국

하리앙카 왕조(기원전 545)	난다 왕조(기원전 343~기원전 321)
마우리아 왕조(기원전 321~기원전 185)	슝가 왕조(기원전 187~기원전 75)
캉바스 왕조(기원전 75~기원전 30)	

이민족 침략 시기

굽타 왕조(320~570)	푸시아부티 왕조(400~647)
라지푸트 시대(7~12세기)	가즈나 왕조(962~1186)

델리 왕조 시기

노예 왕조(1206~1290)	할지 왕조(1290~1320)

투글루크 왕조(1320~1414)	사이이드 왕조(1414~1451)

로디 왕조(1451~1526)

무굴 제국(1526~1857)

영국 식민통치(1857~1947)

인도공화국(1947~현재)

2장 | 무굴 제국의 수도 아그라

델리에서 동남쪽으로 200킬로미터 떨어진 야무나 강 남쪽 기슭에 위치한 아그라는 인도의 작은 도시에 불과했지만, 16세기와 17세기 초에 무굴 제국의 수도가 되어 눈부신 전성기를 보냈다. 가장 위대한 황제라는 뜻을 가진 아크바르는 즉위한 지 얼마 되지 않은 1565년에 신하들의 우려에도 아랑곳하지 않고 아그라에 대규모 공사를 시작해 몇 년 뒤에 호화롭다 못해 사치스럽기까지 한 아그라 성을 건설했다. 손자 샤 자한은 이곳을 화려한 궁전으로 발전시켰다. 유달리 건축사업에 열광적이었던 무굴 제국의 황제들은 아그라에 아름다운 사랑 이야기를 간직한 타지마할을 비롯한 무덤과 웅장한 성, 궁전 등을 남겼다.

1983년에 유네스코 세계문화유산으로 지정된 아그라 성을 보기 위해 지금도 수많은 사람들이 아그라를 찾는다.

델리를 벗어난 야무나 강은 갠지스 강을 따라 동남쪽으로 흐른다. 신성한 두 줄기 강이 대지를 촉촉하게 적셔주는 덕분에 비옥하고 아름다운 갠지스 평야는 일찍부터 인도 역사에서 중요한 역할을 했다. 바로 이 땅에서 인도의 고대 도시 아그라가 탄생했다.

아그라는 델리에서 동남쪽으로 200킬로미터 떨어진 야무나 강 남쪽 기슭에 있기 때문에 예전부터 수로교통의 중심지였다. 델리의 엄청난 명성과 비교하면 아그라는 풋내기일지 모른다. 이 고대 도시의 운명은 찬란했던 무굴 제국과 깊은 관련이 있다. 16세기와 17세기 초에 아그라는 무굴 제국의 수도로서 눈부신 발전을 이루었다. 유달리 건축사업에 열광적이었던 무굴 제국의 황제들은 아름다운 무덤과 웅장한 성, 궁전 등을 아그라에 남겼다.

> 위대한 황제
> 아크바르

세 계 의   지 도 자

아그라는 16세기 이전까지는 세상에 이름이 알려지지 않은 인도의 작은 도시에 불과했다. 하지만 아크바르 황제가 즉위하면서 갠지스 강 유역의 이름 없는 도시는 무굴 제국의 정치적 심장부로 빠르게 성장했다. 백여 년 동안 아그라는 무굴 제국의 가장 눈부신 역사를 보여주었다. 이 모든 공은 아크바르 황제에게 돌려야 한다.

무굴 제국의 3대 황제 아크바르(1542~1605, 재위 1556~1605)의 이름은 아부 울 파트 잘랄 웃 딘 무하마드 아크바르다. 인도인들은 아소카 왕에 비견되는 훌륭한 재능과 뛰어난 지략을 보인 그를 '가장 위대한 황제'라는 뜻을 가진 아크바르라고 불렀다. 티무르의 직계 후손이자 무굴 제국의 건설자인 할아버지 바부르는 본래 중앙아시아의 작은 제후에 불과했으나, 카불을 근거지로 삼아 인도를 정복하기 시작했다. 수적으로 열세였지만 뛰어난 전술로 전쟁을 승리로 이끌며 무굴 제국의 영토를 갠지스 강 삼각주까지 확장시

컸다. 하지만 아버지 후마윤은 아프가니스탄의 셰르 샤에게 크게 패해 페르시아로 쫓겨나 망명 생활을 해야만 했다. 바로 이 시기에 운명처럼 아크바르가 태어났다. 열악한 환경에서 태어났기 때문에 아크바르는 좋은 교육을 받지 못했지만, 대신 쾌활하고 용감하며 지혜로운 성격이 형성되었다. 기록에 따르면 아크바르는 위험한 운동을 무척 좋아했고, 사나운 코끼리떼를 다루는 법을 터득해 언제든지 사자와 호랑이 사냥을 할 수 있었다.

열두 살이 되던 해에 아크바르는 페르시아 사파비 왕조의 지지를 등에 업고 영토를 되찾은 아버지 후마윤을 따라 인도에 왔다. 당시 후마윤은 인도의 반란 세력을 제압해 델리를 점령했지만, 불행하게도 영광을 누리지 못하고 갑작스럽게 실족사하고 말았다. 열네 살도 채 되지 않은 아크바르가 왕위를 물려받았으나 나이가 어린 탓에 아버지의 신하였던 바이람 칸이 4년 동안 섭정을 했다. 이 시기는 인도에서 무굴 제국의 위치를 확고하게 다지고, 아크바르가 집권능력을 향상하는 데 큰 영향을 미쳤다. 아크바르는 정치에 뛰어난 재능을 드러냈지만, 공부에는 별다른 흥미를 느끼지 못해 학식 있는 수많은 교사들의 가르침을 끝내 거절했다.

후마윤이 서거했다는 소식이 전해지자 무굴 제국의 정복지에서 즉시 반란이 일어났다. 이 중 힌두교도 헤무 장군은 코끼리 1,000마리를 앞장세우고 대포 51문과 기마병 5만 명을 이끌고 아그라 성을 공격해 파죽지세로 델리까지 진격했다. 이제 막 즉위한 아크바르와 섭정이었던 대신 바이람 칸은 1만 명의 군대를 이끌고 반격에 나섰다. 1556년 11월 5일에 시작된 이 전투가

사파비 왕조(1501~1736) 이슬람의 페르시아 정복 이후 가장 큰 이란 제국을 건설했으며, 사산 왕조 이후 최초로 이란 전역을 통일했다. 시아파를 국교로 정하고, 고대 페르시아 제국의 유산을 다시 이었다. 이 시기는 이란이 중세에서 현대로 넘어가는 과도기이기도 하다.

바로 인도 역사에서 유명한 제2차 파니파트 전투다. 헤무 장군이 지휘하는 전투 코끼리의 맹공에 무굴 제국의 기마병들이 놀라 당황하자, 아크바르는 궁수부대를 투입해 헤무 군대의 측면을 공격하는 교란작전을 펼쳤다. 이 작전이 성공하자 사기가 오른 무굴 제국의 군대는 한꺼번에 진격해 적을 무력화시켰다. 치열한 접전 끝에 헤무 장군이 화살을 맞고 쓰러지자 졸지에 지휘관을 잃은 군대는 전의를 상실하고 뿔뿔이 흩어졌다. 기절한 헤무 장군을 생포한 바이람 칸은 아크바르 앞으로 끌고 와 사형시키자고 말했다. 그러나 모두의 예상과 달리 아크바르는 "어떻게 부상당한 포로를 죽일 수 있겠소?"라며 살려두라고 명령했다. 위기를 무사히 넘긴 아크바르는 이어서 곤드와나를 정복하고 벵골, 아프가니스탄의 카불, 데칸 고원을 공격했다. 아크바르는 전쟁 중에 체포한 장군들을 모두 사면하고, 정복한 라지푸트족에게는 자신을 황제로 인정하고 공납을 바치기로 약속하는 한 세습 영지의 지배를 허락했다. 그래서 인도인들은 인도 전역을 정복한 아크바르의 위력에 벌벌 떨고 두려워하면서도 한편으로는 그의 관대함에 감사했다.

1560년에 열여덟 살이 된 아크바르는 드디어 직접 통치를 시작했다. 당시 인도아대륙은 무굴 제국이 중앙 지역을 점거했지만, 주변에는 아직도 강한 할거 세력들이 도사리고 있어 여전히 혼란스러운 상황이었다. 아크바르는 전례가 없는 방대한 제국을 건설하기 위해 잇달아 잔혹한 전투를 치렀다. 그는 제국에 편입되기를 원하는 지역에는 기존의 왕을 그대로 두고 그 자손에

데칸 고원 인도 반도 대부분을 차지하는 삼각형의 고원으로, 평균 높이는 약 600미터다. 인도 남부의 동고츠 산맥과 서고츠 산맥 사이에 자리했으며, 광물자원이 풍부하기 때문에 여러 통치자들이 서로 차지하기 위해 여러 차례 전쟁을 벌였다. 오랜 침식을 거치면서 구릉과 산맥, 지하수로가 많이 생겼다. 전형적인 대륙성 계절풍 기후가 나타나며 강우량이 풍부하다.

아크바르는 무굴 제국 역사상 가장 위대한 황제로,
인도아대륙 대부분을 무굴 제국의 지배 아래 두었다.
또한 종교 관용책을 실시해 다양한 여러 종교를 포용함으로써
인도 내부의 갈등을 완화시키는 업적을 남겼다.

게 요직을 맡겼다. 예컨대 1562년에 아크바르는 제국에 편입되기를 원하는 제후 라자 비하리 말의 딸과 결혼해 처남에게 중요한 직무를 맡겼다. 하지만 투항을 거부한 지역은 가차없이 무력으로 정복했다. 일례로 1567년에 메와르를 공격해 4개월 동안 3만 명을 학살하고, 왕국의 상징인 구리 북과 모신(母神)을 모신 곳에 올린 촛대를 떼어 전리품으로 삼았다. 이렇게 아크바르는 무력과 회유라는 양면정책으로 15년간에 걸쳐 북인도를 통일하고, 제국의 영토를 서북 지역까지 확장했다. 그리고 다시 남쪽 왕국을 평정해 인도아대륙 대부분을 정복했다. 전성기였던 이 시기에 무굴 제국은 남쪽으로는 데칸 고원, 동쪽으로는 벵골과 갠지스 강 하류, 서북쪽으로는 신드와 인더스 강의 북쪽 페르시아의 칸다하르로 세력을 확장시켰고 아프가니스탄까지 영향을 미쳤다. 이처럼 눈부신 영토 확장만으로도 아크바르는 인도 역사에서 위대한 황제로 꼽히기에 충분하다.

하지만 아크바르는 제국의 통치에서도 역사에 길이 남을 빛나는 공적을 세웠다. 유년 시절에 책을 멀리하긴 했지만, 무력에만 의지하기보다는 문화와 교육에 힘써야 진정한 제국이 완성된다는 것을 잘 알고 있었다. 그래서 아크바르는 문맹이었지만 매일 각종 책을 다른 사람에게 낭독시켜 저명한 학자들과 문학, 철학, 종교 같은 다양한 주제로 자유롭게 토론할 수 있을 만큼 지식을 쌓았다. 특히 그림을 좋아해서 궁정에서 화가 백여 명을 양성했고, 매달 전시회를 서너 번씩 열어 그림을 감상하고 평가한 뒤에 최고의 작품에 상을 주기도 했다. 각지에서 온 음악가들이 연주하는 인도와 페르시아, 중앙아시아, 카슈미르 지역의 음악을 자주 들었고, 자신이 직접 작곡을 하기도 했다. 또 인도의 산스크리트어 악보를 페르시아어로 번역한 공연을 열기도 했다. 아크바르는 페르시아 문화와 인도 문화의 활발한 교류를 위해 힌두 관료는 페르시아어를, 이슬람 관료는 힌디어를 배우도록 했다. 어느 정도 시간이 지나자 관료들은 페르시아어와 힌디어를 자유자재로 활용해 시를 지었다. 뿐만 아니라 황궁 도서관에 다양한 책을 소장해 지식의 보물창고 역할을 하게 했고, 종교인과 널리 이름을 떨친 학자, 새로운 물건을 발명한 사람들을 궁으로 불러들여 정치와 문학, 종교 이론을 설명하도록 했다. 이 중에서도 아크바르는 특히 힌두교와 기독교 학자, 승려 들을 높이 존경했다. 아크바르는 인도의 전통문화를 매우 중시했고, 페르시아어를 궁정 언어로 규정한 뒤 번역 담당 부서를 설치해 산스크리트어, 아랍어, 튀르크어, 그리스어로 쓴 작품을 페르시아어로 번역하도록 지시했다. 고대 인도의 가장 위대한 서사시 『마하바라타』와 『라마야나』도 바로 이때 번역되었는데, 특히 『마하바라타』 번역을 직접 감독했다. 아크바르 덕분에 문학과 예술, 회화, 음악 등 모든 예술은 최고의 전성기를 누릴 수 있었다.

현명한 군주였던 아크바르는 강력한 무력을 동원하기에 앞서 국민의 진심 어린 존경을 받아야만 제국의 통치가 원활하게 이루어진다는 것을 알고 있었다. 인도 역사에서 이슬람 황제들은 모두 인도인과 적이 되었지만 아크바르는 용병을 이용해 인도인을 정복한 뒤에 인도인과 화해하고, 과감하게 기용해 함께 인도를 다스렸다.

인도는 오랜 종교와 전통을 가진 국가로, 종교 박물관으로도 불릴 만큼 민족마다 고유의 종교를 갖고 있다. 아크바르가 무굴 제국 역사상 가장 위대한

산스크리트어　고대 인도·아리아어로, 힌두교도들이 쓰는 문어文語를 말하는데, 중국과 우리나라에서는 범어梵語라고도 한다. 힌두교 경전 『베다』를 기록한 언어이기도 한데, 문법과 발음은 종교예절로 여겨져 하나도 빠짐없이 보존되었다. 산스크리트어 불교 경전은 처음에 다라수 잎에 기록되었기 때문에 패엽경貝葉經으로도 불린다. 산스크리트어는 19세기에 인도와 유럽의 여러 언어를 재구성하는 데 핵심이 되었다.

황제로 존경받는 이유도 바로 종교 관용책과 밀접한 관련이 있다. 무굴 제국은 이슬람 정권이었다. 아크바르의 어머니는 페르시아인이었지만 독실한 이슬람교도였고, 아크바르 자신도 시아파 신도였다. 하지만 이슬람 왕조는 인도에 깊게 뿌리내린 힌두교, 나아가 수많은 힌두교도와 마주해야 했다. 오랜 세월 동안 힌두교와 이슬람교 사이에 갈등과 충돌이 빈번하게 일어나면서 이슬람 왕조의 안정에 막대한 영향을 미쳤다. 그래서 아크바르는 역대 황제들과 달리 각 교파 간의 평등을 선언해 다양한 종교와 신앙을 존중함으로써 인도 내부의 민족 갈등을 완화시키고 평화를 유지하기 위해 힘썼다. 실제로 그는 힌두교도를 고위 관직에 등용하고, 이슬람 귀족을 황후로 맞는 관례를 깨뜨리고 스물두 살 되던 해에 힌두교를 믿는 라지푸트국의 공주 조다 바이와 결혼했다.

혼인을 통한 종교동맹은 아크바르의 인도 통치를 튼튼히 하는 데 큰 힘을 실어주었다. 이때부터 인도에 호감을 느낀 아크바르는 힌두교 성지를 방문할 때마다 징수하던 세금과 힌두교도가 오랫동안 납부해온 인두세를 과감히 폐지했다. 국고 수입이 크게 줄었지만, 무굴 제국은 인도에 확고하게 자리를 잡았다. 아크바르는 비이슬람교도를 대거 관리로 기용했는데, 여기에는 힌두교도인 아내의 조카 마하라자 만 싱과 중산계급 출신이자 뛰어난 경제학자인 힌두교도 토다르 말도 포함되었다. 무굴 제국은 점차 인도화되었고, 반대로 라지푸트족과 다른 민족은 페르시아 문화의 영향을 받았다. 얼마 뒤 아크바르는 델리에서 아그라로 수도를 옮기고 파테푸르시크리에 새로운 궁전을 지었다. 이 궁전은 전부 힌두교 양식을 따랐고, 이슬람교가 엄격하게 금지하는 힌두교 사원도 부설했다. 심지어 이곳에 건설한 이슬람교 사원조차 완전한 인도 양식으로 지어졌다. 궁전에서는 힌두교 관례를 따랐고, 아크바르는 매

아크바르 황제는 넓은 영토와 다양한 종교를 가진 인도에서 여러 계층의 지지를 얻어 효율적으로 제국을 운영했다. 사진은 아크바르 황제의 무덤이다.

일 새벽 테라스에 나와 관료와 백성을 만나고 힌두교 행사에 참석했다. 또 소를 신성시하는 힌두교를 존중해 소의 도살을 엄격하게 금지하고, 궁전에 장명등長明燈(불상이나 신상 앞에 밤낮으로 켜두는 등불―옮긴이)을 켜놓았다.

"모든 종교에는 빛이 있다. 그리고 빛에는 많든 적든 그림자가 따르는 법이다"라는 명언을 남긴 아크바르는 모든 종교의 장점을 취합해 딘-이-일라히라는 새로운 종교를 창시했다. 이는 신과 선각자, 종교적 의무가 없는 신성종교神聖宗敎로, 청렴과 절약을 강조해 '세상의 욕망을 버리고 구원받아야 한다'는 교리를 주장했다. 신도가 되기 위해서는 직접 아크바르를 알현해야 했는데, 먼저 두건을 황제의 손에 올려놓고 발에 머리를 조아리면, 황제는 그를 일으켜 세운 뒤에 축복을 내리고 두건을 씌어준다. 그리고 자신의 초상화를 건네 신도로 받아들였음을 알린다. 신도들은 아크바르에게 충성을 다하고 아크바르를 신으로 섬기며, 알현했을 때 아크바르가 곧 알라라는 의미로 "알라 아크바르"라고 외쳤다. 충성의 의미로 신도들은 자신의 재산과 생명, 명예 등 모든 것을 바쳤다. 아크바르의 신성종교는 사원이 없고 기도도 하지 않는 대신, 신도들에게 동물을 사랑하고 자선과 구휼을 베푸는 등 좋은 일을 최대한 많이 하라고 요구했다. 신성종교는 타인에게 믿음을 강요하지 않았기 때문에 널리 퍼지지는 않았지만, 종교에 대한 아크바르의 관용적인 자세는 무굴 제국의 후계자들에게 큰 영향을 미쳤다.

아크바르는 종교 토론회를 자주 열었다. 처음에는 이슬람교 학자들만 불렀지만 나중에는 힌두교, 기독교, 자이나교, 조로아스터교 학자들도 초대해 다섯 개 종교의 정수가 한곳에 모여 종교와 인생, 면죄, 해탈, 진리 등을 주제로 자유로운 토론을 벌였다. 아크바르가 종교 관용책을 펼친 결과 인도 내의 종교 갈등은 크게 완화되었고, 여러 교파가 평화롭게 공존하면서 무굴 제국의 통치를 더욱 단단하게 만들었다. 나아가 갠지스 강 유역의 힌두교도와 이슬람교도의 융합에 의미 있는 한발을 내딛었다.

문화와 종교 분야뿐만 아니라 아크바르는 민생문제에도 심혈을 기울여 효과적인 관료제도와 법률제도를 제정했다. 전국의 조세구역을 재정비하고 세수제도를 완비했을 뿐만 아니라, 전국적으로 도량형을 통일하고 상공업의 발전을 적극 장려했다. 이 밖에 해외무역을 장려하고 도로를 부설했으며 교통망을 확대했다. 이 모든 노력은 인도 사회와 경제가 발전하는 데 커다란 공헌을 했다. 아크바르는 수천 년 넘게 존재한 인도의 사회문제에도 특별한 관심을 보였다. 제국의 황제로서 그는 힌두교를 존중했지만, 힌두교의 낡은

규범이나 관습은 과감하게 폐지했다. 예컨대 죽은 남편을 따라 아내가 분신자살하는 사티제도와 영아 살해, 조혼, 근친혼을 엄격하게 금지하고 과부의 재혼을 합법화했다.

 이처럼 아크바르는 인도 역사에서 보기 드문 깨어 있는 군주였다. 그가 제정한 각종 정책은 대부분 시대의 요구에 부응한 것이었고, 개혁 조치 역시 대다수 인도인에게 환영을 받았다. 그래서 그를 세계의 지도자라는 뜻을 지닌 '자가트구르'라고 불렀다. 아크바르는 1605년 10월 15일에 세상을 떠났지만, 그가 닦아놓은 기반 덕분에 무굴 제국의 발전은 50여 년 동안이나 지속되었다. 물론 이 시기는 당시 제국의 수도였던 아그라에도 행운이었다.

아 그 라   성

무굴 제국의 수도가 되기 전까지 아그라의 명성이 전혀 없었던 것은 아니다. 1080년 문헌에서 아그라의 존재가 언급되었는데, 당시 이곳은 델리 왕조가 다스렸다. 아크바르 황제는 아그라의 운명을 확 바꿔놓았다. 즉위한 지 얼마 되지 않은 1565년에 아크바르는 신하들의 우려에도 아랑곳없이 아그라에 대규모 공사를 지시했고 몇 년 뒤에 기적을 일궈냈다. 장관을 이루는 멋진 건물들이 순식간에 지어졌고, 아그라 성은 세계적으로 유명한 궁전이 되었다.

 야무나 강변의 야트막한 산등성이에 자리 잡은 아그라 성은 성벽과 성문이 모두 붉은 사암으로 지어져 붉은 성으로도 불린다. 델리의 붉은 성과 함께 아그라의 붉은 성은 인도 역사에서 중요한 성채로 손꼽힌다. 직접 통치를 시작한 아크바르는 십 년에 걸쳐 벽돌로 지은 기존의 성을 붉은 사암을 이용해 개조하고, 망루와 수문 등을 새로 지어 탁월한 방어력을 자랑하는 강력한

아크바르 황제는 1565년에 신하들의 우려를 무릅쓰고 아무나 강변에 위치한 아그라에 대규모 성채를 건설했다.

요새로 재탄생시켰다. 높이 20여 미터, 둘레 2.5킬로미터의 성벽이 우뚝 솟아 있어 엄숙하면서도 위풍당당하다.

아크바르가 십 년이나 공을 들여 호화롭다 못해 사치스럽기까지 한 성채를 건설했지만, 손자 샤 자한의 눈에는 여전히 어딘가 부족했다. 결국 다시 대규모 공사를 시작해 성채를 화려한 궁전으로 개조했다. 건축에 대리석을 이용하는 것을 좋아한 샤 자한은 아그라 성의 디반에암(대중 알현실)과 디반에카시(개인 알현실) 등에도 대리석을 사용해 정교함과 화려함을 더했다. 이로써 아그라 성은 여러 왕을 거치면서 군사용 요새에서 인도의 가장 매력 있는 궁전으로 새롭게 변신했다.

건물이 약 500개나 되는 아그라 성은 힌두교와 이슬람교 건축양식을 집대성한 궁전으로 웅장함과 화려함의 극치를 보여준다. 성안에는 위엄 있는 궁전, 물고기가 노니는 조용한 연못, 정교한 모티 마스지드(진주 모스크), 다 챙겨 보기에는 시간이 부족할 정도로 많은 누각이 있다. 이 중에 가장 화려한 것은 디반에카시다. 하얀 대리석 벽은 눈이 부실 정도로 아름답고, 도금된

1 아크바르 황제의 후계자이자 무굴제국의 4대 황제였던 자한기르는
  나약한 성품을 지녀, 황후였던 누르자한의 야심에 조종당했다.
2 자한기르는 자연에 대한 감성과 뛰어난 예술적 감각을 지녀
  대규모 회화 후원사업을 벌이기도 했다.
3 자한기르는 황후 누르자한과 아들 샤 자한 사이의 불화로 어두운 말년을 보냈다.
  그림은 자한기르의 무덤이다.

궁전 꼭대기는 밝게 빛나며, 보석이 박힌 기둥은 화려함으로 사람들의 시선을 사로잡는다. 이중 성벽이 성을 감싸고, 지하수로 두 개와 크고 작은 보루 열여섯 개가 있어 철통 수비를 자랑한다. 구불구불하게 뻗은 성벽 사이에는 웅장한 성문이 여러 개 솟아 있다. 1628년에 붉은 사암만을 사용해 지어진 품격 있는 디반에암은 흰색 모르타르가 칠해진 공작 도안이 있는 기둥 세 개가 상단 꼭대기를 받치고 있다. 무굴 제국의 황제는 바로 이곳에서 대신들과 함께 국정을 논했다. 하지만 아쉽게도 장식품은 모두 약탈당했다. 아그라 성에는 야무나 강의 시원한 바람을 느낄 수 있는 정자도 많고, 수족관, 욕실, 나기나 마스지드(보석 모스크), 비단과 보석 등을 쉽게 구입할 수 있는 여성용품 시장도 있었다.

아그라 성에는 완벽한 좌우대칭을 자랑하는 자한기르 궁전이 있다. 아크바르가 가장 사랑한 아들인 무굴 제국의 4대 황제 자한기르(1569~1627, 재위 1605~1627)를 위해 지은 것으로, 아그라 성에서 가장 큰 건물이다. 온통 붉은 사암으로 지어졌고, 꼭대기에 작은 탑 두 개가 우뚝 솟아 있다. 전하는 이야기에 따르면 아크바르는 파테푸르시크리에 있는 성자를 찾아가 아들을 점지해달라고 부탁했는데, 정말로 얼마 뒤에 세 아들을 얻었다. 훗날 두 아들이 요절하는 바람에 성자의 예언대로 자한기르 왕자가 황위를 이을 후계자가 되었다. 하지만 안타깝게도 자한기르는 틈만 나면 아버지를 해치려 했고, 마침내 포르투갈과 결탁해 음모를 꾸며 아크바르의 충성스러운 신하를 살해했다. 아크바르는 화가 치밀었지만 아들을 너그럽게 용서했다. 그러나 자한기르는 여전히 잘못을 뉘우치지 않고 다시 황위를 노렸다. 신하들이 이를 알고 자한기르의 황위 계승권을 박탈하라고 건의했지만, 아크바르는 겨우 열흘 동안 독방에 가두는 벌로 또다시 아들을 용서했다. 1605년에 병마에 시달리던 아크바르는 자한기르를 후계자로 삼는다는 것을 재확인하고 서거했다.

마침내 황제의 자리에 오른 자한기르는 아버지의 깊은 마음을 헤아리지 못한 탓인지 하늘의 벌을 받았다. 황제가 된 지 5개월도 채 안 되었을 때 맏아들 쿠스라우가 라호르에서 병사를 동원해 반역을 꾀한 것이다. 자한기르는 직접 출정해 반란을 진압하고, 아크바르가 보여주었던 포용과는 정반대로 아들의 눈을 멀게 하고 옥에 가두었다. 17년 뒤에 불운한 쿠스라우는 동생이자 훗날 황제가 된 샤 자한에게 독살되었다. 그런데 이 모든 불행을 초래한 이는 다름 아닌 자한기르의 황후 누르자한이었다. 누르자한의 부모는 모두 페르시아인이었는데, 가난한 삶에서 벗어나기 위해 그녀의 아버지는 페르시아에서 인도로 건너와 아크바르 군대의 병사가 되었다. 자한기르는 우연히 만난 누르자한에게 첫눈에 반했지만 이들의 사랑은 아크바르의 반대에 부딪혔고, 그녀는 페르시아인과 결혼해 벵골로 떠났다. 자한기르는 즉위하자마자 누르자한의 남편에게 반란을 도모했다는 죄를 씌우고 벵골 총독에게 처벌을 명했다. 이를 눈치챈 누르자한의 남편이 먼저 총독을 살해했으나, 결국 총독의 부하에게 살해되었다.

과부가 된 누르자한은 첫 번째 남편과의 사이에서 태어난 딸을 데리고 아그라로 돌아와 무굴 제국의 황후가 되었다. 아름다운 외모 뒤에 숨겨놓은 야심이 대단했던 누르자한은 아버지와 오빠를 고위 관직에 앉힌 것에 만족하지 않고 무굴 제국 전체를 통치하려 했다. 결국 그녀의 야심 때문에 자한기르 황제가 통치한 23년 동안 여기저기에서 반란이 끊이지 않았다. 재위 초기에 자한기르는 맏아들이 반란을 일으키고 셋째 아들을 잃는 등의 아픔을 겪었다. 전남편의 딸을 자한기르의 넷째 아들에게 시집보낸 누르자한은 사위를 위해 전쟁터에서 혁혁한 공을 세운 샤 자한의 반란을 부추겼다. 아버지

자한기르와 치른 격렬한 전투에서 패배한 샤 자한은 2년 동안 방랑 생활을 했다. 하지만 1625년에 샤 자한이 두 아들을 인질로 보내면서 부자 사이는 다시 좋아졌다. 같은 해에 누르자한은 샤 자한을 평정한 공신들에게 반란을 일으키라고 압박했지만, 이들은 오히려 샤 자한을 적극적으로 지지하고 자한기르를 옥에 가두었다. 병마에 시달리던 자한기르는 1627년에 풀려났지만, 황궁으로 돌아가던 도중에 눈을 감았다.

흥미롭게도 샤 자한의 아내는 누르자한의 조카딸이었다. 그래서 자한기르가 서거한 뒤에 누르자한은 사위를 황제로 만들기 위해 자신의 오빠와 1년 동안 암투를 벌였지만, 결국 옥에 갇히는 신세가 되었다. 장인의 든든한 지원 사격을 받은 샤 자한이 1628년에 왕위에 올랐다.

아그라 성의 새로운 주인이 된 샤 자한은 대규모 공사를 진행해 1637년에 이슬람과 페르시아 양식을 혼합한 아름다운 궁전을 지었다. 궁전 옆에는 샤 자한이 황후를 위해 대리석으로 지은 포로의 탑이라는 뜻을 가진 무삼만 버즈가 있다. 1983년에 유네스코는 17세기 무굴 제국의 중요한 건축물인 아그라 성을 세계문화유산으로 지정했다.

부 록

무굴 건축

무굴 제국(1526~1857)은 수많은 이슬람 양식 건축물을 남겼는데, 제국의 수도였던 델리와 아그라, 제2의 수도 라호르 등에 집중적으로 분포한다. 주로 성채, 궁전, 사원, 황제의 무덤 등을 지었는데, 일반적으로 아치형 문, 첨탑, 대형 돔, 작은 정자 등으로 구성되었다. 무굴 건축은 인도에서 생산된 붉은 사암과 흰 대리석을 건축 재료로 사용해 건물의 웅장한 외관과 견고함은 화려한 타일을 사용하는 중앙아시아의 건축물을 능가한다. 페르시아 이슬람 건축의 영향과 인도의 전통 건축 요소가 융합되어, 단순하면서도 화려한 장식을 하는 무굴 양식을 형성해 인도-이슬람 미술의 최대 성과를 보여준다.

무굴 제국을 세운 황제 바부르와 2대 황제 후마윤 시기는 무굴 건축의 초창기다. 1526년에 바부르가 파니파트와 델리 동부의 삼바르에 지은 이슬람 사원은 페르시아와 튀르크의 영향을 받은 색채가 뚜렷하게 드러난다. 후마윤은 델리 부근에 소규모 요새를 지었지만 지금은 남아 있지 않다.

무굴 제국의 실질적 건설자인 3대 황제 아크바르 시기는 무굴 건축의 전성기라 해도 과언이 아니다. 뛰어난 재능과 책략을 갖춘 군주였던 아크바르는 건축에도 열정을 쏟아부어 이슬람 양식과 인도 전통 양식이 융합된 여러 건축물들을 건설했다. 무굴 건축의 이정표라 불리는 후마윤의 무덤은 페르시아 사원의 팔각형 평면 설계와 이중 돔 구조를 그대로 재현해 타지마할의 모델이 되었다. 1565년에 아크바르가 건설하기 시작한 아그라 성 또한 이슬람 건축양식과 인도 전통 건축양식이 융합된 뛰어난 건축물로 손꼽힌다.

4대 황제 자한기르 시기는 무굴 건축의 과도기였다. 이 시기에는 건축 재료가 점차 붉은 사암에서 흰 대리석으로 바뀌었고, 건축양식도 전대의 웅장함보다는 아름다움을 추구하는 특징을 보인다. 가장 대표적인 것이 아그라 부근에 있는 아크바르의 무덤이다.

5대 황제 샤 자한의 시대는 무굴 건축의 황금기다. 샤 자한은 고상하고 정교한 건축물에 푹 빠져 있었다. 아그라, 델리, 라호르, 카불, 카슈미르, 아지메르, 아마다바드 등지에 대대적으로 지은 건축물들은 매우 아름답지만, 이를 짓기 위해 수억 루피를 낭비했다. 흰 대리석을 주로 사용한 샤 자한의 건축물은 대체로 세련되고 깔끔하며 고급스러운 특징을 보인다. 특히 아그라 성의 디반에암과 디반에카시, 델리의 붉은 성과 자미 마스지드, 라호르 성채, 아그라 외곽의 타지마할 등이 유명하다.

6대 황제 아우랑제브 이후 무굴 건축은 빠르게 쇠퇴했다. 아우랑제브는 이슬람교를 광적으로 신봉해 다른 종교를 배척했고 예술도 경시했다. 아우랑제브가 남긴 건축물은 단순하고 판에 박힌 스타일로 양적으로나 질적으로나 이전 시기보다 훨씬 뒤처진다. 무굴 제국이 붕괴하면서 무굴 건축도 내리막길을 걸었다.

뭄 타 즈 마 할

아그라에서 야무나 강을 지나다 보면 무성한 푸른 나무 사이로 높이 솟은 오색찬란한 보석으로 장식된 순백의 대리석 건축물을 볼 수 있다. 이슬람교 특유의 예술적 느낌을 풍기며 마치 인도 땅에 박혀 있는 찬란한 진주처럼 보이는 이 건축물이 바로 전 세계적으로 유명한 타지마할이다. 타지마할을 보지 않고는 인도에 가봤다고 말할 수 없을 정도로 인도를 대표하는 건축물이다. 그러나 사람들은 웅장하고 아름다운 타지마할의 외관보다는 그 속에 숨겨진 낭만적인 사랑 이야기에 더 깊이 감동한다. 이야기는 400여 년 전으로 거슬러 올라간다.

1628년 1월, 샤 자한(1592~1666, 재위 1628~1658)은 아그라 성에서 무굴 제국의 5대 황제로 즉위했다. 샤 자한은 페르시아어로 세계의 왕이라는 뜻이다. 이때까지만 해도 그가 인도 역사상 가장 낭만적인 사랑 이야기의 주인공이 될 줄은 아무도 몰랐다.

자한기르 황제의 아들이었지만 샤 자한은 제위에 오르기까지 수많은 고난을 겪었다. 아버지 자한기르는 명성이 자자한 아크바르 황제의 아들이었으나, 항상 주위 사람들에게 휘둘렸다. 특히 누르자한 황후가 부자 사이를 끊임없이 이간질했다. 본명이 후람인 샤 자한은 힌두교를 신봉하는 라지푸트족의 공주였던 어머니를 둔 탓에 누르자한 황후의 미움을 살 수밖에 없는 운명이었다. 그는 목숨을 지키기 위해 1622년에 군대를 동원해 아버지에게 맞섰지만, 반란은 너무나 빨리 진압되었다. 다행히 후람 왕자는 화가 풀린 아버지와 극적으로 화해하고 자신의 영토로 돌아가는 대신 두 아들을 아그라성에 인질로 보냈다. 1627년에 자한기르 황제가 세상을 떠나자 후람 왕자는 왕위 계승을 둘러싸고 다시 형제들과 치열한 전쟁을 벌인 끝에 페르시아의 전폭적인 지원을 받아 마침내 승리했다. 후람 왕자는 1628년 1월에 드디어 꿈에 그리던 무굴 제국의 5대 황제가 되었고, 얼마 지나지 않아 샤 자한으로 이름을 바꿨다.

당시 무굴 제국은 무능했던 자한기르의 통치 말년부터 지방 세력들이 끊임없이 반란을 일으켜 언제 분열될지 모르는 위태로운 상황이었고, 유럽 제국주의자들은 인도 영토를 조금씩 점령하면서 침략 거점을 확보하는 데 혈안이었다. 황제가 된 샤 자한은 곧바로 국내 반란 세력을 진압하고, 벵골에서 포르투갈을 격퇴했다. 나아가 데칸 고원에서 독립 왕국들을 점령하고 서북쪽으로는 카이베르 고개 너머까지 세력을 넓히면서 제국의 영역을 더욱 확장했다. 이러한 사실에서 알 수 있듯이 그는 선대 황제 아크바르를 가장 많이 닮았다. 하지만 과도한 전쟁을 벌이면서 그동안 쌓아올린 업적이 빛을 잃고 말았다. 특히 중앙아시아 지역을 겨냥한 전쟁에서 샤 자한은 아무런 공도 세우지 못하고 그냥 돌아와야 했다. 게다가 그의 통치하에 무굴 제국이 방대

1
2

1 무굴 제국의 5대 황제 샤 자한은 제국의 영토를 크게 넓혔지만, 과도한 침략전쟁으로 국고를 탕진했다. 죽은 황후를 위해 타지마할을 건설한 사실로 더 유명하다.

2 뭄타즈 마할은 1612년에 샤 자한과 결혼해 서로가 잠시도 떨어질 수 없을 정도로 사이 좋은 부부로 지냈지만, 1631년에 부란푸르라는 도시에서 아이를 출산하다 사망했다.

한 군사조직이 되면서 군사 귀족과 군대 수가 네 배 가까이 늘어났고, 급격하게 늘어난 비용의 부담은 고스란히 농민들이 떠안았다. 국고를 탕진한 무굴 제국은 점차 쇠퇴하기 시작했다.

하지만 샤 자한의 통치가 인도에 번영을 가져왔다는 점은 결코 부인할 수 없다. 당시 갠지스 강 유역에서는 상업과 수공업이 크게 발달했고, 라호르와 델리, 아그라, 아마다바드 등의 도시가 발달해 수로와 육로 교통을 통해 멀리 떨어진 지역과 긴밀하게 연결되었다. 샤 자한은 수도를 아그라에서 전통적으로 이슬람교도의 권력 중심지였던 델리로 옮기려 했다. 그러나 무엇보다도 샤 자한이 역사에 이름을 남길 수 있었던 것은 위대한 건축물 타지마할을 건설했기 때문이다.

현존하는 세계 7대 불가사의 건축물로 꼽히는 타지마할은 샤 자한이 끔찍이 사랑했던 뭄타즈 마할 황후를 추모하기 위해 건설한 것이다. 뭄타즈 마할의 원래 이름은 아르주만드 바누 베감으로, 페르시아인이었던 자한기르의 황후 누르자한의 조카딸이었다. 지적이고 아름다웠던 그녀는 성격이 온화하고 시와 그림을 좋아했으며 음악에 남다른 소질이 있었다. 아직 왕자 신분이었던 샤 자한은 어느 날 황궁에서 다이아몬드를 감상하는 뭄타즈 마할과 우연히 마주쳤다. 낭만적인 사랑 이야기답게 젊은 왕자는 아름다운 그녀를 보자마자 첫눈에 반해 깊은 사랑에 빠졌다. 결국 1612년에 두 사람은 결혼식을 올렸고, 샤 자한이 황제가 되면서 뭄타즈 마할은 황후가 되었다.

샤 자한은 아름다운 황후를 몹시 사랑해 출정을 가거나 여행을 떠날 때도 항상 같이 다니면서 잠시도 떨어지려 하지 않았고, 그녀의 말이라면 무조건 따랐다. 샤 자한이 황위를 계승하기 전에 아버지 자한기르와 갈등을 빚어 7년 동안 추방되었을 때도 뭄타즈 마할은 항상 남편의 곁을 지키며 근심을 덜

어주었다. 이에 감동한 샤 자한은 그녀에게 궁전의 왕관이라는 뜻인 뭄타즈 마할이란 이름을 붙여주었고, 인도인들은 그녀를 타지마할 또는 줄여서 타지라고 불렀다.

열아홉 살에 샤 자한과 결혼한 뭄타즈 마할은 19년 동안 자녀를 열네 명이나 낳았는데, 이 중에 아들 넷과 딸 셋만이 살아남았다. 아이를 너무 많이 낳은 탓에 그녀의 몸은 날로 쇠약해졌다. 1630년에 샤 자한이 남쪽 원정을 떠날 때도 어김없이 남편을 따라나섰지만, 불행하게도 1631년에 부란푸르에서 공주를 출산하다 서른여덟이라는 젊은 나이로 세상을 떠났다.

사랑하는 아내의 임종 직전에 샤 자한은 매우 비통해하며 "당신이 죽는다면 내가 어찌 당신에 대한 사랑을 표현할 수 있겠소?"라고 물었다. 그러자 뭄타즈 마할은 침착하게 "폐하, 부디 저를 잊지 말아주세요. 제 이름이 후세에 영원히 남겨지도록 저만을 위한 커다란 무덤을 지어주세요. 그렇게 해주신다면 저는 행복할 거예요"라고 대답했다. 샤 자한은 눈물을 머금으며 고개를 끄덕였고, 뭄타즈 마할은 미소를 띠며 편안하게 눈을 감았다. 사랑하는 아내이자 가장 현명한 조언자를 잃은 샤 자한은 하룻밤 사이에 검은 머리가 새하얗게 변할 정도로 깊은 슬픔에 잠겼고, 2년 동안이나 상복을 입었다. 사랑하는 아내와 한 약속을 지키기 위해 재혼도 하지 않은 황제는 세상에서 가장 아름다운 무덤을 짓겠다고 맹세했다.

슬픔이 만들어 낸 기적

황후의 유언대로 샤 자한은 1632년부터 무덤을 짓는 데만 매달렸다. 고심 끝에 아그라 성 밖의 야무나 강가에 터를 잡은 샤 자한은 튀르크 출신 건축가

우스타드 이사에게 무덤 설계를 명하고, 인도와 페르시아, 중국, 중앙아시아 등에서 2만 명이 넘는 장인들을 동원했다. 인도와 파키스탄의 대리석, 중국의 옥과 수정, 아프가니스탄의 루비, 이집트의 감람석 등 최고의 선축 재료와 장식에 사용할 진귀한 보석들이 끊임없이 아그라로 운반되었다. 마침내 1653년에 무려 22년 동안 4,000만 루피를 들인 끝에 마침내 황후의 무덤이 완성되었다. 무덤이 완공되자 샤 자한은 몹시 기뻐하며 아내의 이름을 따서 타지마할이라고 이름을 붙였다.

장방형 기단 위에 지어진 타지마할에 사용된 순백의 대리석은 322킬로미터나 떨어진 채석장에서 가져온 것이다. 반짝이는 수많은 보석과 준보석이 대리석 표면에 정교하게 박혀 있고, 무덤 위에 검은 대리석으로 문자가 새겨져 있다. 문양을 새긴 대리석 울타리에 깃든 장인정신에 감탄사가 절로 나온다. 햇빛이 울타리를 비출 때마다 하루에도 몇 번씩 빛깔이 변하면서 색다른 느낌을 주고, 상부의 거대한 하얀색 돔은 네 모퉁이에 배치한 흰 첨탑과 어우러져 형언할 수 없을 정도로 아름답다. 무덤 내부와 외부의 벽면은 다채로운 빛깔의 보석을 정교하게 박은 피에트라 두라 모자이크 기법을 활용해 화려하기 그지없다.

17만 제곱미터 면적의 묘역에 지어진 무덤은 너비 580미터, 길이 350미터로, 붉은 사암 성벽으로 둘러싸여 있다. 중앙에 있는 십자형 연못에서는 분수가 물을 뿜는다. 묘역 정문에서 영묘靈廟까지 붉은 사암이 깔린 통로 끝으로 순백의 대리석으로 지은 무덤이 보인다. 영묘는 높이가 7미터, 한 변이 95미터인 정방형 대리석 대좌 위에 지어졌으며, 중앙에 묘실이 있고 네 모퉁이에 40미터 높이의 미나레트(이슬람 건축에서 기도 시간을 알려주는 탑—옮긴이)가 서 있다.

묘실의 높이는 74미터로, 상부에 돔 지붕이 우뚝 솟아 있고 하부는 팔각형 벽이 둘러 세워져 있다. 묘실 내부 벽은 화려한 보석을 이용해 상감 기법으로 조각한 아름다운 꽃무늬 장식이 있어 화려함을 더한다. 묘실은 다섯 개 방으로 나뉘는데, 중앙 방에 샤 자한과 뭄타즈 마할의 석관이 안장되어 있다. 묘실 안의 아치형 문 네 짝과 문틀에는 검은 대리석으로 『꾸란』의 경구가 정교하게 새겨져 있다. 벽에 있는 꽃무늬 장식 덕분에 묘실 안은 침울하기는커녕 화려하고 웅장한 분위기다. 영묘의 양옆에는 붉은 시크리 사암으로 좌우가 대칭이 되게 건설한 모스크가 있다.

타지마할은 인도와 중동, 페르시아 예술의 특징을 한데 모은 수준 높은 건축물이다. 완벽한 좌우대칭을 자랑하는 건물 전체는 웅장하고 우아하며 정갈함이 느껴진다. 또한 엄숙하면서도 부드럽고 화려한 매력이 하나로 어우러져 진정한 완전무결한 아름다움을 뽐낸다. 여기에 사시사철 푸른 나무와 잔디가 밝게 빛나는 무덤에 세련미를 더한다. 타지마할을 본 사람이라면 누구나 정교하고 아름다운 그림자에 매료된다.

샤 자한은 애초에 야무나 강 건너편에 검은 대리석으로 자신의 묘를 짓고 절반은 흰색, 절반은 검은색인 구름다리로 연결해서 두 사람의 영혼이 천국에서 자유롭게 왕래할 수 있기를 바랐다고 한다.

묘역 중앙통로에 만들어진 수로에 비치는 타지마할의 모습은 환상적이다. 수로 양쪽에 심어진 과실나무와 사이프러스나무는 각각 생명과 죽음을 상징한다. 무굴 건축양식의 특징인 완벽한 좌우대칭이 구현되어 건축물뿐만 아니라 주변 구도 역시 대칭을 이룬다. 영묘의 서쪽 건물은 참배를 위한 모스크, 동쪽 건물은 서쪽 건물과 똑같은 모양으로 세워진 영빈관이다. 일반적으로 모스크는 메카를 향해 예배할 수 있도록 서쪽을 바라보도록 짓기 때문에

인도를 대표하는 건축물인 타지마할에는
아내 뭄타즈 마할에 대한 샤 자한의 깊은 사랑이 담겨 있다.

동쪽 건물은 실질적으로 미학적 균형을 맞추기 위한 것일 뿐 별다른 의미는 없다.

  빛에 따라 시시각각 다채롭게 변하는 타지마할은 특히 아침과 저녁에 가장 아름답다. "고요한 달빛 아래의 타지마할이 가장 아름답다. 밤이 되면 둥근 달이 순백의 대리석과 어우러지며 영묘에 은은한 자줏빛이 물들어 마치 하늘에서 내려온 천사처럼 신비롭고 아름답다"라고 소개한 관광 책자도 많다. 유네스코는 1983년에 타지마할을 세계문화유산으로 지정했다. 인도의 위대한 시인 라빈드라나트 타고르는 시적 언어로 타지마할을 "사랑의 눈물"이라고 표현했다.

  무굴 제국이 멸망한 후 타지마할의 운명도 순탄하지 않았다. 무덤 안의 진귀한 보석들을 약탈당했고, 윌리엄 벤팅크 벵골 총독은 타지마할을 심하게

1 2

훼손시켰다. 1830년대에 벤팅크 총독은 관리 소홀로 잡초가 무성해진 타지마할을 헐어 대리석을 영국 런던에 팔려고 했다. 다행히 대리석을 구입할 사람을 찾지 못해 실행에 옮기지 못했고, 1900년에 다른 인도 총독이 타지마할을 복구했다.

다시 낭만적인 샤 자한의 이야기로 돌아가보자. 뭄타즈 마할이 죽자 샤 자한은 수십 년 동안 국정을 돌보지 않고 식음을 전폐한 채 눈물을 흘렸다. 또 과거에 좋아했던 춤과 노래에 싫증을 느껴 술만 마셨고, 7일마다 흰 옷을 입고 타지마할에 가서 꽃을 바쳤다. 샤 자한은 죽은 아내를 그리워하는 데 모든 정열을 쏟아 갈수록 늙고 쇠약해졌다.

샤 자한에게는 네 명의 아들이 있었는데 이 중에 가장 사랑한 맏아들은 종교를 숭상하는 넓은 마음을 지닌 학자였고, 벵골 총독이었던 둘째는 똑똑하지만 게으르고 욕심이 많았다. 셋째 아우랑제브는 착실하고 군사와 정치에

1 타지마할은 무굴 제국 최고의 건축물일 뿐만 아니라, 세계에서 가장 아름다운 건물 중 하나다.
2 타지마할의 정교하고 화려한 세부 장식은 보는 이의 탄성을 자아낸다.

재능을 보였고, 구자라트 총독이었던 막내는 용감하고 솔직했지만 난폭하고 술버릇이 나빴다.

1657년에 샤 자한의 병세가 악화되자 네 왕자는 황제가 되기 위해 내전을 벌였다. 1658년에 승리를 거둔 아우랑제브는 아버지 샤 자한을 아그라 성의 무삼만 버즈에 가두고 델리의 붉은 성에서 왕위에 올랐다. 샤 자한은 왕위 쟁탈전에서 패한 맏아들이 도망을 다니다가 아우랑제브에게 잡혀 굴욕적인 죽음을 당했다는 사실만을 알았지만, 실제로는 둘째 아들도 아우랑제브가 즉위한 뒤에 미얀마로 쫓겨나 온 가족이 현지 토착민에게 몰살당했다. 막내 아들은 처음에는 아우랑제브가 왕위에 오르도록 도왔지만, 아버지를 옥에 가둔 형의 처사에 불만을 드러냈다가 모함을 당해 감옥에 갇혀, 결국 1661년에 처형되었다.

무삼만 버즈에 8년 동안 갇혀 있던 샤 자한의 곁을 지킨 사람은 큰딸이었다. 샤 자한은 가끔 아들 아우랑제브에게 치욕을 당했는데, 목이 너무 말라 물을 달라고 하는 아버지에게 아우랑제브는 먹물을 마시라고 한 적도 있다고 한다. 아그라 성에서 샤 자한이 할 수 있는 일은 그저 창문을 통해 강 건너의 타지마할을 바라보는 것밖에 없었다. 하지만 다행히 죽고 나서 그토록 사랑하던 아내 옆에 묻혔으니 그의 소원은 결국 이루어진 셈이다.

부록

현존하는 세계 7대 불가사의 건축물

피라미드

고대 이집트의 피라미드는 파라오의 무덤이다. 카이로에서 남서쪽으로 10여 킬로미터 떨어진 기자에 있는 피라미드는 거대한 돌을 쌓아 올려 사각뿔 형태로 지은 건축물이다. 이 중 가장 커다란 피라미드는 제4왕조의 2대 파라오인 쿠푸의 무덤으로, 세계 7대 불가사의로 손꼽힌다. 이 피라미드는 기원전 27세기에 건설되었는데, 높이는 138미터, 밑면적은 5만 2,900제곱미터에 달하며, 평균 2.5톤인 돌 230만 개를 사용해 정교하게 쌓아 올렸다. 돌 사이사이에는 어떤 접착물도 사용하지 않았지만 전혀 빈틈이 없고 매우 정밀하다.

만리장성

춘추전국 시대부터 중국 역대 왕조가 유목민족으로부터 변경을 지키기 위해 축조한 성벽으로, 2,600여 년의 역사를 갖고 있다. 지금의 만리장성은 명대^{明代}부터 300여 년에 걸쳐 쌓은 것으로, 동쪽 허베이 성 산하이관에서 서쪽 간쑤 성 자위관까지 총 길이가 약 6,300킬로미터에 이른다. 그래서 인류 역사상 최대 규모의 토목공사라는 평가를 듣기도 한다.

콜로세움

72년에서 82년 사이에 지어진 콜로세움은 거대한 원형경기장으로, 이탈리아의 수도인 로마 시내에 있다. 여분의 떠받치는 힘을 더하기 위해 적당한 언덕을 파서 세운 이전까지의 원형경기장과 달리, 콜로세움은 돌과 콘크리트로 세운 완전한 독립 구조물로 약 5만 명의 관객을 수용할 수 있었다. 제정 로마 시기의 오락시설로서, 이곳에서 검투사 시합을 비롯한 맹수들과 인간의 싸움, 모의 전투 같은 대규모 싸움 장면이 실제로 벌어졌다.

파르테논 신전

기원전 432년에 완공된 파르테논 신전은 아테네의 방어용 요새 가운데 가장 유명하다. 도리아 양식(고대 그리스의 건축양식으로 단순하고 꾸밈없는 기둥과 주두柱頭를 특징으로 한다―옮긴이) 건축의 극치를 나타내는 걸작으로, 신전 외부는 직사각형이고 내부에 원형 석주 46개가 있었으나, 지금은 측면의 17개와 정면의 8개만이 남아 있다. 파르테논이라는 이름은 이 신전과 관련이 있는 아테나 파르테노스 의식에서 비롯되었다.

에펠탑

프랑스 파리의 센 강 남쪽 연안의 샹드마르스 공원에 우뚝 솟아 있는 320미터 높이의 에펠탑은 1930년 뉴욕의 크라이슬러 빌딩이 완공되기 전까지 세계에서 가장 높은 구조물이었다. 1887년부터 짓기 시작해 1889년에 준공되었다. 당시 프랑스의 유명 건축가 구스타브 에펠이 파리국제박람회와 프랑스혁명 일백 주년을 기념하기 위해 건설했다. 높이 300미터의 노출 격자형 철구조를 세우려는 건축가 에펠의 구상은 사람들의 경이와 회의를 불러일으켰고, 미학적 측면에서도 적지 않은 반대를 받았다. 하지만 오늘날에는 파리의 상징이자, 세계 건축사에서도 손꼽히는 기술적 걸작으로 평가받고 있다.

앙코르와트

12세기에 캄보디아 서북쪽에 지어진 앙코르와트는 앙코르 유적 중에 가장 완벽하게 보존된 사원으로, 웅장한 건축물과 정교한 부조로 유명하다. 세계에서 가장 큰 종교 건축물로 1992년에 세계문화유산으로 지정되었다. 하지만 캄보디아의 정치적·군사적 혼란기에 심각한 훼손을 입고 방치되어, 유적 보존에 대한 학계의 우려를 자아내고 있다.

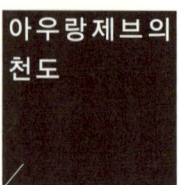

아우랑제브의 천도

타지마할을 둘러싼 낭만적인 사랑 이야기는 아그라 전성기의 마지막을 장식했다. 샤 자한이 지은 델리의 붉은 성에 정식으로 입성한 새로운 황제 아우랑제브는 제국의 수도를 야무나 강 상류의 델리로 옮겼다. 하지만 예기치 못한 진통을 몇 차례 겪으면서 무굴 제국의 기세도 크게 꺾였다.

무굴 제국의 6대 황제 아우랑제브(1618~1707, 재위 1658~1707)는 샤 자한의 셋째 아들로, 어릴 때부터 궁에서 훌륭한 교육을 받고 자라 풍부한 학식을 자랑했고 이슬람교에 정통했으며 특히 군사지략이 뛰어났다. 아버지가 재위하던 동안에는 우즈베크와 페르시아와의 전투에서 공을 세웠고, 1636년에는 데칸 지방 총독에 임명되었다. 안타깝게도 어머니가 죽은 뒤에 사형제는 황위를 놓고 암투를 벌이기 시작했고, 아버지 샤 자한이 늙고 병들자 싸움은 더 격렬하고 잔인해졌다. 결국에는 아우랑제브가 황위 계승을 둘러싼 치열한 싸움에서 형제들을 제압하며 승리해 무자비하게 아버지를 옥에 가두었다. 1658년에 정식으로 황제가 된 아우랑제브는 세계의 정복자라는 칭호

아우랑제브는 무굴 제국의 6대 황제로, 제국의 수도를 다시 델리로 옮기고 제국의 영역을 최대로 확장했다. 하지만 그의 비관용적인 종교정책으로 말미암아 무굴 제국은 쇠락기에 접어들었다.

단순하고 판에 박힌 아우랑제브 시대의 건축물을 통해 한때 전성기를 누리던 무굴 제국이 내리막길을 걷기 시작했다는 것을 알 수 있다.

를 얻었다. 집권 초기에 중앙집권을 강화하고 군사력 강화에 치중하면서 무굴 제국은 점차 안정되고 경제도 발전했다.

야심이 컸던 아우랑제브는 영토 확장에 열을 올렸다. 초기에는 적이 먼저 투항하도록 유도했지만, 만약 거부하면 무력으로 정복하는 방법으로 제국의 판도를 최남단을 제외한 인도 남부 지역과 아프가니스탄까지 확장했다. 그런데 희한하게도 아우랑제브는 침략전쟁을 일으킬 때 상대방에 선전포고를 하거나 병사를 보내는 대신, 자신이 신던 노란색 실내화 한 짝을 보냈다. 처음에 이를 대수롭지 않게 생각한 왕국들이 무굴 군대의 공격으로 멸망하자, 약소국들은 다시는 실내화를 하찮게 생각하지 못했다. 막강한 권력의 상징이었던 아우랑제브의 화려한 실내화는 코끼리 등에 실려 국경을 넘어 목적지에 도착했다. 그러면 이곳의 왕은 신하들을 이끌고 맨발로 뛰어나와 머리를 숙이고 코끼리를 황궁으로 들인 다음에 코끼리 등에서 정중하게 실내화를 집어 왕좌에 올려놓았다. 이것은 아우랑제브에게 굴복하고 무굴 제국의 일부가 되는 것을 의미했다. 아우랑제브는 피 한 방울 묻히지 않고 오직 실내화만을 이용해 17개 왕국을 정복했다. 아우랑제브의 가장 빛나는 업적은 치타공을 불법 점거하고 있던 포르투갈을 격파한 것이다.

하지만 아우랑제브도 인도반도 남부의 데칸 고원 전쟁에서 진정한 적수인 남인도의 마라타족을 만났다. 마라타족은 힌두교를 신봉했기 때문에 이슬람교를 숭배하는 아우랑제브의 눈엣가시였다. 마라타족의 수장이었던 시바지는 제대로 된 교육을 받지는 못했지만, 군사적 재능이 뛰어났고 특히 게릴라전에 능했다. 데칸 총독이었을 당시에 아우랑제브는 부하를 보내 시바지를 공격했지만 실패했고, 1679년에는 군비를 모으기 위해 힌두교도에게 부과하는 인두세를 부활시켰다. 그러자 시바지는 "힌두스탄 황제는 거지 밥그릇까지 탐내 티무르가의 명성과 영예를 더럽히고 있다. 이 추악한 행위는 서쪽에서 동쪽으로 빠르게 전해졌고, 역사에 영원히 기록될 것이다"라는 내용의 항의 편지를 보냈다. 시바지가 죽은 뒤에는 아들 삼바지가 마라타족을 이끌었다. 한 차례 격전을 벌인 끝에 아우랑제브가 삼바지를 포로로 잡고 고문 끝에 그를 죽였지만, 마라타족의 저항은 계속되었다. 1681년부터 26년 동안 아우랑제브는 수도를 떠나 최전방에서 20여 년을 싸웠지만 끝내 인도의 남쪽 지역을 완전히 정복하지 못하고 지지부진한 전쟁으로 도리어 국력만 크

마라타족　인도 전체 인구의 8퍼센트를 차지하는 민족. 대부분 마하라슈트라 주와 구자라트 주, 마디아 프라데시 주에 살고 있다. 본래 중앙아시아 출신으로, 인도에 오면서 일부는 힌두교나 불교로 개종했다. 문헌기록에 따르면 마라타족의 생활방식과 경제, 예술, 풍습, 기념일 등은 모두 북인도 아리아족의 영향을 받았다.

게 낭비했다. 20년 동안 성과없이 힘만 빼며 전투를 치른 탓에 무굴 제국은 지칠 대로 지쳐버렸다. 아우랑제브가 영토를 확장하며 전성기를 이루긴 했지만, 동시에 제국에 불길한 씨앗을 뿌린 것이다.

아크바르 황제 시대에는 이슬람교도가 정권을 쥐고 있었지만, 역대 황제들이 여러 종교와 문화를 존중하는 관용을 펼쳐 모든 민족의 추대를 받았고 제국도 번영을 누렸다. 하지만 아우랑제브는 아크바르의 종교 관용책을 포기하고 비이슬람교도에게 인두세를 징수하고 관직에서 쫓아내면서 갈등을 격화시켰다. 본래 신중한 성격인 아우랑제브는 아주 독실한 정통 순니파 신도로, 이슬람 교법을 실행하고 『아우랑제브 파트와 총집』의 편집을 주관했으며 사원과 종교학교를 지어 이슬람의 학술문화를 적극 지원했다. 아우랑제브가 힌두교 사원을 허물고 모스크로 재건하자, 각지에서 원성이 자자하고 반란이 끊이지 않았다. 하지만 아우랑제브는 이에 굴하지 않았다. 그는 이슬람교도가 힌두교의 풍속을 따르는 것을 엄격하게 금지하고, 이교도의 모독을 방지하기 위해 주화에 새겨진 모든 이슬람 신앙고백 구절을 제거하고, 이슬람 역법의 부활을 선포했다.

1675년에 아우랑제브는 반란을 선동했다는 명목으로 시크교의 구루인 테그 바하두르를 처형해 시크교도의 격한 저항을 초래했고, 남쪽 지역에서는 힌두교도인 마라타족과 격전을 벌였다. 통치 후기에 접어들면서는 다시 비

시크교   1469년 인도 펀자브 지역에서 첫 번째 구루인 나나크가 창시한 종교로, 힌두교의 박티 신앙과 비슈누 신앙, 이슬람교의 수피즘 등이 융합되었다. 펀자브 주 암리차르에는 시크교의 최대 성지인 황금사원이 있다. 시크는 제자라는 뜻의 산스크리트어에서 유래했는데, 시크교도는 스스로를 구루의 제자라고 부른다. 모든 인간은 평등하며, 남자들은 서로 형제가 되고 여자들은 서로 자매가 된다는 것을 강조한다. 시크교도들은 신에게 바치는 제사의식 대신 구루에게 예배를 드린다.

이슬람교에게 인두세를 거두고 토지세 부담을 가중시키는 등 더욱 강력한 종교 차별책을 시행했다. 그 결과 18세기 초에 대내적으로 시크교도의 반란이 일어났고, 대외적으로 영국의 제국주의가 침입했다. 제국이 안팎으로 곤경에 맞닥뜨리면서 국고는 바닥을 드러냈고 국력은 크게 약화되었다. 마침내 1707년에 정치적으로 엄청난 실패를 맛본 아우랑제브는 숨을 거뒀고, 혼란스러운 정국은 고스란히 후대에 남겨졌다. 이때만 해도 수백 년 동안 찬란한 전성기를 누리던 무굴 제국이 붕괴될 날이 머지않았다는 것을 그 누구도 예상하지 못했다.

3장 | 격변의 땅 칸푸르

갠지스 강 연안의 요충지자 갠지스 평야의 지리적 중심지인 칸푸르의 역사는 그리 오래되지 않았다. 1801년에 영국이 군사요새로 개발하면서 점차 중요한 육로교통의 허브이자 공업 중심지로 발전했고, 델리, 러크나우와 함께 1857년부터 1859년까지 전개된 세포이 항쟁의 중심지로 이름을 널리 알렸다. 칸푸르 부근의 작은 도시 카나우지는 하르샤 왕조의 수도로서 한때 눈부신 번영을 이루어 수많은 힌두교 사원과 불교 유적을 남겼다. 바로 이곳에서 당 승려 현장이 주도한 법회가 열리기도 했다. 현장은 중앙아시아 지역과 인도를 여행하면서 직접 겪거나 전해 들은 이야기를 모은 「대당서역기」라는 훌륭한 기행문을 남겨, 오늘날 고고학자들이 이 지역에서 발굴을 진행하는 데 커다란 도움을 주고 있다.

하르샤 왕조는 힌두교에서 불교로 개종한
하르샤 왕 덕분에 수도 카나우지에
힌두교 사원뿐만 아니라,
수많은 불교 유적을 남겼다.

인도 내륙의 최대 공업도시인 칸푸르의 역사는 그리 오래되지 않았다. 궁벽한 시골에 불과했던 이 지역을 1801년에 영국이 군사요새로 개발하면서 점차 중요한 육로교통의 허브이자 공업 중심지로 발전했다. 1857년에 세포이 항쟁이 일어났을 때 주둔 병사들이 이곳 주민들에게 대량 학살당한 사건으로도 유명하다.

칸푸르 부근에는 오늘날에도 눈에 띄지 않는 작은 도시 카나우지가 있다. 이곳은 하르샤 왕조의 수도로서 한때 눈부신 번영을 이루어 수많은 힌두교 사원과 불교 사원이 세워졌다. 이야기는 천여 년 전으로 거슬러 올라간다.

하르샤 왕조

 인도 전역을 통일했던 굽타 왕조가 6세기 말에 에프탈족의 공격을 받고 빠르게 무너지면서 인도는 또다시 분열되었다. 당시 북인도에는 델리 부근을 중심으로 한 타네사르 왕국, 카나우지 부근을 중심으로 한 마우카리 왕국, 갠지스 강 삼각주의 가우다 왕국, 참발 강 유역의 말와 왕국 등의 4대 강국이 있었다. 이 왕국들은 오랫동안 전쟁을 치르면서 점차 타네사르와 마우카리, 가우다와 말와의 두 진영으로 나뉘었다. 만나면 헤어지고, 헤어지면 만나는 세상 이치처럼 혼란스러운 상황은 뛰어난 지도자가 나타나면서 정리되었다. 그가 바로 하르샤 왕조를 창시한 하르샤(590~647, 재위 606~647)다.

 하르샤는 타네사르 왕국의 프라바카라바르다나 왕의 둘째 아들로, 원래 이름은 하르샤바르다나다. 굽타 왕조의 방계 후손이기 때문에 일부에서는 하르샤 왕조를 굽타 왕조의 연속으로 보기도 한다. 왕국의 계승자였던 형 라지아바르다나는 용감하고 호전적이었고, 누나 라자슈리는 마우카리 왕국의 그라하 바르만 왕과 결혼해 양국의 동맹관계를 두텁게 만들었다. 604년에 열다섯 살밖에 안 된 왕자 하르샤는 형 라지아바르다나가 이끄는 군대를 따라 왕국 서쪽에 자리 잡고 있던 에프탈족 정벌에 나섰다. 그런데 바로 이때 아버지 프라바카라바르다나가 병으로 갑자기 세상을 떠나고, 어머니는 아버지를 따라 순장되는 일이 벌어졌다. 게다가 숙적 가우다와 말와의 연합군이 타네사르의 동맹국인 마우카리로 진격해 그라하 바르만 왕을 죽이고, 하르샤의 누나인 왕비 라자슈리를 포로로 잡은 뒤에 타네사르를 공격할 준비를 했다. 위기가 최고조에 달했을 때 하르샤는 형과 함께 서둘러 왕국으로 돌아왔다. 왕위를 이어받은 형 라지아바르다나는 하르샤에게 왕국을 지키라고 명하고, 자신은 기병 만여 명을 이끈 채 카나우지로 진격했다. 처음에는 타네사르군이 승승장구했지만, 가우다의 샤샹카 왕이 보낸 자객에게 라지아바르다나가 암살당하면서 결국 패하고 말았다. 이렇게 해서 채 스무 살도 안 된 하르샤가 전쟁터로 나가게 되었다.

606년에 신하들의 옹립으로 왕위에 오른 하르샤는 실라디탸라고 불렸다. 하르샤는 즉위하자마자 모든 국력을 총동원해 카나우지를 공격해 형의 원수를 갚았고, 가우다 왕 샤샹카에게 붙잡혔다가 탈출한 누나 라자슈리를 빈드야 숲에서 찾아냈다. 이후 하르샤는 숙적인 두 군대를 몰아내고 마우카리 왕국을 되찾아 라자슈리에게 형식상 여왕을 맡겼지만, 실제로는 자신이 통치했다. 612년에 타네사르와 마우카리 양국이 정식으로 통합되면서 하르샤는 왕이 되었고 수도를 카나우지로 옮겼다. 역사적으로 이 연도를 하르샤 왕조

에프탈족 유라시아대륙에서 생활한 고대 유목민족으로, 한대漢代 대월지大月氏의 후예로 추정된다. 만리장성 이북 지역에서 나타나 370년대 초에 알타이 산맥을 넘어 서쪽 소그디아나로 이동했고, 오늘날의 아프가니스탄을 중심지로 삼았다. 4세기 후반에는 박트리아에 정착해 거의 2세기 동안 페르시아의 사산 왕조와 전쟁을 지속하고, 당시 몰락해가던 쿠산 왕조를 자주 침략했다.

하르샤 왕의 통치기에 수도 카나우지는 인도 불교의 중심지로서 명성을 떨쳤다. 당 승려 현장은 이곳에서 열린 법회에 참석해 강연을 하기도 했다.

의 시작으로 본다.

왕조를 세운 하르샤는 코끼리와 마차, 말, 보병 등을 동원해 인도 전역을 정복하기 위해 출정했다. 막강한 군사력 앞에서 동북인도의 카마루파와 서인도의 발라비 왕국은 잇달아 굴복했고, 가우다 왕국은 완강하게 저항했지만 637년에 샤샹카 왕이 죽자 항복할 수밖에 없었다. 하지만 하르샤는 남인도 찰루키아 왕조와의 전쟁에서는 패배했다. 그래도 하르샤가 죽었을 때 영토는 구자라트와 서펀자브를 제외한 북인도까지 확장되어 마우리아 왕조와 굽타 왕조에 이어 북인도를 통일한 왕조가 되었다.

하르샤 왕조 시대에 인도의 봉건제도는 최종적으로 확립되었다. 왕은 최고 영토 보유자로서 대부분의 토지를 직접 점유하고, 사원과 관사, 제후, 관료귀족에게 토지를 지급했다. 봉건사회에서 토지가 지급되는 방식은 크게 두 가지인데, 첫째는 아그라하라 또는 브라마데야로 불리는 토지세가 면제되는 토지의 지급으로, 왕이 고급 브라만, 불교 승려, 힌두교와 불교 사원에 영구적으로 하사하는 봉토를 의미한다. 둘째는 관료귀족에게 급료 명목으로 지급하는 것으로, 이때 지급받은 부락 공동체의 토지는 사유 영지로 바뀌고 소유권 이전 사실은 문서로 기록된다. 이 토지에는 중앙정부의 군대가 주둔할 수 없고, 본래 중앙정부가 직접 관할하던 자유농민은 봉건영주에게 세금을 내고 통제를 받는 봉건 예속농민으로 전락한다. 이러한 국유지의 분배와 재분배로 하르샤 왕조의 세력은 크게 약화되었고, 이와 대조적으로 봉건영주는 중앙권력의 통제에서 벗어났다. 당시 인도 전역에는 반半독립 상태인 제후국이 30여 개나 있었다고 한다. 하르샤 왕조는 실질적으로 많은 봉건 소국의 결합체일 뿐, 통일된 정치적·경제적 기반은 취약했다. 그래서 하르샤는 지방 봉건 세력을 구슬리고 타협하기 위해 종종 전국 각지를 순회했다.

관련 문헌기록에 따르면 하르샤 왕조기에는 풍년이 계속되었고, 항구나 해외무역과 연관 있는 도시의 상공업도 번영했다. 하르샤는 문학 분야를 적극적으로 지원해 인도 고전문화를 집대성했다. 왕궁에 유명한 문학가 바나를 두었고 자신도 뛰어난 문학가로서 『프리야다르시카』를 비롯한 희곡 세 편을 썼다.

647년에 하르샤가 죽은 뒤 왕조는 큰 혼란에 빠져 분열되었고, 북인도의

바나 고대 인도의 유명한 문학가로 3대 고전 소설가로 꼽힌다. 대표 작품으로는 하르샤 왕의 시대와 궁전 생활을 묘사한 연대기 『하르샤의 위업』이 있다. 이 작품에서 바나는 하르샤 왕의 업적을 약간 과장하기는 했지만 당시의 시대상황을 엿볼 수 있는 중요한 자료를 제공한다. 이 밖에 우정과 사랑 이야기를 담은 산스크리트어 서사시 『카담바리』가 있다.

무차대회 무차無遮는 매우 관대해 막히는 것이 없음을 뜻하는 불교 용어로, 무차대회無遮大會는 승려나 속인, 신분의 귀천, 지혜로움과 어리석음, 선과 악을 가리지 않고 모든 이를 평등하게 대하는 법회를 말한다. 국가에서 백성들의 어려운 생활을 달래고 민심을 수습하려는 의도에서 열기도 했다. 누구나 자유롭게 참여해 법문을 들을 수 있고, 시주자는 잔치를 열어 물건을 나눠주었다. 당唐의 승려 현장은 『대당서역기大唐西域記』에 고대 인도에서는 5년에 한 번씩 무차대회가 열렸다고 기록했다.

짧은 통일기도 끝이 났다. 그 뒤 인도 역사는 12세기 말에 델리 왕조가 들어서기 전까지 장장 500여 년 동안 무질서한 혼란 상태에 빠졌다. 인도 고대사에 하르샤가 끼친 영향은 매우 크다. 기록에 따르면 하르샤는 본래 힌두교 최고신인 시바 신을 섬겼지만, 독실한 불교 신도인 누나 라자슈리의 영향을 받아 불교로 개종했다고 한다. 하르샤는 40여 년 동안 재위하면서 5년에 한 번씩 여섯 차례에 걸쳐 불교 무차대회無遮大會를 여는 등 불교와 힌두교를 모두 수용하는 종교정책을 펼쳤다.

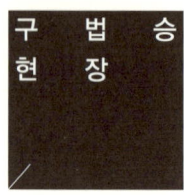

구법승 현장

642년의 어느 날 하르샤 왕조의 수도 카나우지에서는 법회가 한창 진행 중이었다. 하르샤가 직접 개최한 이 법회에는 제후 십여 명과 대·소승 불교 신자, 브라만 수천 명이 참여했다. 그런데 신기하게도 법회에서 대승불교의 교리를 설명한 인물은 멀리 중국 당唐에서 온 승려였다. 그가 바로 중국과 인도의 고대 교류사에서 가장 위대한 사절인 현장이다.

잘 알려진 대로 중국에서는 1세기경에 인도 불교가 유입되면서 빠르게 전파되었다. 이때부터 인도 승려가 중국으로 건너가 불법을 전하는 포교활동이 활발하게 이루어졌고, 이 중에는 구마라습과 달마도 있었다. 동시에 수많은 중국 승려가 고생을 마다하지 않고 인도로 순례를 떠나 진리를 깨우치려 했다.

중국 동진東晋 시기의 승려 법현은 일흔 살의 나이에도 고난을 무릅쓰고 인도로 떠났고, 그 후 수백 년 동안 불법을 얻기 위해 불교의 발상지인 인도 순례에 나선 중국 승려들의 발길은 끊이지 않았다. 이러한 구법승求法僧 가운데 현장은 막대한 양의 불교 경전을 중국으로 들여오고, 중앙아시아와 인도 각지의 기록을 담은 여행기를 남긴 인물이라는 점에서 중요하다.

승려가 되기 전의 성은 진陳, 이름은 위褘였던 현장은 602년에 낙주 구씨 현(지금의 허난 성 옌스 현)에서 대대로 유교를 숭상하는 집안에서 태어났다. 출가한 뒤의 법명은 현장이다. 열세 살에 낙양 정토사에서 불경을 송독했고, 이후 수도 장안으로 떠나 성도, 형주(지금의 후베이 성 장링), 양주, 소주, 상주(지금의 허난 성 안양), 조주(지금의 허베이 성 자오 현) 등 여러 도시를 돌아다니며 유명한 스승을 찾았다. 다시 장안으로 돌아와 법상과 승변에게 가르침을 받기도 했다.

현장은 불경 연구에 진력할수록 의문은 늘어갔지만, 중국에 전해진 불경이나 스승들에게서 명확한 답을 얻지 못했다. 그래서 불교의 발상지인 인도에 가서 직접 불교 경전을 가져오기로 마음먹었다. 그는 대승불교의 경전인 『유가사지론瑜伽師地論』을 배워 남북조 이래 중국 승려들이 오랜 세월 논쟁을 벌인 불성佛性 문제, 즉 '누구나 부처가 될 수 있는가?' '될 수 있다면 언제쯤 가능한가?' '어떤 단계를 거치고 어떤 방법을 통해야만 부처가 될 수 있는가?'에 대한 답을 찾으려 했다.

627년(629년이라는 주장도 있다―옮긴이)에 현장은 장안을 출발해 홀로 인도로 떠나는 대장정을 시작했다. 당시 개인의 출국은 엄격하게 금지되었기 때문에 현장은 낮에는 숨어 있다가 인적이 드문 밤에 움직일 수밖에 없었다. 『대당서역기』에는 이때의 여정을 다음과 같이 기록했다.

먼저 진주(지금의 간쑤 성 천수 시), 난주, 양주(지금의 간쑤 성 우웨이), 과주(지금의 간쑤 성 안시 현 동남쪽)를 거쳐 옥문관을 통해 몰래 빠져나갔다. 닷새 동안 물 한 모금 마시지 못하고 힘겹게 800리에 달하는 사막을 횡단한 뒤에 이오(지금의 신장 하미)를 거쳐 연말에 고창(지금의 신장 투루판 시)에 도착해 이곳 왕 국문태의 환영을 받았다. 천산산맥 남쪽 기슭을 따라 여행을 계속해 아기니국(지금의 신장 옌치), 굴지국(지금의 신장 쿠처), 발록가국(지금의 신장 아커쑤)을 지나 능산을 넘었다. 그리고 다시 대청지(지금의 키르기스스탄의 이시크쿨 호수)를 따라 서행해 소엽수성(쇄엽성, 지금의 키르기스스탄 토크마크 서남쪽)에 도착했다. 이곳에서 우연히 서돌궐의 엽호가한을 만나 도움을 받았다.

현장은 계속해서 소무구성국(지금의 우즈베키스탄 경내) 가운데 석국(타슈켄트), 강국(사마르칸트), 미국(펜지켄트), 조국(카부단), 안국(부하라), 사국(키시)을 거쳐, 중앙아시아의 철문(지금의 우즈베키스탄 남부 데르벤트에서 서쪽으로 13킬로미터)을 통과해 도화라국(토하라, 지금의 아프가니스탄 북부)에 도착했다. 여기서부터 남쪽으로 방향을 바꾸어 대설산(지금의 힌두쿠시 산맥)을 가로질러 카피사(지금의 아프가니스탄 베그람)와 간다라(지금의 파키스탄 페샤와르) 등지를 지나 마침내 인도 땅을 밟았다. 이때까지 현장은 무려 5만 리가 넘는 험한 길을 걸어왔다.

인도의 여러 왕국들은 먼 곳에서 온 손님을 열정적으로 환영하고 극진하게 대접했다. 당시 인도 동북부의 마가다 왕국과 서남의 말와 왕국은 학술을 중시했는데, 특히 마가다 왕국에는 최대의 불교대학인 날란다 사원이 있었다. 이곳에 머무는 학생과 승려는 최대 만여 명에 달했고, 당대의 일류 불교학자들이 모여들었다. 현장도 날란다 사원에서 5년 동안 머물며 계현법사 밑에서 불경 연구에 힘을 쏟았다. 종교 토론회에 자주 참석해 브라만을 비롯한 여러 종교의 토론자들과 접전을 벌여 이기면서 점점 명성이 높아졌고, 나중에는

현장이 다녀간 서역의 오아시스 국가 고창은 오늘날의 투루판 지역에 위치했다.
이곳에서 현장은 국문태 왕의 융숭한 대접을 받았다.

부副강연자, 즉 사원의 부원장으로 승격했다.

이 시기에 인도에서는 대승불교와 소승불교가 나름의 견해를 확고히 세운 채 첨예하게 대립하고 있었다. 혼란스러운 상황이 계속되자 불교에 열의를 보이던 하르샤의 걱정도 갈수록 깊어졌다. 하르샤는 『파대승론破大乘論』 700송을 직접 읽어본 뒤에 날란다 사원의 계현법사에게 사람을 보내 소승불교를 반박해달라는 편지를 보냈다.

계현법사는 현장을 포함한 승려 네 명을 파견해 이에 응수하도록 했으나, 편지를 늦게 받은 탓에 만남은 성사되지 않았다. 하지만 하르샤의 의도를 파악한 현장은 토론에서 자신에게 패한 브라만에게 『파대승론』의 요지를 설명해달라고 요청한 뒤에, 이를 듣고 논조의 허점을 찾아 날카롭게 반박하는 글을 써서 날란다 사원을 뒤흔들었다.

날란다 사원에서 불교 경전을 독파하고 인도 전역을 유람한 현장은 계현법

627년에 중국을 떠난 현장은 타클라마칸 사막의 북쪽을 지나 여러 오아시스 국가를 거친 뒤에 철문을 넘어 힌두쿠시 산맥을 가로질러 인도에 도착했다. 사진은 현장이 거쳐간 곳이다.

사에게 작별을 고하고 고국으로 돌아가 불경을 번역하겠다고 마음먹었다. 그런데 때마침 그의 명성을 전해 들은 카마루파국의 쿠마라 왕이 강연을 부탁하는 간곡한 편지를 보내오자 고심 끝에 카마루파국으로 갔다. 하지만 출정에서 돌아온 하르샤가 카마루파국에 사절을 보내 현장을 카나우지로 보내라고 강력하게 요구했다. 쿠마라 왕은 내키지 않았지만 막강한 세력을 자랑하던 하르샤의 강경한 태도에 어쩔 수 없이 현장을 카나우지로 보냈다. 하르샤를 만난 현장은 중국의 정치 상황을 설명하고 대승불교의 교리를 알렸다. 현장의 강연을 들은 하르샤는 진심으로 크게 탄복하고 대규모 법회를 열기로 했다.

3개월 뒤, 인도 18개 왕국의 왕을 비롯한 대·소승 불교를 깨우친 승려 3,000여 명, 브라만을 비롯한 기타 종교인 2,000여 명, 날란다 사원의 승려 1,000여 명이 카나우지에 모였다. 소식을 들은 수많은 일반 백성들까지 몰려 카나우지는 인산인해를 이루었다. 그야말로 불교 역사상 가장 감동적인 법회가 열린 것이다.

현장은 『회종론會宗論』과 『제악견론諸惡見論』을 강연했는데, 18일 동안 계속된 법회에서 현장의 논점에 아무도 반론을 제기하지 않았다. 오히려 모두 그의 날카롭고 박식한 지식에 탄복할 따름이었다. 하지만 대승불교를 변호하기 위해 쓴 현장의 글이 소승불교의 민감한 부분을 건드린 탓에 일부 브라만과

대승불교와 소승불교   불교의 창시자 석가모니가 입적한 뒤에 불교계는 석가모니가 설파한 교리를 서로 다르게 이해하고 해석하면서 여러 파로 갈라졌는데, 교리의 차이와 형성 시기에 따라 크게 대승과 소승으로 나뉜다. 여기서 '승乘'은 물건을 실어 운반하는 수레라는 뜻의 산스크리트어 야나를 의역한 것이다. 배나 수레가 사람을 싣고 이곳저곳으로 이동하는 것처럼 불법이 중생을 구제한다는 것을 비유한 단어다. 일부 진보파가 스스로 자신을 대승大乘으로 칭하고, 원시불교와 부파불교部派佛敎를 가리켜 소승이라 낮추어 불렀다. 대승불교와 소승불교의 차이는 주로 신앙과 교리에서 드러난다.

소승불교 승려들이 분노해 현장을 해칠 계획을 세웠다. 존귀한 손님을 보호하기 위해 하르샤는 "법사를 해치는 자는 참수형을 당하고, 비방하는 자는 혀가 잘릴 것이다"라고 선포했다.

한편 현장의 대승불교 이론을 들은 하르샤는 "태양이 뜨니 반딧불의 빛이 사라지고, 천둥이 치니 종소리가 들리지 않는구나!"라며 격찬을 아끼지 않았다고 한다. 카나우지에서 열린 법회로 현장의 명성은 인도 전역으로 널리 퍼져나갔다. 현장의 제자 변기는 스승을 찬양하며 "논점이 뚜렷하고 덕행이 뛰어나며, 삼 년 동안 연구에만 열중했다. 그리하여 그 명성이 만 리까지 퍼졌다"라고 말했다.

법회가 끝나자 하르샤는 토론 승리자에 대한 예우로 큰 코끼리에 현장을 태우고 고관을 대동해 거리를 행차하도록 했다. 인도 불교계 인사들도 현장을 인정하고 우러러보았고, 대승불교에서는 최고의 존칭인 대승천大乘天이라는 영예를, 소승불교에서는 해탈천解脫天이라는 존칭을 주었다. 하르샤도 현장에게 특별히 금과 은을 하사했고, 다른 18개 왕국의 왕들도 보석을 보냈지만 현장은 정중히 거절했다. 심지어 하르샤는 현장이 인도에 남기를 바라는 간절한 마음에서 그를 위한 사원을 백 개나 지으려 했다. 하지만 10년 넘게 고국을 떠나 있던 현장은 고향을 그리워하는 마음이 너무 커 하루빨리 귀국하고 싶은 생각뿐이었다. 하는 수 없이 하르샤는 현장에게 5년에 한 번 열리는 무차대회만이라도 참석해달라고 부탁했다. 현장은 이 무차대회를 커다란 규모의 보시布施가 이루어진 대회로 기록했다.

최대 50만 명에 이르는 참석자들에게 하르샤는 지난 5년 동안 모은 금과 은 등의 재물을 나눠주고, 옷에 장식된 구슬과 옥까지 남김없이 베풀었다. 무차대회가 끝나자 현장은 왕과 사원의 만류를 정중히 거절하고 귀국길에

현장은 온갖 고난을 무릅쓰고 인도에 가서
산스크리트어로 된 막대한 양의 불교 경전을 가지고
귀국해 번역에 몰두했다. 또한 그가 중앙아시아와 인도를
여행하면서 남긴 기록은 역사가와 고고학자 들에게
높은 평가를 받고 있다.

1 2

1 당 태종은 현장에게 전해 들은 서역과 인도의 낯선 나라들의 이야기에 커다란 호기심을 느껴
  그에게 관직까지 주려 했지만, 현장은 승려로서 불경을 연구하기를 원해
  제의를 정중히 거절했다.
2 귀국 후 현장은 백성을 위해 불법을 널리 알리는 데 애썼다.
  그래서 천여 년이 지났어도 여전히 사람들의 존경을 받고 있다.

올랐다. 출발을 앞두고 하르샤는 엄청난 양의 금은과 코끼리 한 마리를 하사했다. 쿠마라 왕을 비롯한 인도 여러 왕국의 왕들도 직접 십 리 밖까지 배웅했고, 각국에 현장의 귀국길을 호위하라는 편지를 보냈다. 현장이 중국에 간 뒤에도 인도의 많은 불교 사원에 현장이 신은 미투리(삼으로 삼은 짚신—옮긴이)를 그린 그림이 있었다고 한다.

이로부터 천 년이 훌쩍 지난 지금, 카나우지에서 열렸던 성대한 법회는 이미 갠지스 강의 물살을 따라 역사의 망망대해 속으로 사라져버렸다. 아쉽게도 한때 하르샤 왕조의 수도이자 불교 성지였던 카나우지도 유적지로 변해버렸다. 현장의 기록에 따르면 카나우지는 크게 번영했던 도시로, 불교 사원 백여 개와 수행 중인 승려 만여 명이 있었다고 한다. 하르샤 왕조가 멸망하면서 갠지스 강 유역의 불교도 같이 몰락했지만, 11세기 초에 돌궐이 카나우지를 공격했을 때 우뚝 솟은 건물의 기세와 매력은 여전히 뛰어났다고 한다. 하지만 전쟁을 겪으면서 대부분의 불교 건물이 무너졌고, 대신 이슬람 건물이 세워졌다.

현장의 기록에 따르면 귀국 여정은 훨씬 수월했다. 카피사의 국경을 넘을 때는 일주일째 법회를 열던 중이었는데도 불구하고 이곳 왕이 사람 백여 명을 보내 현장 일행이 힌두쿠시 산맥을 넘는 것을 20일 동안이나 도왔다. 쿤두즈 부근에서 고창국이 멸망했다는 소식을 들은 현장은 아쉬움을 뒤로한 채 천산남로 대신 카슈가르로 향했다. 물론 귀국길에도 위험은 곳곳에 도사리고 있었다. 인더스 강을 건너다가 갑작스럽게 풍랑을 만나 불교 경전 50질帙과 인도 꽃씨가 강물에 떠내려갔고, 도적의 습격을 받기도 했다. 호탄에 도착했을 때는 타고 가던 코끼리가 병으로 죽고 말았다. 하지만 현장은 이런 어려움보다 법을 어기고 출국한 일로 조정의 처벌을 받을 것을 더 걱정했다. 그래서 우선 인도 여행의 경과를 서술한 편지를 장안으로 가는 상인 편에 당 태종에게 보냈다.

현장의 걱정은 기우였다. 당 태종은 오히려 매우 기뻐하며 바로 호탄으로 사절을 보내 귀국을 재촉했고, 관료들에게 현장을 영접하라고 지시했다. 드디어 645년 정월, 현장 일행은 재상 방현령과 장군 후진막인의 환영을 받으며 장안에 도착했다. 고국을 떠난 지 18년 만의 귀국이었다. 현장은 인도에서 총 20마리의 말에 귀중한 불사리 150개, 금불상 2기, 은불상 1기, 향목불상 4기, 불교 경전 520질 657부部를 싣고 왔다.

현장은 며칠 뒤에 태종을 알현했다. 이때 태종은 부디 속세로 나와 나랏일을 도와달라고 청했지만, 현장은 후의를 정중히 거절하고, 『보살장경菩薩蔣經』과 『유가사지론』 등을 비롯한 총 75부 1,330권에 달하는 불교 경전을 번역하는 데 여생을 바쳤다. 이 밖에 인도의 천문역법을 중국에 전했고, 노자의 『도덕경道德經』과 실전失傳되었던 『대승기신론大乘起信論』을 산스크리트어로 번역했다.

현장이 구술하고 제자 변기가 정리해서 완성한 『대당서역기』는 자신이 직접 겪은 인도의 지형, 도시, 교통, 풍속, 특산물, 기후, 문화, 정치, 종교 등을 포함한 다방면의 내용을 상세하게 기술해 역사적 가치뿐만 아니라 과학과 고고학적 측면에서도 매우 중요한 자료로 평가된다. 명대明代에 문학가 오승은이 『대당서역기』를 소재로 수많은 신화를 더해 『서유기西遊記』라는 소설을 내놓았다. 이때부터 당 승려가 경전을 구하는 이야기는 중국뿐만 아니라 전 세계적으로 유명해졌다.

664년 2월, 현장은 장안의 서명사에서 예순두 살로 입적했다. 평생 배움을 즐기고 겸손했던 그는 불교 신자를 비롯한 온 국민의 존경과 사랑을 한 몸에 받았다. 그의 입적 소식이 전해지자 당 고종은 "나라의 보배를 잃었구나"라며 애통해했고, 백만 명에 달하는 사람들이 그의 장례행렬을 따르며 목 놓아 울었다고 한다.

현장이 고향에서 입적했을 때 하르샤 왕은 벌써 십 년 전에 눈을 감았고, 위세를 떨치던 하르샤 왕조도 역사의 뒤안길로 이미 사라져버린 뒤였다. 아울러 한때 전성기를 구가했던 카나우지도 이때부터 점차 파괴되기 시작했다.

부록

『대당서역기大唐西域記』

현장을 직접 만난 당 태종은 현장의 이야기에 큰 관심을 보이고 서역과 인도에서 보고 들은 것을 책으로 편찬하라고 독려했다. 그리하여 646년 7월에 현장이 구술하고 제자 변기가 정리한 『대당서역기』가 완성되었다.

 『대당서역기』는 모두 12권으로 총 10만여 자로 이루어졌으며, 우지녕과 경파가 서문을 썼다. 1권에서는 현장이 인도로 향하는 여정에서 처음으로 마주친 오늘날의 신장과 중앙아시아의 광활한 지역에 대해 기록했다. 2권 전반부에서는 인도에 관해 종합적으로 서술하고, 11권까지 인도 각국에 관해 대략적인 상황을 기술했다. 마가다 왕국에 관해서는 8권과 9권에서 자세하게 소개했다. 12권에서는 현장이 귀국길에 지나온 험난한 파미르 고원과 타림 분지의 남쪽 끝에 있는 나라들에 대해 소개했다. 전반적으로 현장이 직접 가본 110개국과 전해 들은 28개국이 기록되었다. 각 나라에 관한 내용은 제각기 다르지만 주로 나라 이름, 지리, 면적, 도시, 왕, 가문, 왕궁, 농업, 특산물, 화폐, 음식, 의복, 언어, 문자, 풍속, 종교 및 불교 성지, 불교 사원 수, 승려 수, 대·소승 불교의 유행 상황 등이 포함되었다. 전반적으로 내용이 풍부하고 글의 흐름에 막힘이 없으며 서술이 상세하고 정확하다. 게다가 집필자 변기가 아름답고 간결한 문체로 표현해내 기행문의 차원을 한층 높였다.

『대당서역기』는 동쪽으로 중국 신장에서 서쪽으로 이란, 남쪽으로 인도 반도 남단, 북쪽으로 키르기스스탄, 동북쪽으로 방글라데시에 이르는 광활한 지역의 역사와 지리, 풍토, 인정 등을 기술했고, 인도아대륙의 지리적 상황을 과학적으로 요약했다. 또한 파미르 고원에서 아랄 해 사이에 있는 드넓은 지역의 기후와 지형, 토양, 동물 등을 기록했다. 전 세계적으로 이 지역의 중세를 기록한 고대 문헌이 지금까지 전해진 예가 극히 드물기 때문에 『대당서역기』는 가장 전반적이고 체계적이면서 종합적으로 기술한 귀중한 역사유산으로 평가된다. 고고학자들은 이 책에 근거해 왕궁터와 옛 성터, 아잔타 석굴, 날란다 사원 등에 대한 탐사와 발굴을 진행했다.

세포이 항쟁

신성한 갠지스 강의 기운을 듬뿍 받은 칸푸르는 영국의 지배에 저항해 1857년부터 1859년까지 전개된 세포이 항쟁이라는 투쟁의 역사를 연출했다.

 무굴 제국이 쇠퇴기에 접어들면서 인도는 순식간에 영국의 식민지로 전락했다. 19세기 초에 영국은 국내 산업자본주의의 발전을 가속화하기 위해 인도에 대한 약탈을 더욱 가혹하게 자행해 인도 국민, 특히 수많은 농민과 수공업자를 비롯한 사회 하층계급에 커다란 피해를 입혔다. 나아가 일부 인도 봉건제후들의 이익까지 침해하자, 전국에서 영국의 식민통치에 저항하는 민족 반란이 들끓었다. 영국령 인도 군대의 인도인 용병인 세포이는 당시 인도에서 유일했던 조직적인 세력으로, 항쟁 직전에 25만 명에 달했다. 대부분 파산한 농민과 수공업자로, 생계를 위해 어쩔 수 없이 영국군에 고용된 사람들이었다. 영국 식민정부가 더욱 강력한 통제를 위해 신앙을 간섭하고 카스트 규정을 침범하며 급료를 삭감하자, 세포이들은 강한 불만을 드러냈고 여러 차례 무장봉기를 일으켰다. 이는 인도 국민이 영국 식민통치에 저항하는

1 갠지스 평야의 중심부에 위치한 러크나우는 칸푸르 인근에 있는 도시로 세포이 항쟁 때는 델리 다음으로 항쟁의 중심지가 되었다. 사진은 오늘날 아름다운 러크나우의 모습이다.

2 영국의 가혹한 식민통치 때문에 비참한 생활을 했던 인도인의 상황을 그린 풍자화. 제국주의 국가였던 영국은 국내 산업자본주의의 발전을 가속화하기 위해 식민지에 대한 약탈을 강화했다.

핵심 동력이 되었다.

  세포이 항쟁의 도화선은 기름칠한 총알이었다. 1857년 초에 영국 식민정부는 총알에 윤활유 대신 소기름과 돼지기름을 바르도록 했다. 대부분 힌두교도나 이슬람교도였던 세포이들은 소와 돼지를 입에 대는 것을 금기시했기 때문에 이러한 행위는 수많은 세포이를 모독하는 것이었다. 맨 처음 메루트의 병사 85만 명이 총알 사용을 거부해 체포되었다. 3월 29일에는 영국인 장교 세 명을 총살한 제34대대의 병사가 교수형에 처해졌다. 이 사건들은 인도 민족의 투쟁에 불을 붙였다. 5월 10일에 델리 부근의 메루트에 주둔하고 있던 세포이를 필두로 항쟁이 무서운 속도로 확산되었다. 종교적 편견을 버리고 하나의 목표 아래 뭉친 반란군은 군영을 불태우고 교회를 습격했으며 철도를 봉쇄하고 범죄자를 석방했다. 메루트의 반란군은 승리의 여세를 몰아 델리로 향했고, 성안의 세포이와 시민들이 성문을 열고 이들을 맞이했다. 반란군은 순식간에 델리를 점령하고 정권을 세웠다. 영국에 큰 불만을 품고 있던 인도 귀족과 승려 들이 합류하면서 다양한 계급과 민족의 힘이 한데 모인 반영反英 전선이 일차적으로 형성되었다.

  영국은 급히 각지의 병력을 불러들여 델리를 포위 공격했지만, 반란군 4만 명은 용감하게 맞서 영국군의 공격을 막아냈다. 영국군은 치명적인 타격을 입었고, 각지에서 일어난 반영 투쟁은 더욱 힘을 얻어 반란의 횃불이 순식간에 인도의 북부와 중부, 남부로 번졌다. 북쪽 아요디아의 러크나우와 칸푸르 반란군의 승리는 남쪽 방향에서 진격한 델리의 영국군에 큰 위협이 되었다. 중부 인도의 잔시 반란군은 여왕의 지휘 아래 도시를 점령하고 왕권을 회복했고, 인도 남부의 하이데라바드와 뭄바이의 반란군도 승리했다.

  항쟁이 빠르게 확산되면서 점차 델리와 러크나우, 잔시 같은 대도시를 중심으로 반란군의 근거지가 형성되었다. 반격에 나선 영국군은 델리를 첫 번째 목표로 삼았지만, 델리 반란군은 영국군의 공격을 좌절시킨 뒤에 전략적으로 공격보다는 방어태세를 갖추었다. 하지만 항쟁이 갈수록 격해지자 반란군에 편승했던 인도 봉건제후와 귀족 들이 영국군과 내통해 반란군의 힘을 크게 약화시켰다. 9월 14일을 기점으로 영국군이 막강한 화력을 동원해 델리를 공격하자, 반란군은 꼬박 6일 밤낮에 걸쳐 계속된 치열한 전투 끝에 델리에서 철수했다. 9월 19일에 델리가 함락되자 반란군은 아요디아의 수도 러크나우로 근거지를 옮겼다.

러크나우는 갠지스 평야의 중심부로, 칸푸르에서 매우 가깝고 갠지스 강의 지류인 고마티 강이 흐른다. 인도 신화에도 등장하는 이곳은 대서사시 『라마야나』의 영웅인 라마의 동생이 건설한 도시다. 무굴 제국 후기에는 인도 북부의 장교들이 병사들을 이끌고 독립해서 왕을 칭했는데, 이때 아요디아의 토후가 러크나우를 근거지로 삼았다. 1819년에 이 지역 토후는 영국 총독에게 설득당해 무굴 제국에서 벗어나 아요디아국으로 독립했지만, 왕이 무능하다는 이유로 1856년에 영국령에 병합되었다. 이러한 역사적 이유 때문에 러크나우는 1년 뒤에 일어난 세포이 항쟁에서 저항이 매우 심했던 곳 중 하나였다.

1858년 초에 러크나우에 집결한 반란군은 20만 명에 달했지만, 무기는 대부분 기병들이 전투할 때 사용하는 약간 굽은 긴 칼뿐이었다. 반면에 최고급 무기로 완전 무장한 영국군은 3월 초에 군사 9만 명과 대포 180여 문을 동원해 러크나우를 공격했다. 반란군은 강적을 맞아 용감하게 싸웠지만 2주 뒤인 3월 21일에 이곳에서 철수해 잔시로 옮겼다. 3월 25일에 영국군이 잔시 서남쪽에 도달했고 양측은 치열한 포격전을 벌였다. 잔시 반란군은 여왕이 직

1 2

1 세포이 반란군은 무굴 제국의 마지막 황제였던 바하두르 샤 2세를 자신들의 지도자로 추대했다.
2 반란은 처음 메루트에서 시작해 델리와 아그라, 칸푸르, 러크나우 지역까지 확산되었다.
  하지만 영국의 강력한 진압 때문에 결국 실패하고 말았다.

접 최전방에서 진두지휘하며 용감하게 싸웠다. 영국군은 자신들이 싸운 상대가 여왕이라는 사실을 알고 몹시 놀랐다.

잔시 여왕은 1835년 11월 19일에 바라나시에서 태어난 마라타족 출신으로, 본명은 마누 바이다. 아버지는 칸푸르 공국의 페슈와(세습 총리)인 바지 라오 2세의 궁정에서 일했다. 마누 바이는 입궁하면서 락슈미 바이로 이름을 바꾸고, 자신보다 열한 살 많은 바지 라오 2세의 양자 나나 사히브와 친남매처럼 어울리며 함께 학문과 무예를 익혔다. 1842년에 칸푸르와 가까운 마라타 공국 가운데 하나였던 잔시 공국의 마하라자(왕) 강가다르 라오는 이제 겨우 일곱 살이었던 락슈미 바이를 왕비로 선택했다. 잔시에 입성한 락슈미 바이는 독서와 무예 연습을 게을리하지 않았다.

1835년에 잔시의 마하자라가 왕위를 이을 아들 없이 사망하자 락슈미 바이가 여왕으로 즉위했다. 하지만 1856년에 댈후지 인도 총독이 후계자가 없다는 이유로 잔시 공국을 영국 동인도회사의 관할지로 강제 편입했다. 세포이 항쟁이 발발한 뒤인 1857년 6월 4일에 잔시 여왕은 세포이와 시민들의 전폭적인 지지를 받아 독립 쟁취를 위한 반란을 선포했다. 이제 겨우 스무 살이었던 잔시 여왕은 남자 옷을 입고 항상 손에 칼을 쥔 채 전쟁터에서 영국군에 용감하게 맞섰다. 잔시 여왕의 투쟁은 반년 동안이나 이어졌지만, 1858년 3월 23일, 영국군이 잔시 성을 포위했고 다시 치열한 접전이 열흘 동

댈후지(1812~1860)   스코틀랜드의 램지 가문에서 태어난 댈후지의 원래 이름은 제임스 앤드루 브라운이다. 1837년에 상원의원을 거쳐 1845년에 상무부 장관이 되었고, 1849년에는 댈후지 후작이라는 호칭을 받았다. 1848년부터 1856년까지 인도 총독으로 재임하면서 시크교의 반란을 진압했고, 1848~1849년에는 제2차 시크전쟁으로 펀자브를 병합했다. 1852년에는 제2차 미얀마 전쟁을 일으켜 1853년에 바고 지역을 점령했다. 댈후지는 토후국에 후계자가 없으면 영토를 영국령에 종속시킨다는 이른바 무사실권 원칙을 내세워 세포이 항쟁을 초래했다.

안 계속되었다. 고립된 상태에서 다른 반란군의 지원을 전혀 받지 못한 잔시 성은 함락되고 말았다.

4월 4일, 내부의 배신으로 적군이 남문을 맹렬히 공격해 들어오자 여왕은 전사 천 명을 이끌고 격렬한 전투를 벌였다. 그러나 곧 북문도 함락되어 대세가 기울자 여왕은 어쩔 수 없이 포위망을 뚫고 빠져나가기로 결정했다. 이날 저녁에 잔시 여왕은 왕위를 이을 남자아이를 등에 업고 병사 십여 명을 데리고 성을 탈출해 160킬로미터 떨어진 칼피로 가서 다른 반란군 지도자들과 합류했다. 델리와 러크나우, 잔시 같은 반란 중심지가 연이어 함락되자, 각지에 분산되어 있던 반란군 15만~20만 명은 유격전에 돌입했고, 칼피에 집결한 중부 인도의 반란군은 전략적 요새인 이곳을 지키기로 했다. 하지만 북인도와 남인도에 포진한 적의 협공으로 어쩔 수 없이 5월 22일에 철수해 서쪽의 괄리오르로 진격했고, 6월 1일에 괄리오르를 해방시키고 임시 정부를 세웠다. 이에 당황한 영국군은 각지의 병사를 총동원해 괄리오르를 공격했다.

17일에 도시 동남쪽 외곽에서 벌어진 전투에 참여한 잔시 여왕은 반란군과 함께 고군분투하며 용감하게 싸웠지만 대포를 동원한 적의 맹공에 사상자가 속출했다. 그래도 여왕은 계속 최전방에 병력을 집중시키며 적의 공격에 당당히 맞섰다. 6월 18일에 영국군이 잔시 여왕의 군영까지 밀고 들어왔지만 그녀는 적은 수의 병사를 이끌고 또다시 포위망을 뚫는 데 성공했다. 하지만 어느 작은 계곡에 도착했을 때 고된 여정으로 지친 말이 계곡을 건너지 못하면서 영국군에 포위되는 신세가 되었다. 머리와 가슴에 여러 번 칼을 맞은 잔시 여왕은 낙마했고 꽃다운 나이 스물세 살에 생을 마감했다.

인도 사회에서는 여성이 공을 세우고 이름을 날릴 기회가 거의 없기 때문

1 칸푸르에서 영국 제국주의자들은 잔혹한 학살을 자행했다.
2 영국령 인도 총독 댈후지는 토후국에 후계자가 없으면 영국령에 병합시킨다는 무사실권 원칙을 내세워 세포이 항쟁을 초래했다.
3 인도 델리 동남부 지역에 위치한 작은 토후국 잔시의 여왕이었던 락슈미 바이는 세포이 항쟁에서 커다란 활약을 했다.

에 잔시 여왕의 업적은 오늘날까지도 갠지스 강 유역에서 널리 전해지고 있다. 인도의 한 여류 시인이 용감한 여왕을 찬양하는 노래를 지었는데, 일부가 여왕의 묘비에 새겨졌다.

편히 가세요, 여왕이여.
인도인은 진심으로 감사드려요.
우리는 당신을 절대로 잊을 수 없어요.
당신의 희생은 독립을 향한 거센 물결을 일으켰어요.
아! 잔시 여왕이여!
당신은 용감히 싸웠어요.
당신은 영원의 상징이에요.
당신의 명성은 영원할 거예요.

6월 20일, 반란군은 괄리오르에서 철수하고 전국을 돌아다니며 곳곳에서 영국군과 교전을 벌였다. 하지만 영국군은 반란군 내부에 분열이 일어난 틈을 타 포섭정책을 폈고, 결국 많은 봉건제후가 영국에 투항했다. 반란군의 일부 지도자는 네팔로 철수하거나 도중에 전사했고, 각지에서 벌어졌던 소규모 유격전은 1859년 말에 막을 내렸다.

거센 기세로 몰아치던 세포이 항쟁은 영국의 잔혹한 진압 앞에 독립이라는 목표를 달성하지는 못했지만, 영국 식민정부에 막대한 경제적 손실을 입히는 성과를 거두었다. 세포이 항쟁을 진압하는 데 영국은 4,000만 파운드를 쏟아부었고, 수많은 영국 군인들이 목숨을 잃었다. 그리고 세포이 항쟁은 무엇보다 인도 국민들에게 독립에 대한 자신감을 불어넣는 성과를 거두었다.

당시 많은 사람들이 인도가 아직은 비록 손바닥만 한 작은 먹구름에 불과하지만 영국 식민정부를 침몰시킬 거대한 폭우로 변할 수 있다고 생각하기 시작했다. 이처럼 세포이 항쟁은 인도 역사에서 매우 중요한 전환점이 되었다.

세포이 항쟁이 일어나기 백 년 전에 영국은 의기양양하게 인도를 정복하고 식민정부를 수립했다. 하지만 반란이 일어나자 식민통치 강화를 위해 어쩔 수 없이 개혁을 단행해야 했다. 동인도회사를 폐지하고 영국 여왕이 직접 인도를 통치하면서 현지 제후의 권력을 존중하고 이들과의 관계를 조정하기 시작했다. 이와 함께 군대를 완전히 재편성해 영국인 병사를 늘리고 철도와 통신 건설을 확대했다.

카주라호

4장 | 신과 인간의 합일 카주라호

아주 오래전에 카주라호에 살던 나레스라는 브라만 사제에게 아리따운 딸이 하나 있었는데, 달의 신 찬드라가 고요한 달밤에 강에서 목욕하는 그녀의 아리따운 모습을 보고 한눈에 반하고 말았다. 결국 그는 신의 지위를 포기하고 인간 세상에 내려와 그녀와 사랑을 나누었다. 찬드라는 그녀에게 "당신은 곧 용감한 아들을 낳을 텐데, 그 아이를 통해 위대한 민족이 세상에 널리 퍼질 거요"라고 예언했다. 이후 그녀는 정말로 아들을 낳았다. 아이는 성장해서 수많은 자손을 낳았고 찬델라 왕국을 세웠다. 이때부터 이곳 주민들은 달의 신 찬드라의 자손이라며 자랑스러워했고, 왕국을 달의 왕국이라 부르기도 했다. 바로 이 찬델라족이 에로티시즘의 도시 카주라호를 건설했다.

인도의 작은 도시였던 카주라호는 성적인 내용을 묘사한 아름다운 조각으로 장식된 사원군의 발견으로 순식간에 유명해져 인도의 새로운 관광 명소로 떠올랐다.

인도 중부 마디아프라데시 주에 위치한 유서 깊은 도시 카주라호에서는 독특한 매력을 지닌 고대 사원들을 만나볼 수 있다. 카주라호 사원군으로 불리는 이곳에는 찬델라 왕국이 건설한 수많은 사원과 사원을 장식한 조각들이 들어서 있다. 몇 개를 제외하고는 모두 사암으로 지어진 카주라호 사원들의 건축 연대는 950년부터 1050년경까지로 추정되며, 사원의 내부와 외부를 장식한 조각들은 대부분 성적인 내용을 주제로 다루었다. 이 중에서도 특히 사랑하는 남녀 간의 성적 결합을 표현한 미투나가 유명하다.

1986년에 유네스코는 "카주라호 사원의 건물과 조각의 완벽한 균형미, 사원의 장식 조각은 인도 예술의 걸작"이라며 카주라호 사원군을 세계문화유산으로 지정했다.

카주라호 사원군

천여 년 전에 카주라호 지역에서는 맛 좋은 야자수가 많이 생산되었다. 카주라호라는 이름도 야자수라는 뜻을 가진 카주르에서 유래했다. 10세기 전후에 분델칸드에 살던 라지푸트족에 속하는 찬델라족이 세운 찬델라 왕국은 이곳을 수도로 삼아 크게 번영했다. 찬델라 왕국은 전성기였던 950년부터 1050년까지 영토를 서쪽으로는 괄리오르, 동쪽으로는 바라나시까지 확장했다.

전설에 따르면 아주 오래전에 카주라호에 살던 나레스라는 브라만 사제에게 아리따운 딸이 하나 있었는데, 달의 신 찬드라가 고요한 달밤에 강에서 목욕하는 그녀의 아리따운 모습을 보고 한눈에 반하고 말았다. 결국 그는 신의 지위를 포기하고 인간 세상에 내려와 그녀와 사랑을 나누었다. 찬드라는 그녀에게 "당신은 곧 용감한 아들을 낳을 텐데, 그 아이를 통해 위대한 민족이 세상에 널리 퍼질 거요"라고 예언했다. 이후 그녀는 정말로 아들을 낳았다. 하지만 당시에는 미혼모를 용납하지 않았기 때문에 아들을 데리고 인도 중부에 있는 어느 산 속으로 숨어들었다. 아이는 성장해서 수많은 자손을 낳

앉고 찬델라 왕국을 세웠다. 이때부터 이곳 주민들은 달의 신 찬드라의 자손이라며 자랑스러워했고, 왕국을 달의 왕국이라 부르기도 했다. 바로 이 찬델라족이 에로티시즘의 도시 카주라호를 건설했다. 또 다른 전설에 따르면 아들의 꿈에 죽은 어머니가 나타나 인간의 억누르기 힘든 열정인 성욕을 해소해줄 사원을 지어달라고 부탁했다고 한다.

어쩌면 이 오래된 전설들이 허무맹랑한 것은 아닐지도 모른다. 930년부터 시작해서 찬델라 왕국의 왕들은 예술과 건축에 심취했다. 왕국의 전성기에 단가(재위 약 954~1002)와 간다(재위 약 1002~1018), 비드야다라(재위 약 1018~1022)를 포함한 여러 왕들은 카주라호에 인도 북방식 사원의 특징을 살린 거대한 규모의 사원을 건설했다. 이러한 노력 덕분에 카주라호에는 총 85개에 달하는 사원이 우뚝 솟아났다.

12세기부터 갠지스 강 유역을 침략하기 시작한 이슬람 세력은 델리와 카나우지 같은 역사적인 도시들을 점령했다. 하지만 카주라호는 주민들의 완강한 저항 때문에 완전히 파괴하지는 못해 다행히 20여 개의 사원이 보존되었다. 밀림 속 6제곱킬로미터에 달하는 공간에 집중적으로 들어서 있던 사원들은 시간이 흐르면서 차츰 사람들의 기억 속에 잊혀졌고, 나중에는 아예 자취를 감추었다. 1838년에 영국인이 근처를 여행하다가 우연히 발견해 다시 세상의 빛을 보게 되었다. 이때부터 성적인 내용을 묘사한 아름다운 조각이 가득한 사원군은 순식간에 유명해졌다.

종교 박물관으로 불리는 인도에는 다양한 종교의 크고 작은 사원이 곳곳에 널려 있고, 규모 면에서도 카주라호 사원보다 더 웅장하고 장관을 이루는 사원이 수없이 많다. 그런데 사람들은 왜 유독 카주라호 사원군에 관심을 보이는 걸까? 아마도 사원을 가득 채우고 있는 정교한 조각들 때문일 것이다. 에

카주라호를 기반으로 한 찬델라 왕국은 이슬람 세력의 침입으로 쇠퇴했고,
카주라호 사원군도 밀림 속으로 자취를 감추었다.

카주라호 사원군은 서부·동부·남부 사원군으로 나뉘는데,
이 중 제일 유명한 곳은 서부 사원군이다. 이곳은 사원의 규모가 가장 크고
보존 상태도 양호할 뿐만 아니라, 남녀 간의 교합을 다룬 미투나가 집중적으로 분포한다.

로티시즘을 주제로 여성의 신체적 특징을 과장되게 표현한 조각도 있지만 남녀 간의 교합을 표현한 조각이 가장 많다. 힌두교 예술에서는 특별히 이러한 조각을 미투나라고 한다. 미투나는 본래 남녀 한 쌍을 뜻하지만, 단순히 남녀를 표현한 것이 아니라 남녀의 교합을 표현해야 한다. 다양한 성행위를 묘사한 카주라호의 미투나는 인도의 신화와 전설 그리고 당시 인도 사회의 풍토와 인정을 반영했을 뿐만 아니라, 나아가 근원적인 생명력을 추구한 힌두교의 교리를 반영했다.

오늘날 카주라호에 보존된 사원 20여 개는 6제곱킬로미터에 달하는 사원군에 분포하고 있다. 지리적 위치에 따라 다시 서부 사원군, 동부 사원군, 남부 사원군으로 나뉘는데, 이 중 서부 사원군의 건축물이 특히 웅장하면서도 정교하고 보존 상태가 가장 좋다. 사원군은 힌두교 사원과 자이나교 사원으로 나뉘지만 형식은 거의 비슷하다. 높은 기단 위에 화려하게 장식된 본전本殿이 있고 천장이 없는 회랑과 연결된다. 본전의 벽면은 채색 도안으로 덮여 있다. 꼭대기에 빽빽하게 솟아 있는 작은 첨탑들은 곡선미를 뽐내며, 이 중 가장 높은 탑은 신성한 본전의 정상부에 있다. 모든 탑은 천상으로 통한다는 카일라스 산을 상징하는데, 이것은 북인도 나가라 양식의 특징이다. 카주라호 사원군의 조각 대부분은 삼위일체의 신인 창조의 신 브라흐마, 유지의 신 비슈누, 파괴의 신 시바를 기념하기 위한 것이다.

자이나교 인도에서 기원전 5~6세기경에 생겨난 종교로, 승리자라는 뜻을 갖고 있는 지나에서 유래되었다. 자이나교의 제자들은 창시자를 위대한 영웅, 즉 마하비라라고 높여 부른다. 신도들은 이성이 종교보다 귀중하다고 믿어 올바른 신앙과 지식, 품행이 해탈의 길로 안내하고 나아가 영혼의 이상적인 경지에 도달하게 만든다고 생각한다. 신도들은 대부분 서인도에 집중 분포하는데, 철저한 금욕주의를 실천하기 때문에 살생하는 직업이나 농업보다는 주로 상업과 무역, 공업 분야에 종사한다. 자이나교는 신을 믿지 않고 24명의 티르탕카라(구원자)를 숭배한다.

노골적인 성행위를 표현한 사원을 장식한 조각들 덕분에
카주라호는 에로티시즘의 도시로 불리고 있다.

    서부 사원군 중에서 가장 장관은 칸다리아 마하데바 사원이다. 가장 크고 아름다운 이 사원은 회랑이 겹겹이 이어져 있고, 높이가 35미터에 이르러 마치 우뚝 솟은 산봉우리나 신의 궁전처럼 올려다보기만 해도 현기증이 날 것 같다. 건물의 전체적인 이미지는 웅장하면서도 정교해 장중한 위엄과 조화미가 넘친다. 사암 기층 위에 장방형으로 지어진 바라하 사원은 기둥 12개가 피라미드 형태의 지붕으로 덮여 있다. 신전 중앙에는 거대한 황갈색 사암으로 비슈누의 열 가지 화신化身 중 세 번째 화신인 멧돼지 모습을 한 바라하 조각상이 있다. 광택 나는 사암으로 지어진 마탄게슈와라 사원은 시바 신을 기념하는 인도 북부 최대의 건축물이다. 약 954년에 지어진 락슈마나 사원은 카주라호 사원군에서 보존 상태가 가장 좋은데, 유지의 신 비슈누를 모시며, 사자 머리와 멧돼지 머리, 사람 머리로 구성된 삼면상이 있다. 이 밖에 각각 시바 신과 난디 신을 모시는 비슈바나타 사원과 난디 사원이 있다.

    카주라호 사원의 본전 위에 세워진 시카라(북인도 힌두 사원의 본전 정상부에 높이 솟아 있는 탑—옮긴이)는 마치 죽순처럼 보이는데, 주변을 소형 시카라가 겹겹이 둘러싸고 있다. 크고 작은 시카라의 정상에는 모두 홈이 파인 원반형의 덮개돌과 물병 장식이 있다. 현관과 회랑, 예배 홀의 지붕은 각뿔형으로 높이가 대형 시카라에 가깝기 때문에 들쑥날쑥한 지붕의 윤곽과 대형 시카라가 물결형 곡선으로 연결되어, 마치 산맥 사이로 봉우리가 우뚝 선 것처럼 보인다. 당시에는 사원의 탑 표면에 석회를 발라 신들이 거주하는 히말라야 산처럼 보이도록 했다. 본전과 예배 홀 외부 벽면에는 남녀 신과 천사, 귀부인, 연인 등을 새긴 아름다운 조각들이 세 개 층을 이루며 가득 펼쳐져 있다. 사원 내부의 장식 조각도 이에 못지않게 화려하고 아름답다.

카주라호의 사원들은 대부분 남쪽으로 40킬로미터 떨어진 판나 채석장에서 채굴한 황갈색 사암으로 건설했다. 이 사암은 재질이 부드럽고 색깔과 광택이 아름다워 조각하기에도 적당하다. 고대 장인들은 양손이 문드러지고 피가 나는 것도 참으면서, 소년이 이제 막 잠에서 깨어 기지개를 펴는 모습, 목욕을 마친 여성이 머리를 땋는 모습, 어린아이가 발바닥에서 가시를 빼는 모습 등을 매우 생생하게 조각했다. 남녀의 교합을 나타낸 미투나뿐만 아니라 궁전 생활과 전쟁 같은 다양한 주제를 다룬 조각도 많다. 장인들은 인물의 신체 근육, 특히 힘을 줄 때 수축되는 이두박근과 종아리 근육을 표현하는 데 많은 노력을 기울였다. 성행위 장면을 공개적으로 표현한 것에서 당시 사회가 자유분방하고 다양한 생활방식을 아울렀다는 사실을 추측할 수 있다. 낮 뜨거운 성행위를 다룬 조각은 전체 조각 중에 극소수에 불과하지만, 흥미롭게도 카주라호는 바로 이러한 조각 때문에 유명해졌다.

카주라호 사원군에 있는 조각들에 묘사된 여성은 대부분 반나체나 전라 상태로 풍만한 가슴과 펑퍼짐한 엉덩이, 가는 허리, 도발적인 눈빛 등을 지녀 섹시함이 넘친다. 또한 남녀 간의 각종 성행위 장면뿐만 아니라 심지어는 동물과 성행위를 하는 조각도 있어 보는 사람을 깜짝 놀라게 만든다. 여성의

고대 장인들은 반나체나 전라 상태인 여성들의 풍만한 가슴,
펑퍼짐한 엉덩이, 가는 허리, 도발적인 눈빛 등을 사실적으로 묘사했다.

성적 매력을 대담하게 묘사한 조각에서는 여성의 생식력에 대한 당시 사람들의 숭배와 경외심이 드러나는데, 이것이야말로 인도 에로틱 예술의 정수라 할 수 있다. 카주라호 사원군을 둘러보면 누구든지 고대 장인들이 표현하려던 신앙의 핵심이 신과 사람의 성행위에 대한 찬미라는 것을 느낄 수 있다. 그래서 거대한 고층 사원의 외부는 돌로 만든 신상으로 장식되었고, 마치 살아 있는 듯 정교한 조각은 인간 본성에 대한 힌두교의 관용정신을 매우 생동감 있게 반영했다.

밀림 속에서 우연히 카주라호 사원군을 발견한 영국인은 웅장하면서도 정교한 조각들을 보고 너무 놀라 절로 탄성을 질렀다고 한다. 심오한 기법으로 조각된 작품들은 에로티시즘에 대한 고대 인도인의 갈망과 찬미, 즐거움을 생동감 있게 표현했다. 우리는 그 속에서 시바 신을 숭상하던 당시 사람들이 시바의 생식기를 형상화한 링가를 숭배하고 에로티시즘을 널리 알리는 것을 신성하게 여겼다는 사실을 쉽게 눈치챌 수 있다.

수많은 미술사 책에서 언급되듯이 에로티시즘을 표현한 조각은 세계 각국에서 발견된다. 이 중에서도 고대 인도에서 만들어진 조각이 가장 감탄스러운데, 예컨대 2,000여 년 전의 모헨조다로 유적에서 출토된 청동으로 만든 나체 무희 조각상은 인더스 문명 시기 조각예술의 대표작이라 할 수 있다. 철학자 헤겔은 『미학』에서 "인도인이 묘사한 것 중에 가장 일반적인 것이 바로 생식이다. …… 생식이라는 신성한 활동은 묘사된 수많은 이미지 가운데 가장 감성적인 것으로, 남녀의 생식기는 가장 신성한 것으로 여겨졌다"라고

모헨조다로 유적   인더스 강 고대 문명의 요람이라고 할 수 있는 모헨조다로는 지금으로부터 4,500여 년 전인 청동기 시대에 건설되었다. 1922년에 발굴이 시작되어 도시의 전체 면적이 약 5제곱킬로미터에 달한다는 사실이 밝혀졌고, 생산도구와 생활용품, 인장, 장신구, 도기, 조각상 등이 발견되었다.

말했다. 확실히 고대 인도인은 사람의 몸, 특히 여성의 신체 비율과 특정 부위를 과장되게 표현했다. 유방은 항상 풍만하고 둥글며 봉긋하고, 생식기는 구체적인 형상에 더욱 신경을 써서 조각했다. 이것은 고대 그리스 예술과 완전히 다른 양식이다. 이런 면에서 카주라호는 고대 인도의 에로틱 예술을 집대성한 장소라고 할 수 있다.

하지만 카주라호 사원군을 둘러보는 많은 사람들은 성행위와 나체를 집중적으로 표현한 조각을 보면서 '왜 하필 조각에 성애를 묘사한 것일까?' '이렇게 대담하고 노골적으로 표현한 이유는 뭘까?' '여성의 에로틱한 신체적 유혹을 왜 유달리 과장하고 뽐내려 한 걸까?'라는 의문을 갖는다. 학자들은 이에 대한 해답으로 몇 가지 설을 제시했다. 첫째, 성애 조각은 암석에 새긴 인도의 성애 경전 『카마수트라』이거나 또는 성애 기술 지침서로, 세속의 성교육을 받을 수 없던 사원의 젊은 수행자들을 위한 것이었다. 둘째, 번개의 신인 인드라가 색정적이고 자극적인 것을 특히 좋아하기 때문에 에로시티즘을 다룬 그림을 새기면 사원의 안전을 위협하지 않을 거라고 생각했다. 셋째, 성애 조각은 밀교 의식의 도해圖解로, 불교 탄트라의 환희불歡喜佛과 유사하다. 탄트라 신비주의에 따르면 인간의 몸은 우주의 축소판이고, 우주의 생명은 남성의 성적 에너지를 상징하는 시바와 여성의 성적 에너지를 상징하는 샤

밀교 6~7세기에 힌두교가 인도 사회에서 점차 우위를 차지하면서 시바와 비슈누, 브라흐마 숭배가 성행했다. 그러자 불교는 힌두교와 민간신앙을 흡수해 점차 밀교密敎를 형성했고, 남인도와 데칸 고원 및 동인도에서는 금강승金剛乘과 역행승易行乘을 비롯한 여러 종파로 갈라졌다. 밀교는 고도로 조직화된 주술, 단장壇場, 의궤와 각종 신격 신앙이 특징이며, 삼밀三密 수행을 주장한다. 삼밀이란 진언眞言을 외우는 구밀口密, 손으로 수인手印을 맺는 신밀身密, 마음으로 불보살의 존상尊像을 바라보는 의밀意密을 통틀어 이른다. 삼밀이 서로 일치하는 경지에 이르러 즉신성불卽身成佛하는 것을 목표로 삼았다. 13세기에 자취를 감추었다.

크티(힌두교 최고의 여신—옮긴이)의 결합 산물이다. 따라서 남녀의 성교의식도 일종의 수행 방법이므로, 수행자들은 이를 통해 인간과 신의 합일을 실현해 영혼이 해탈의 경지에 이른다고 보았다. 어떤 학자들은 카주라호에 있는 많은 사원들이 찬델라 왕조 때 탄트라 성교의식을 거행한 장소였을지도 모른다고 생각한다. 심지어 과거 사원에서 『카마수트라』에 정통한 '사원 기생'을 키웠는데, 현재 전해지는 여성 나체 조각이 바로 사원 기생의 모습을 묘사한 것이라고 보는 사람도 있다. 넷째, 찬델라 왕조는 도덕적으로 느슨했던 사회로, 당시에는 이런 작품들을 음란하거나 외설적이라기보다는 오히려 일상적이고 아름다우며 즐거움을 주는 것으로 여겼다. 즉 카주라호 사원을 건설한 장인들은 그저 당시 사회 모습을 그대로 새겼을 뿐이라는 주장이다.

사원군이 발견된 이후 카주라호 사원군의 조각들은 지나치게 사실적인 표현 때문에 질타를 받았다. 19세기 서양인들은 카주라호를 언급할 때마다 음란이나 충격이라는 단어를 빼놓지 않았고, 금욕주의를 제창한 마하트마 간디는 이 조각들을 경멸해 전부 부숴버리고 싶어 했다고 한다. 하지만 다행히도 실제로 조각들을 허물지는 않았다. 오늘날 카주라호에는 해마다 호기심 많은 관광객과 동양의 인체예술을 느끼고 싶어 하는 학자들의 발걸음이 끊이지 않는다.

5장 | 성스러운 도시 바라나시

힌두교도가 생각하는 인생의 네 가지 즐거움은 바라나시에서 살고, 성인과 사귀며, 갠지스 강물을 마시고, 시바 신을 모시는 것이다. 바라나시에서는 이 중에 세 가지를 할 수 있다. 도시의 북쪽을 흐르는 바루나 강과 남쪽을 흐르는 아시 강이 갠지스 강과 만나는 곳에 위치한 덕분에 일찍이 고대 아리아인들이 중요하게 여겼고, 기원전 4~6세기에는 인도에서 가장 강력한 마가다 왕국의 영토로서 인도 학술의 중심지가 되었다. 또한 자이나교의 진정한 창시자인 마하비라가 태어난 곳이기 때문에 자이나교의 성지이기도 하다. 기원전 5세기에 불교를 창시한 석가모니는 바라나시에서 서북쪽으로 10킬로미터 떨어진 사르나트에서 최초로 설법을 시작했다.

힌두교도들은 갠지스 강이 지나가는 바라나시를 성스러운 도시로 여겨 숭배하고 있다.

바라나시는 역사보다 오래되었고, 전통보다 오래되었으며, 심지어 전설보다 오래되었다. —마크 트웨인

갠지스 강은 중상류에서 동남쪽으로 흐르면서 갠지스 평야를 촉촉하게 적시다가, 우타르프라데시 주 동부에 이르면 갑자기 동북쪽으로 방향을 바꾼다. 바로 이곳에서 인도 최고의 성지로 손꼽히는 바라나시가 탄생했다. 힌두교도들은 신성한 갠지스 강이 흘러가는 바라나시를 가장 신성한 도시로 숭배한다. 전설에 따르면 바라나시는 힌두교의 시바 신이 건설한 도시로, 비의 여신이 천국에서 뿌린 암리타(신들이 마신다는 불로장생 약—옮긴이) 네 방울 중

에 한 방울이 이곳에 떨어졌다고 한다. 바라나시라는 이름은 도시의 북쪽과 남쪽을 흐르는 갠지스 강의 지류인 바루나 강과 아시 강에서 비롯되었는데, 영국 식민지 시절에는 '베나레스'라는 영어식 발음으로 표기되었다.

힌두교도가 생각하는 인생의 네 가지 즐거움은 바라나시에서 살고, 성인聖人과 사귀며, 갠지스 강물을 마시고, 시바 신을 모시는 것이다. 바라나시에서는 이 중에 세 가지를 할 수 있다. 도시의 북쪽을 흐르는 바루나 강과 남쪽을 흐르는 아시 강이 갠지스 강과 만나는 곳에 위치한 덕분에 일찍이 고대 아리아인들이 중요하게 여겼고, 기원전 4~6세기에는 인도에서 가장 강력한 마가다 왕국의 영토로서 인도 학술의 중심지가 되었다. 기원전 5세기에 불교를 창시한 석가모니는 바라나시에서 서북쪽으로 10킬로미터 떨어진 사르나트에서 최초로 설법을 시작했다. 7세기에는 당 승려 현장이 이곳의 성지를 순례하고 『대당서역기』에 건축물, 주민 생활, 시장, 종교, 풍토에 관해 자세한 기록을 남겼다. 또한 자이나교의 진정한 창시자인 마하비라가 태어난 곳이기 때문에 자이나교의 성지이기도 하다.

세월이 흐르면서 이슬람 세력이 침입하고 무굴 제국의 통치를 받으면서 힌두교 색채가 짙었던 바라나시는 점차 쇠퇴했다. 하지만 지금도 바라나시에는 여러 왕조가 건설한 사원 2,000여 개가 남아 있고, 이 사원들은 각기 독특한 건축양식을 간직하고 있다. 해마다 수백만 명에 이르는 신도와 관광객이

마가다 왕국 고대 중인도의 왕국으로, 빔비사라 왕과 아자타샤트루 왕이 재위한 기원전 6세기 후반에 전성기를 구가했다. 당시 갠지스 강 남안의 비하르 주까지 영토를 확장했고, 수도는 라자그리하였다. 석가모니가 열반한 뒤에 아자타샤트루 왕의 적극적인 지원으로 라자그리하에서 제1차 불교대회를 거행했다. 기원전 413년에 마가다 왕국은 난다 왕조에게 전복되었고, 기원전 321년에는 찬드라 굽타가 난다 왕조의 수도 파탈리푸트라를 여러 차례 침공한 끝에 난다 왕을 내쫓고 마가다 왕에 올랐다. 그리고 파탈리푸트라를 수도로 한 강대한 마우리아 왕조를 건설했다.

참배를 하기 위해 무굴 제국의 아우랑제브 대사원이나 시바 신을 모시는 비슈바나타 사원, 수많은 원숭이가 살고 있는 두르가 사원 등을 찾고 있다. 겉모습은 오래되고 약간 낡았지만 바라나시는 오늘날에도 인도의 빛으로 칭송되고 있고, 게다가 인도인들이 신성하게 여기는 갠지스 강이 지나가는 곳이기까지 하니 그야말로 인도 최고의 성지라 할 수 있다.

시바 신이 머무는 곳

힌두교와 불교, 자이나교라는 3대 종교의 성지인 바라나시는 수많은 사원과 함께 오래된 신화와 전설을 간직하고 있다. 바라나시의 옛 이름은 카시로, 영적인 빛이 충만한 도시라는 의미를 갖고 있다. 전설에 따르면 시바 신이 바라나시를 6,000년 전에 건설했다고 한다. 그래서 힌두교도들은 "카시의 모든 돌은 시바 신이다"라는 말을 자주 하는데, 여기서 인도인이 바라나시를 얼마나 숭배하는지를 알 수 있다. 과거에는 일일이 다 둘러볼 수 없을 정도로 수많은 사원이 빽빽하게 들어서 있었고, 각 가정에서는 시바 신의 링가를 모셨다. 불행히도 자주 왕조가 교체되고 전란이 일어나면서 많은 사원이 불타 없어졌지만, 아직도 바라나시에 남아 있는 사원의 수는 적어도 2,000여 개에 달하며, 주민들이 매일 경건하게 모시는 작은 사원은 이보다 훨씬 많다. 게다가 사원마다 규모와 건축양식이 다르다.

인도인은 갠지스 강을 성스러운 강이자 여신의 화신化身으로 여겨 숭배한다. 아주 오래전에 갠지스 강은 종종 범람해 비옥한 땅을 망치고 소중한 생

시바는 파괴와 재생이라는 모순된 듯한 특징들을 하나로 결합시킨 힌두교의 주요 신이다.
그는 파괴자인 동시에 재건자며, 위대한 고행자이자 관능의 상징이다.
또한 춤과 음악을 즐기며 이를 관장하고, 분노에 찬 복수를 실행하기도 한다.

명을 앗아갔다. 그러던 어느 날 왕이 신에게 선조들의 죄업을 씻고 인류가 행복을 되찾을 수 있도록 갠지스 강의 물살을 잔잔하게 해달라고 기도했다. 이를 지켜본 시바 신이 히말라야 산맥 부근의 갠지스 강 상류로 내려와 풀어 헤친 자신의 머리 위로 용솟음치는 물줄기를 천천히 흐르게 해 양쪽 연안의 들판에 물을 대주었고, 덕분에 인류는 편안하고 풍요롭게 살 수 있게 되었다. 이때부터 힌두교는 갠지스 강을 신처럼 떠받들었고, 시바 신을 숭배하고 성스러운 갠지스 강물로 목욕하는 것이 힌두교도의 2대 종교활동으로 자리를 잡았다.

그렇다면 무한한 존경을 받는 시바 신과 관련해서는 어떤 이야기들이 숨어 있을까? 힌두교에서는 시바, 브라흐마, 비슈누를 3대 주신으로 섬긴다. 이 중에 시바는 파괴의 신으로, 인더스 문명 시기 생식의 신 파슈파티(동물들의 주인)와 『베다』에 등장하는 폭풍의 신 루드라가 전신이다. 시바는 생식과 파괴, 파괴와 재생이라는 이중성을 띠고 변화무쌍하게 외모를 바꿀 수 있다. 주로 링가, 공포, 부드러움, 초인, 삼면, 춤의 제왕, 자신과 배우자가 한 몸이 된 반남반녀 등 다양한 모습으로 나타나며, 이 중에 남성의 생식기인 링가는 시바의 근원을 상징한다. 힌두교 조각상에서 시바는 일반적으로 요가 고행자로 표현된다. 온몸에 재를 바른 채 땋은 머리에는 초승달을 달았고, 목에는 긴 뱀과 해골 목걸이를 걸쳤다. 허리에는 호랑이 가죽을 둘렀고, 네 손에는 삼지창, 도끼, 탬버린, 방망이, 사슴 가죽 등을 들고 있다. 눈은 세 개인데, 이마에 난 세 번째 눈에서 불을 내뿜어 모든 것을 태우고 잿더미로 만들어버린다. 전설에 따르면 시바는 카일라스 산맥에 머물며 황소 난디를 타고 다닌다.

어느 날 외출에서 돌아온 시바는 아내가 다른 남자와 사랑을 나누는 모습을 보고 분노한 나머지 아들의 머리를 베었다. 아들을 살려달라는 아내의 부탁에 시바는 아들의 목에 코끼리 머리를 붙여 코끼리 신으로 만들었다. 시바의 아내는 히말라야 산맥의 여신 파르바티로, 빛과 아름다움을 뜻하는 우마로도 불렸다. 파르바티와 우마는 요부와 정숙한 아내의 이미지를 동시에 갖고 있다. 그녀는 인도 토착민의 모신母神에서 기인했는데, 시바처럼 생식과 파괴의 이중성을 띠어 완전히 대비되는 부드러운 외모와 무서운 외모를 모두 가지고 있다. 시바와 파르바티 사이에는 코끼리 머리를 한 귀여운 신 가네샤와 무서운 전쟁의 신 스칸다라는 두 아들이 있다. 또 다른 아내인 두르가는 아름다운 외모에 살육을 일삼는 복수의 여신으로 여러 신을 대표해 물소 악마 마히사수라를 죽였고, 검은 여신 칼리는 흉악한 외모에 유독 피를 좋아하는 죽음의 신이다.

시바와 관련한 신화는 『브라흐마나』, 『우파니샤드』, 『푸라나』 같은 문헌에 자주 등장한다. 막강한 힘을 지닌 시바는 여러 신의 도움을 받아 단 한 발의 화살로 악마 셋이 만든 금으로 된 도시, 은으로 된 도시, 철로 된 도시를 파괴해 삼도三都 파괴자로 불렸다. 시바의 세 번째 눈은 아내인 히말라야 산의 여신이 그의 뒤에서 두 손으로 눈을 가리자 이마에 생겨났다고 전해진다. 이 눈에서 모든 것을 태우는 신의 불이 뿜어져 나와 시바는 우주의 주기적인 파괴 시기에 모든 신과 피조물을 죽일 수 있다. 그 단적인 예로 시바는 자신을 고행에서 벗어나게 한 사랑의 신을 불태워 재로 만들어버렸다. 시바의 무기

『**우파니샤드**』 『우파니샤드』는 기원전 9세기경에 쓰인 고대 인도의 철학서로, 『베다』의 마지막 부분이다. 현재 200여 종이 전해지는데, 초기 『우파니샤드』에는 『브리하드 아란야카 우파니샤드』, 『찬도기야 우파니샤드』, 『아이타레야 우파니샤드』, 『케나 우파니샤드』 등이 있다. 윤회와 해탈, 범아일여梵我一如 사상 등 수백 년 동안 전해진 인도 사상가들의 다양한 종교적 관점과 철학을 다루고 있다.

오래된 신화의 주인공인 시바 신을 오늘날의 인도인들은 여전히 숭배하고 있다.

로는 번개의 상징이자 폭풍의 신이라는 것을 뜻하는 삼지창과 칼, 방망이, 몸을 감고 있다가 순식간에 적을 향해 돌진하는 뱀 세 마리가 있다. 뱀 한 마리는 시바의 묶은 머리 위에 똬리를 틀고 있고, 다른 한 마리는 어깨 위나 목 주위를 감싸고 있으며, 나머지 한 마리는 허리를 감싸고 있다. 시바 신은 외모에서도 폭력적인 특징이 강조된다.

힌두교에서는 생식능력을 상징하는 링가가 창조력을 상징하기 때문에 시바에 파괴와 재생이라는 의미가 함축되어 있다고 여긴다. 그래서 성력파性力派와 시바파 신도들은 링가를 숭배한다. 신화에 따르면 브라흐마가 시바에게 세계를 어떻게 창조할지 상의했지만, 이를 이해하지 못한 시바는 바다 속으로 들어가 수행을 했다고 한다. 다시 돌아온 시바는 세계 창조가 이미 끝난 것을 알고 화가 나서 자신의 생식기를 잘라 인간 세상에 던졌다.

오랫동안 히말라야 산에서 수련에 몰두한 시바는 고행의 신으로도 불린다. 가장 엄격한 고행과 깊은 생각을 통해 그는 마침내 심오한 지식과 신비로운 힘을 얻었다. 전설 속에서 시바는 기쁠 때나 슬플 때 춤추는 것을 좋아

이슬람 세력에게 정복되어 500년 동안 지배를 받고, 다시 영국의 식민지배를 200년이나 받았지만, 여전히 바라나시에는 수많은 힌두교 사원이 남아 있다.

해 직접 사나운 춤과 우아한 춤을 만들어 춤의 왕이라는 뜻인 '나타라자'라고 불리기도 했다. 춤은 시바의 찬란한 빛과 우주의 영원한 운동을 상징하는데, 이 운동은 우주가 영원히 지속되도록 하기 위한 것이다. 하지만 한 시대가 막을 내릴 때 시바는 탄다바라는 춤을 추어 세계를 완전히 파괴하고 세계의 정신을 통합시킨다. 춤추는 시바는 오늘날까지 전해진 고대 인도의 시바상(像) 중에 가장 많으며, 화려한 옷을 입은 다른 신과 차림새가 전혀 어울리지 않는다.

도도하고 괴팍한 시바의 성격은 온화한 성격의 비슈누와 비교했을 때 더욱 두드러진다. 시바는 여러 신과 자주 다투고 이들의 제사를 망쳤다. 진정한 우주의 창조자 자리를 놓고 브라흐마와 다투다가 그의 머리를 베었다는 소문이 돌자, 분노한 신들이 시바를 공포의 살육자라는 뜻의 '바이라바'라고 부르기 시작했다. 악행에 대한 죗값을 치르기 위해 시바는 떠돌이 고행 생활을 할 수밖에 없었다. 흉물스럽고 성격은 난폭하며 돌아갈 집도 없이 더러운 거지꼴로 공동묘지에 출몰하는 시바의 모습을 보고 많은 신들이 비웃었다.

하지만 시바는 브라흐마와 비슈누처럼 카일라스 산맥에 자신만의 천국을 가졌다. 이곳은 그의 고행 장소이기도 하다.

성스러운 도시로 불리는 바라나시는 이슬람 세력에게 정복되어 500년 동안 지배를 받았고, 다시 영국의 식민통치를 200년 동안이나 받았다. 하지만 여전히 강렬한 힌두교 색채를 간직하고 있다. 혼잡하고 낡은 이 도시에는 각기 다른 시대에 다양한 건축양식으로 지어진 사원 2,000여 개가 남아 있어, 외지에서 온 참배객들이 주요 사원에 들러 한 번씩만 순례하는 데도 적어도 일주일은 걸린다. 대부분 힌두교 사원으로 웅장하고 휘황찬란한 사원도 있고, 정교하면서도 아기자기한 사원도 있고, 심하게 낡아 폐허가 돼버린 사원도 있다. 이 중 최고의 사원은 바로 황금 사원으로 불리는 비슈바나타 사원이다. 아주 오래전에 지어졌으나, 무굴 제국 황제가 파괴한 뒤 1776년에 재건되었다. 사원에 무려 800킬로그램에 달하는 황금이 사용된 첨탑이 있다는 사실이 널리 알려지면서 바라나시를 찾은 참배객에게는 꼭 들러야 할 사원으로 자리 잡았다.

부록

힌두교 3대 신

브라흐마

힌두교에서는 브라흐마를 모든 신의 우두머리로 여긴다. 브라흐마는 본래 우주정신을 상징하는 브라만을 인격화한 것으로, 점차 우주의 창조자이자 세계의 수호자로 인식되었다. 세계를 창조한 뒤에 땅이 계속 흔들리자 브라흐마는 뱀신에게 지하에서 땅을 지탱하라고 명령했고, 세계는 그제야 평온을 되찾았다. 브라흐마는 우주의 물을 떠돌던 황금알에서 부화했다고 전해지는데, 비슈누의 배꼽에 있는 연꽃 속에서 태어났다는 설화도 있다. 브라흐마의 형상은 때로는 잘생긴 성인이기도 하고, 때로는 흰 수염을 기른 노인으로 묘사되기도 한다. 머리가 네 개인 브라흐마는 백조를 타고 다닌다. 아내 사라스바티는 교육과 문화를 관장하는 여신으로, 남편의 엄지손가락에서 태어났다. 브라흐마는 아들이 열 명이 넘는데, 모두 아내가 낳지 않고 자신이 직접 만들었다. 아들의 아들들이 대를 이으며 세계의 수많은 피조물을 만들었다.

비슈누

비슈누는 세계의 번영을 유지하는 신으로, 『베다』에서는 세 걸음으로 우주를 건너간 이야기로 유명하다. 이 행위의 의미는 나중에 서사시 속에서 다른 역할로 파생되어 비슈누는 창조자 또는 최고신과 동일시되었다. 비슈누를 숭배하는 사람들은 브라흐마나 시바와 달리 굳이 최고신이라 밝히지 않아도 비슈누의 온화한 성격과 막강한 힘을 통해 충분히 그의 위대함이 드러난다고 생각한다. 네 개의 손은 각각 소라, 원반, 곤봉, 연꽃을 들고 있고, 때때로 파란색 피부에 왕족의 옷을 입은 잘생긴 청년으로 묘사되기도 한다. 메루 산의 바이쿤타에 있는 비슈누의 천국은 둘레가 12만 8,000여 킬로미터로, 전부 황금과 보석으로 지어졌다고 전해진다.

힌두교의 기원과 교리

기원전 1500년경에 북인도를 침략한 아리아인이 당시 고대 인도 서북부의 5강江 지역(지금의 펀자브 지역—옮긴이)에 최초로 가지고 온 종교는 4베다(『리그베다』, 『야주르베다』, 『사마베다』, 『아타르바베다』—옮긴이)였다. 이 시기에는 자신들이 잇따라 만들어낸 신을 숭배하는 다신교가 널리 퍼졌다. 기원전 800년경에 베다 시대의 사상은 점차 서북쪽에서 갠지스 강 유역의 중인도로 옮겨갔고, 다신교 숭배도 일신교, 즉 브라흐마에 대한 신앙으로 변했다. 이들은 브라흐마 신이 브라만(승려), 크샤트리아(귀족), 바이샤(평민), 수드라(노예)로 구성된 엄격한 네 계급을 창조했다는 이론을 제시

했고, 이는 당시 인도에서 널리 받아들여졌다. 그러나 이에 반대하는 사람들이 상키아 학파, 바이셰시카 학파, 요가 학파, 베단타 학파 등과 같은 여러 학파를 만들어 각자 자신들의 주장을 펼쳤다.

베단타 학파는 가장 근대적인 힌두교 학파의 토대를 이루고 있는 철학체계를 완성시켰다. 힌두교의 각 학파는 여러 시기에 다양한 해탈법을 추구했지만, 제사를 중시하고 신의 힘을 빌려 해탈을 추구하는 본질은 변하지 않았다. 베단타는 이와 달리 복잡한 제사의식을 반대하고, 브라만을 중심으로 사람들을 이끌며 마침내는 우주의 근본 진리인 브라만과 자아(아트만)가 같다는 사상, 즉 범아일여梵我一如라는 해탈의 경지에 도달할 것을 주장했다. 결국 '세계가 어떻게 형성되었는가'라는 문제의 답은 브라만과 신의 창조로 귀결되어, 브라만은 우주 만물의 창조자로 인식되었다. 이 이론의 기본 정신은 『성경』의 「창세기」에 언급된 이치와 같다.

세월이 흐르면서 힌두교 각 학파의 수행법도 극단적인 두 가지로 모아졌다. 하나는 쾌락주의로, 브라흐마의 손에서 창조된 사람들은 지금 생에서 온갖 쾌락을 만끽해야 한다고 주장한다. 다른 하나는 극단적인 고행주의로, 나체, 삭발, 연못에 뛰어들거나 먼지 털기, 단식 같은 무모한 고행을 통해 사후의 쾌락을 추구하려 했다.

영혼과 육체의 관계에 대해 힌두교는 생명이란 태어나면서 시작되고 죽어서 끝나는 것이 아니라 끝이 없는 일련의 생명 중 한 부분이며, 모든 부분의 생명은 전생의

　카르마(업)에 따라 결정된다고 본다. 즉 동물과 사람, 신의 존재는 모두 연속되는 과정의 한 부분이다. 선하고 품행이 올바른 사람은 하늘로 올라가고, 사악한 사람은 다음 생에 가축으로 태어난다. 모든 생명은 천상에서도 반드시 끝나기 마련이니 천상이나 인간 세상에서 쾌락을 추구할 수는 없다. 그래서 독실한 힌두교도는 해탈의 경지에 올라 불변의 상태에서 편히 쉬기를 소망한다.

　힌두교도는 소를 신의 화신化身으로 여겨 보호하고, 도살하지 않는다. 또한 소는 행복과 길조를 나타낸다. 이 밖에 갠지스 강을 성스러운 강으로 여겨, 해마다 수많은 기념일 행사와 제전을 이곳에서 거행한다. 힌두교도들은 성스러운 물로 피로를 풀고 질병을 몰아내며 죄악을 정화하기 위해 갠지스 강에서 목욕을 한다. 특히 성년식 때는 반드시 갠지스 강물로 목욕을 해야 한다.

최초의 설법지 사르나트

바라나시에서 북쪽으로 10킬로미터 떨어진 사르나트에는 매일 수많은 불교 신자들의 참배가 끊이지 않는다. 2,000여 년 전에 깨달음을 얻은 석가모니가 최초로 설법을 한 곳이기 때문에 사르나트는 고대 인도의 불교 4대 성지로 손꼽힌다.

불교의 『육도집경六度集經』에 따르면, 아주 오래전에 이곳은 산림 지역으로 두 무리의 사슴이 살고 있었다. 그런데 근처 왕국의 왕이 자주 사슴 사냥을 즐기자, 사슴 왕으로 변신해 있던 보살이 견디다 못해 왕에게 하루에 사슴을 한 마리씩 보내줄 테니 대신 이곳 사슴들을 더 이상 괴롭히지 말아달라고 부탁했다. 그러던 어느 날 새끼를 밴 어미 사슴이 왕에게 바쳐질 차례가 되자, 두 생명을 불쌍히 여긴 사슴 왕은 대신 제물이 되었다. 이 사실을 들은 왕은 크게 감동해 다시는 사슴 사냥을 하지 않겠다고 약속하고, 이 땅을 사슴의 극락정토로 만들었다.

깨달음을 얻은 석가모니는 지난날 자신과 함께 수행했던 다섯 명의 수행자가 생각났다. 한적한 사르나트에 머물고 있던 다섯 명의 수행자들은 석가모니가 왔다는 소식을 듣고도 반갑게 맞아주지 않았고, 석가모니가 이미 도를 깨우쳤다고 말해도 믿지 못했다. 석가모니는 자신의 깨우침을 증명하기 위해 인내심을 갖고 불법을 전했고, 결국 이들은 첫 번째 설법을 들은 비구이자 첫 제자가 되었다. 석가모니는 자신이 가장 중시했던 불佛, 법法, 승僧의 삼보三寶가 갖춰진 이때부터 인도 전역을 돌면서 설법을 하기 시작했다.

사르나트는 초전법륜지初轉法輪地(다섯 명의 수행자에게 석가모니가 최초로 설법을 한 곳이라는 의미—옮긴이)이자 미륵이 수기受記(부처로부터 내생에 부처가 될 거라는 예언을 받음—옮긴이)한 곳으로, 수백 년간 불교 신자들의 존경을 받았다. 특히 불교가 인도에서 번영한 시기에는 수많은 유적들이 세워졌다. 기원전 3세기에 마우리아 왕조의 아소카 왕은 불교를 적극 장려해 거대한 석주를 세우고, 여러 사원을 지었다. 쿠샨 왕조도 불교를 매우 중시해 사르나트를 보호하고 사원을 지었다. 이러한 노력 덕분에 사르나트는 오랫동안 문화와 종교의 중심지로 전성기를 구가했다. 5세기에는 중국 승려 법현이 이곳을 순례해 불법의 흥성을 직접 지켜보았다. 7세기에 당 승려 현장이 순례할 당시에 사르나트는 중요한 불교 중심지가 되어 있었다. 현장은 『대당서역기』 7권에서 사르나트를 다음과 같이 묘사했다.

불교 4대 성지　　석가모니가 탄생한 룸비니, 깨달음을 이룬 부다가야, 처음으로 설법한 사르나트, 열반한 쿠시나가라를 불교의 4대 성지로 부른다.

「육도집경」　　모두 8권으로 육도무극경六度無極經, 육도무극집경六度無極集經, 잡무극경雜無極經으로 불리기도 한다. 중국 삼국 시대에 강승회가 번역했다. 주로 석가모니가 보살이던 때의 91가지 전생 이야기를 모은 경집으로, 대승불교에서 말하는 육바라밀, 즉 보시布施·지계持戒·인욕忍辱·정진精進·선정禪定(비리야毘梨耶)·지혜智慧(반야般若)로 분류된 데서 이런 이름이 생겼다. 대승불교의 보살행菩薩行을 강조한다는 특징이 있다.

바라나시 부근의 사르나트는 불교 4대 성지 가운데 하나이지만, 10세기 이후 인도에서 불교가 급격하게 쇠퇴하면서 폐허가 되었다. 근대에 들어와 유적 발굴이 진행되었다.

커다란 담으로 둘러싸인 사르나트 사원은 여덟 구역으로 나뉜다. 사원 건물의 여러 층의 처마와 누각은 아름답기 그지없다. 이곳에 사는 승도 1,500명은 모두 소승불교의 정량부正量部(고대 인도의 불교학파—옮긴이)를 공부한다. 큰 담장 안에는 200미터 높이의 절이 있는데, 지붕에는 황금으로 조각된 암라과菴羅果가 있다. 사방에 있는 돌계단에는 벽돌로 쌓아 만든 불단이 있고, 백층이 넘는 계단에는 황금 불상이 새겨져 있다. 절 안에는 부처의 몸과 같은 크기로 설법하는 모습의 불상이 있다.

아쉽게도 10세기 이후 인도에서 불교가 급격하게 쇠퇴하면서 사르나트도 기울기 시작했다. 특히 1194년에 델리를 정복한 이슬람 군대가 사르나트를 무참히 짓밟으면서 점차 폐허로 변해, 돌보는 이 하나 없는 황량한 들판이 되었다. 전란이 빈번하게 일어나면서 대부분의 사원이 파괴되었고, 사원 터에도 잡초만 무성해졌다. 근대에 들어서 인도와 서구의 고고학자들이 현장이『대당서역기』에 기록한 내용을 바탕으로 유적지를 찾아 여러 차례 발굴을 진행했다. 1851년 이후 고고학자들이 발굴을 시작했고, 1905년에는 영국 식민정부가 발굴 경비를 공식적으로 지원했지만 진행 상황은 더뎠다. 지금까지 중앙 사원, 쿠마라데비 사원, 물간다 쿠티 사원, 다메크탑 등의 유적이 발굴되었다. 발견된 중요 유물로는 아소카 왕의 석주와 사암으로 만들어진 보살상을 비롯한 많은 불상이 있다. 이들은 현재 사르나트 고고학 미술관에 소장되어 있다. 이 중 아소카 왕의 석주 주두에 조각된 네 마리의 사자상은 인도의 국장國章으로 지정되었고, 5세기 때 사암으로 만든 초전법륜불좌상은 마투라불입상과 함께 인도 고전주의 예술의 쌍벽으로 불린다.

1950년부터 인도 정부는 발굴에 박차를 가했다. 사르나트가 복구되면서 이곳을 순례하는 세계 각국 불교 신도들의 발길도 갈수록 늘어나고 있다. 또

사르나트에서 발견된 유물을 보면 당시 이 도시의 번영을 조금이나마 느낄 수 있다.

한 주변에 중국 사원과 태국 사원, 미얀마 사원, 일본 사원 등이 들어서 과거의 아름다운 풍경이 점차 복원되고 있다.

　벽돌을 쌓아 높이 44미터의 원형으로 지은 다메크탑은 석가모니가 최초로 설법을 한 장소를 기념하기 위해 만든 것이다. 사르나트 유적지에서 가장 큰 탑으로, 기단에는 석재를 사용했다. 하부의 직경은 28.4미터, 높이는 13미터로, 팔면에 모두 정교한 문양이 부조되어 있다. 탑에 모시던 불상은 이미 없어졌다. 당 승려 현장은 『대당서역기』에 다음과 같이 묘사했다.

　절의 서남쪽에 불탑이 있는데 아소카 왕이 지은 것이다. 기단이 허물어지기는 했지만 높이가 100여 척에 달한다. 그 앞에는 70여 척에 이르는 돌기둥이 있다. 이 돌기둥은 옥처럼 매끄러우면서도 섬세하며 청동 거울처럼 환히 비춘다.

　다메크탑의 하층부는 땅 속에 묻혀 있어서 이슬람 세력의 파괴를 피할 수 있었다. 다메크탑에서 동쪽으로 90미터 떨어진 곳에는 물간다 쿠티 사원이 있다. 1931년에 스리랑카의 마하보디회(대각회大覺會, 인도와 그 밖의 지역에서 진행되는 불교 연구를 지원하기 위해 결성된 조직—옮긴이)에서 부다가야의 마하보디 사원을 모방해 지은 것으로, 불상 아래에 석가모니의 사리가 봉안되어 있다. 이곳은 석가모니와 다섯 비구가 우기雨期 동안 안거安居(한곳에 머무르며 수행하는 것—옮긴이)했던 곳이기도 하다. 본당에는 설법하는 석가모니를 모셨는데, 가부좌를 하고 전법륜인轉法輪印을 하고 있다. 이는 진리의 수레바퀴를 굴린다는 뜻으로 설법을 상징한다. 벽면 전체에는 일본 화가 고세쓰 노스가 석가모니의 생애를 표현한 멋진 프레스코화가 펼쳐진다.

현재 사르나트의 중앙 사원 정문은 부다가야식의 현대 건축으로 지어졌고, 사원은 정원식으로 아름다운 화단과 사슴 정원으로 둘러싸여 있다. 최초의 사원은 마우리아 왕조 아소카 왕 시대에 지어져 굽타 왕조기에 보수되었다가, 무굴 제국의 아크바르 황제가 재건했다. 지금의 사원은 1931년에 지은 것이다. 사원 동북쪽에 있는 거대한 보리수는 짙푸른 녹색에 잎이 무성한데, 부다가야의 보리수나무 가지를 옮겨 심었다고 한다. 석가모니가 이 나무 아래에서 처음으로 다섯 제자에게 설법한 것으로 유명하다. 지금 나무 아래에는 석가모니가 다섯 제자에게 설법하는 모습을 묘사한 조각상이 순례자들이 바친 화환에 둘러싸여 있다.

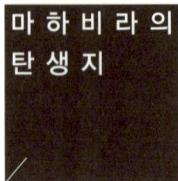

마하비라의 탄생지

힌두교와 불교, 자이나교는 고대 인도의 3대 종교다. 바라나시는 힌두교와 불교의 성지인 동시에 자이나교의 성지이기도 한데, 자이나교의 진정한 창시자 마하비라가 이곳에서 태어난 인연 때문이다.

기원전 599년의 어느 날 바이샬리(지금의 비하르 주 바사르 지방)의 교외에 있는 마을에서 자이나교의 24대 티르탕카라(구원자―옮긴이)이자 실질적인 창시자인 바르다마나(기원전 599~기원전 527)가 태어났다. 전통적으로 바르다마나는 기원전 599년에 태어났다고 받아들여지고 있지만, 학자들은 그가 석가모니와 동시대 사람으로 석가모니보다 나이가 어렸다고 추정해 출생 연대를 40년 정도 후대로 보고 있다. 바르다마나의 부모는 모두 크샤트리아 출신으로 아버지는 나타 부족의 왕이었다. 바르다마나는 부유한 가정에서 성장해 호화로운 생활을 누렸고, 결혼해 딸을 하나 두었지만 행복을 느끼지 못했다. 아버지가 돌아가시자 그는 고행을 결심하고 서른 살에 출가했다.

바르다마나는 우선 지위가 매우 낮고 심한 고난이 예상되는 파르슈바나타

교단에 입문했다. 첫해에는 여러 지방을 돌아다녔고, 두 번째 해에는 날란다 사원을 찾았다. 고생스러운 여정이 계속되면서 옷은 너덜너덜해졌고 결국 나체로 이곳저곳을 돌아다녔다. 날란다 사원에서 우연히 동행을 만나 함께 5년을 지내면서 첩자 또는 도둑으로 여러 번 의심을 받기도 했다. 결국 서로 뜻이 맞지 않아 헤어졌고, 다시 홀로 길을 떠났다.

바르다마나는 해마다 4개월 동안 지속되는 우기에만 한곳에 머물렀고 그 외에는 항상 이곳저곳을 돌아다녔는데, 이런 극단적인 고난 속에서 이루어진 수련은 12년 동안이나 계속되었다. 이 세월 동안 바르다마나는 깊은 성찰의 시간을 보내면서 극도의 고행과 가난을 견뎌냈다. 돈 한 푼 없이 돌아다니다가 나중에는 물을 마시거나 공양을 받기 위한 작은 그릇마저 포기하는 철저한 무소유의 삶을 실천했다. 그는 해충이 자신의 벌거벗은 몸 위를 기어 다니거나 물어도 죽이지 않았다. 성자가 떠도는 것이 흔한 인도였지만 사람들은 종종 바르다마나의 누추한 겉모습과 행동거지를 보고, 비웃거나 모욕하고 심지어는 때리기까지 했다. 하지만 그는 조금도 반항하지 않고 모든 아픔을 견뎌냈다.

마흔두 살이 되었던 고행 13년째에 바르다마나는 마침내 사라수 아래에서 깨달음을 얻었다. 이후 교단을 조직해 30여 년 동안 자신이 깨달은 진리를 설법하다가 기원전 527년에 파바에서 일흔두 살로 생을 마감했다. 그는 주로 오늘날 인도의 비하르 주와 서벵골의 서북부, 우타르프라데시 주의 동부, 오리사 주 등에서 활동했다.

인도 자이나교의 역사는 매우 오래됐다. 정통 자이나교에서는 바르다마나를 마지막 티르탕카라로 여기는데, 자이나교가 창시되는 과정에서 그보다 앞서 23명의 티르탕카라가 있었다. 하지만 신도들은 자이나교의 24대 티르

1 자이나교의 전설 속 1대 티르탕카라의 모습을 생생하게 그렸다.
2 자이나교의 실질적 창시자인 마하비라는 어떠한 생명도 살상하지 말라고 가르쳤다.

탕카라 바르다마나를 자이나교의 진정한 창시자로 여긴다. 그래서 제자들은 그를 위대한 영웅이라는 뜻을 지닌 '마하비라'로 높여 불렀다.

  자이나교의 초기 활동 중심지는 갠지스 강 유역이었다. 그러다 기원전 3세기에 마가다 지역이 12년 연속으로 기근에 시달리자, 중심지를 남인도 데칸 고원과 서인도 지역으로 옮겼다.

  1세기경에 자이나교는 백의파白衣派(슈베탐바라파)와 공의파空衣派(디감바라파)로 나뉘었고, 나중에는 두 파에서 다시 여러 파들이 생겨났다. 백의파는 남녀 차별 없이 교단에 받아들이고, 카스트의 모든 계급을 평등하게 대하며, 나체의 필요성을 부인하고 승려들이 흰옷을 입을 것을 주장한다. 또 출가해도 일정한 부를 소유하고 남녀 간의 결혼과 출산을 허락한다. 이들은 주로 인도의 라자스탄 주와 구자라트 주 등지에서 활동한다. 반면에 다소 보수적인 공의파는 고행을 중시하고, 여성을 차별해 사원 출입을 금지한다. 백의파의 주장을 반대하고, 승려들은 기본적으로 나체를 하며 가장 위대한 성인만이 전라를 할 수 있다고 여긴다. 이들의 주요 활동지는 남인도의 카르나타카 주와 우타르프라데시 주다.

자이나교는 8세기부터 12세기까지 인도 일부 지역의 통치자들이 적극적으로 장려한 덕분에 발전했다. 카르나타카 주와 구자라트 주 등지에 자이나교 사원이 많이 건설되면서 비폭력 사상이 널리 전파되었다. 12세기 이후에 아프가니스탄 군대와 이슬람 세력이 침입하면서 수많은 자이나교도가 살해되고 사원이 불타 큰 타격을 입었다. 13세기부터 쇠퇴기에 접어들었지만, 여전히 남인도의 타밀나두 주와 카르나타카 주 등지에서 비밀리에 활동했다.

15세기 중엽에서 18세기 사이에 자이나교는 몇 차례 역사적인 개혁운동을 일으켰다. 처음에는 구자라트 주의 백의파가 일으켰는데, 론카 싱이 이끌어 론카파 운동으로도 불린다. 우상 숭배와 번거로운 제사의식을 반대하는 취지에서 시작된 이 운동은 어느 정도 영향력을 발휘했다. 이후 18세기에 수라트 출신 라바의 지도 아래 스타나카바시파 운동이 일어나면서 종교개혁이 다시 시작되었다. 이와 동시에 자이나교의 나체파도 개혁운동을 벌였다. 북인도의 나체파에서 파생된 비스판티는 화려하고 웅장한 사원을 짓고 더 많은 신을 받들어야 한다고 주장했다. 그러자 우상 숭배와 번거로운 제사의식을 확고하게 반대하는 테라판티가 거세게 반발하고 나섰다. 이러한 개혁운동은 자이나교가 더욱 발전하는 데 긍정적인 영향을 주었다.

마하비라의 학설은 불교와 힌두교의 그것과 매우 비슷하다. 자이나교도는 사람의 죽음은 육체의 죽음일 뿐 영혼이 사람을 포함한 모든 생명체에 다시

바쳐진다고 믿는다. 이러한 사후 영혼의 환생이라는 사상은 자이나교의 기초가 되었다. 또한 자이나교도는 개인의 행동이 초래한 결과가 미래의 운명에 영향을 미친다는 카르마를 믿기 때문에, 개인의 영혼에 쌓인 무거운 죄악을 없애 영혼을 깨끗하게 정화하는 것을 목표로 삼는다. 자이나교도는 엄격한 고행도 강조하는데, 특히 단식으로 죽음에 이르는 것을 가장 높은 경지에 오르는 것이자 영광스러운 행동으로 여긴다.

자이나교에서는 불살생不殺生(아힝사), 즉 비폭력을 가장 중요하게 생각한다. 여기에는 인간뿐만 아니라 동물에 대한 비폭력도 포함된다. 자이나교도가 채식하는 이유도 바로 이러한 생각이 낳은 결과다. 독실한 자이나교도가 불살생 원칙을 지키는 정도는 일반인의 상상을 훨씬 뛰어넘는다. 파리를 죽이지 않는 것은 물론이요, 혹시나 자신도 모르게 곤충을 삼킬까 걱정해 어두운 곳에서는 음식을 먹지 않는다. 부유한 자이나교도는 길을 갈 때 자신이 무심코 벌레를 죽이는 일이 없도록 사람을 고용해서 길을 쓸도록 한다. 이와 같은 맥락으로 자이나교도는 어떠한 상황에서도 밭을 갈지 않는다. 그래서 자이나교도들은 농업 국가에 살고 있음에도 불구하고 아주 오래전부터 무역과 금융업에 종사했다.

마하비라가 직접 쓴 경전이 없기 때문에 자이나교는 힌두교의 일부 요소가 유입되는 것을 피할 수 없었다. 이는 자이나교에 매우 커다란 영향을 미쳐 점차 세습제도가 발전했고, 신에 대한 숭배를 표현하기도 했다. 이와 반대로 동물을 제사상에 올리는 것과 육식을 반대하는 자이나교의 사상이 힌두교에 영향을 미쳤다. 또한 자이나교의 비폭력주의는 인도 사상에 꾸준히 영향을 미쳐 근대까지 이어졌다. 예컨대 마하트마 간디는 자이나교도인 철학자 라지찬드라(1867~1900)의 영향을 크게 받았다.

오늘날 자이나교는 신도가 400만 명에 이르고 관련 조직도 수십 개일 정도로 인도 사회에서 어느 정도 영향력을 지니고 있다. 자이나교와 힌두교는 비슷한 점이 많아 힌두교에서는 자이나교도를 힌두교의 바이샤 계급으로 간주해 이들과 힌두교도 간의 결혼을 허용한다.

천국의 문

 전 세계 어디를 둘러봐도 인도인들이 갠지스 강을 대하는 것처럼 커다란 경애심을 느끼며 강을 숭배하는 민족은 없을 것이다. 인도인은 갠지스를 최고의 강이자 모든 것이 가능한 성스러운 강으로 여기며, 특히 힌두교도들은 갠지스 강에서 목욕을 하면 모든 죄업을 씻어내고 속세의 티를 벗어 죽은 뒤에 천국에 갈 수 있다고 믿고 있다. 갠지스 강이 흐르는 성스러운 도시 바라나시는 이러한 의식이 이루어지는 최적의 장소다. 자이나교의 진정한 창시자 마하비라도 바라나시에 많은 전설을 남겼기 때문에 자이나교도 역시 갠지스 강에서 죄업을 씻어낼 수 있다고 믿는다. 심지어 일부 인도화된 이슬람교도들까지 이러한 생각에 동참하고 있다. 오늘날에도 수백만 명의 인도인들에게 바라나시는 천국으로 향하는 문이다.
 바라나시를 찾는 사람이 많아지자 초승달 모양인 강가 양쪽에 자리 잡았던 왕조들은 잇따라 다양한 크기의 돌이나 콘크리트로 계단 형태의 부두인 가트를 만들어 사람들의 목욕재계와 예배에 편의를 제공했다. 오늘날에도 매

1 바라나시의 갠지스 강에서 목욕재계하는 것은 힌두교도가 생각하는 인생의 즐거움 가운데 하나로, 바라나시를 최고의 성지로 만들었다.

2 바라나시의 갠지스 강가에는 종교적인 정화를 위해 사람들이 목욕을 할 수 있는 계단 형태의 가트가 많다.

3 힌두교도는 죽은 뒤 갠지스 강에서 화장을 하면 시바 신의 도움으로 윤회의 끈을 끊고 천국으로 갈 수 있다고 믿고 있다.

일 아침 인도 각지에서 몰려든 순례자들로 가트는 인산인해를 이룬다. 순례자들은 강물 속에서 동쪽에서 떠오르는 태양을 향해 새벽 기도를 드린다.

가트와 관련된 재미있는 일화가 많은데, 우선 신디아 가트 이야기를 살펴보자. 1830년에 가트를 짓기 위해 무덤을 파냈는데, 놀랍게도 한 요가승이 그 안에서 눈을 감고 수행을 하고 있었다. 구경꾼 중에 섞여 있던 나병 환자를 본 요가승은 갠지스 강이 말랐다고 생각해 매우 슬퍼했다. 갠지스 강물로 나병 환자의 상처 부위를 씻으면 완전히 치유될 거라 생각했기 때문이다. 요가승은 다시 고개를 들어 유유히 흐르는 갠지스 강을 보고는 탄식하며 "아! 어두운 세상 때문에 갠지스 강물이 이미 그녀의 순결성을 잃었구나!"라고 말했다. 그러고는 옆에 있던 주전자 뚜껑을 열어 사람들에게 보여주었다. 안에 담긴 갠지스 강물은 놀랍게도 수정처럼 맑고 투명했다. 요가승은 가트 공사를 재개하라며 다시 수행길에 올랐다. 하지만 건축가가 아무리 고심해도 가트를 똑바로 지을 수 없었고, 결국 신디아 가트는 아직까지 바로잡지 못한 상태로 있다.

마니카르니카 가트는 1795년에 왕비의 지시로 짓기 시작했는데, 왕비가 갑자기 세상을 뜨는 바람에 나머지 부분을 지금까지도 완공하지 못했다. 가트 상부에 있는 마니카르니카라는 저수지에서 천연의 샘이 솟아나 항상 바깥쪽으로 물이 흐르는데, 이 저수지에서 비슈누 신을 볼 수 있다는 이야기가 전해진다. 전설에 따르면 비슈누 신이 애지중지하던 보석 귀걸이가 이곳에 떨어졌기 때문에 이 가트를 마니카르니카로 부른다고 한다. 마니는 보석, 카르니카는 귀걸이라는 뜻으로, 합치면 보석 귀걸이라는 의미다.

힌두교도는 죽은 뒤 갠지스 강에서 화장을 하면, 이곳을 떠도는 시바 신의 도움으로 윤회의 끈을 끊고 세상에 다시 태어나는 고통을 피해 천국으로 갈

수 있다고 믿는다. 그래서 수많은 힌두교도는 죽은 뒤에 성스러운 갠지스 강에 유골이 뿌려지기를 간절히 바란다. 이 소원을 들어주기 위해 유족들은 아주 먼 곳에서 이곳까지 유해를 운반해오기도 하고, 아예 갠지스 강가에서 죽음을 기다리며 하루빨리 해탈하기를 바라는 환자와 노인도 있다. 그래서 갠지스 강가의 가트에는 여기저기에 시체를 태우는 시설이 설치되어 있다. 힌두교도들은 이 모든 과정을 끝내는 것이 자신들의 일생에서 가장 행복한 순간이라고 생각한다.

6장 | 불교문화의 기록 파트나

비하르 주 동부 갠지스 강 남쪽에 자리 잡은 파트나는 2,500여 년에 이르는 역사를 갖고 있다. 옛 이름은 파탈리푸트라로, 석가모니 시대에 정치와 문화 중심지였다. 마가다 왕국 마우리아 왕조의 수도로,『불국기』에서는 파연불읍,『대당서역기』에서는 파타리자라고 불렀다. 파탈리푸트라는 한때 인도 전역에서 가장 큰 도시로 전성기를 누렸다. 역사기록을 살펴보면 당시 파탈리푸트라 성은 길이 15킬로미터, 너비 2.8킬로미터에 달했고 넓은 수로로 둘러싸여 있었다. 방어벽에는 성루가 570개, 성문이 64개 있었고, 왕궁 정원에서 공작을 키웠다고 한다. 4세기 이후 파탈리푸트라는 굽타 왕조의 수도가 되었다. 하지만 당 승려 현장이 7세기에 인도를 여행했을 당시는 이미 쇠락해 잡초만 무성했다.

갠지스 강 연안에 있는 파트나는 오늘날 인도 북부 비하르 주의 주도로,
2,500여 년의 역사를 갖고 있는 오래된 도시다.

중상류 2,000킬로미터의 물길에서 수많은 도시를 돌보며 찬란한 역사를 만든 고대 갠지스 강의 진정한 기적을 꼽으라면, 단연 인도 동북 지역의 중심 도시인 파트나다. 실제로 고대 인도는 이곳에서 최초로 위대한 황금시대를 꽃피웠다.

비하르 주 동부 갠지스 강 남쪽에 자리 잡은 파트나는 2,500여 년에 이르는 오랜 역사를 갖고 있다. 파트나라는 이름의 유래는 고대 문헌에서 많이 찾아볼 수 있다. 『푸라나』를 보면 시바의 아내인 사티의 몸이 51개 조각으로 쪼개져 땅에 떨어졌는데, 각 장소가 샤크티파(힌두교에서 최고의 여신인 샤크티를 숭배하는 종파—옮긴이)의 성지가 되었다고 한다. 이 중에 그녀의 옷 파트가 떨어진 곳이 바로 파트나다.

기원전 5세기에 마가다 왕국의 수도로 건설되어 마우리아 왕조의 아소카 왕 시기에는 정치 중심지가 되었다. 4세기에 굽타 왕조의 수도가 되었으나, 차츰 쇠퇴해 7세기에는 완전히 황폐해졌다. 근대에 들어와 무굴 제국 시기에 활기를 되찾으면서 오늘날 비하르 주의 주도가 되었다. 오랜 역사 속에서 파트나는 공격받고 파괴되어 복원하기를 여러 번 반복하면서 도시 이름도 파탈리푸트라, 쿠수마푸라, 마우리아, 파트나 등으로 계속 바뀌었다.

갠지스 강 유역의 다른 도시에는 없는 파트나만의 가장 큰 특징은 바로 불교문화의 흔적이다. 인도는 불교의 발원지로, 특히 마우리아 왕조 시기에 통치자들의 적극적인 보호와 장려에 힘입어 한때 국교가 되기도 했다. 비록 세월이 흐르면서 불교가 점차 쇠퇴해 힌두교와 이슬람교에 자리를 내주었지만, 오늘날 파트나와 주변 지역에는 여전히 수많은 불교 유적이 발굴되고 있다. 그래서 파트나는 부처의 광명이 비추는 도시로 널리 알려졌다.

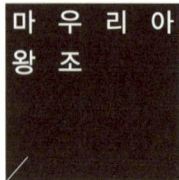

마우리아 왕조

파트나의 옛 이름은 파탈리푸트라로, 석가모니 시대에 정치와 문화 중심지였다. 마가다 왕국 마우리아 왕조(기원전 321~기원전 185)의 수도로,『불국기佛國記』에서는 파연불읍巴連弗邑,『대당서역기』에서는 파타리자波吒釐子라고 불렀다. 파탈리푸트라는 한때 인도 전역에서 가장 큰 도시로 전성기를 누렸다. 역사기록을 살펴보면 당시 파탈리푸트라 성은 길이 15킬로미터, 너비 2.8킬로미터에 달했고 넓은 수로로 둘러싸여 있었다. 방어벽에는 성루가 570개, 성문이 64개 있었고, 왕궁 정원에서 공작을 키웠다고 한다. 4세기 이후 파탈리푸트라는 굽타 왕조의 수도가 되었다. 하지만 7세기에 당 승려 현장이 인도를 여행했을 때는 이미 쇠락해 잡초가 무성했다.

왕조의 창건자 찬드라굽타

불교 경전에 따르면 기원전 6세기부터 기원전 5세기까지 인도에는 마가다,

카시, 코살라, 쿠루, 판찰라, 간다라 등을 포함한 16개 왕국이 있었다.

마가다 왕국의 빔비사라 왕은 라자그리하를 수도로 정했고, 이후 빔비사라의 아들 아자타샤트루가 즉위해 밧지, 코살라, 카시, 앙가 등을 병합하면서 벵골과 비하르를 포함한 갠지스 강 유역으로 세력을 확장했다. 기원전 450년에 아자타샤트루 왕의 아들 우다야가 파탈리푸트라를 왕국의 수도로 삼았다. 하지만 기원전 413년에 마가다 왕국은 난다 왕조에게 전복되었고, 그 후 난다 왕조 통치 말기에 마케도니아의 알렉산드로스 왕이 인도를 침략해 북인도의 정세는 더욱 불안해졌다.

기원전 321년에 마가다 왕국의 귀족 찬드라 굽타는 브라만 출신의 재상 카우틸랴의 도움을 받아 난다 왕조의 수도 파탈리푸트라를 점령하고 왕위에 올랐다. 아울러 대규모 군대를 조직해 마케도니아의 알렉산드로스 왕이 인더스 강 유역에 건설한 군사요새를 공격해 펀자브를 장악하고 북인도를 통일했다. 이후 갠지스 강 유역 대부분을 정복해 인도 역사상 최초의 통일제국을 건설했다. 마우리아 귀족 출신인 찬드라 굽타는 제국의 이름도 마우리아 왕조라고 지었다. 바로 이 시기에 불교가 탄생했기 때문에 역사가들은 이때를 초기 불교 시대라고 부르기도 한다.

왕 중의 왕으로 불리는 찬드라 굽타의 초기 생애는 지금까지도 알려진 게 거의 없다. 그의 성 마우리아를 통해 공작새를 키우던 가문에서 자랐다는 주장이 제기되었는데, 이는 비교적 낮은 계급 출신임을 의미한다. 이 밖에 난다 왕조의 후손과 여자 하인 사이에서 태어난 사생아였다거나, 크샤트리아 또는 수드라 계급 출신으로 부족의 수장이었던 아버지가 전쟁 중에 일찍 죽었다는 주장이 제기되었다.

외롭고 쓸쓸한 유년 시절을 보낸 찬드라 굽타는 마가다 왕에게 쫓겨나 온갖 고생을 했다. 기원전 326년에 마케도니아의 알렉산드로스 왕은 인더스 강 유역에 막강한 지도자가 없는 틈을 타 수많은 제후들을 순식간에 굴복시켰다. 마침 이 시기에 펀자브에 있던 찬드라 굽타는 알렉산드로스 왕을 뵙기를 청했으나, 당대 최고의 정복자로 전쟁의 신으로까지 불리던 알렉산드로스의 눈에 새파란 젊은이가 들어올 리 없었다. 찬드라 굽타는 버릇없는 언행 때문에 죽을 뻔한 위기에 놓였지만 운 좋게 도망친 뒤에, 자신을 성공의 길로 안내해준 브라만 출신의 책략가 카우틸랴를 만났다. 한눈에 찬드라 굽타의 재능을 알아본 카우틸랴는 그가 군대를 조직할 수 있도록 물심양면으로 도왔다. 찬드라 굽타의 뛰어난 지도력을 바탕으로 군대는 곧 막강한 세력으로 성장했고, 패기가 넘치던 찬드라 굽타는 마가다 왕국으로 시선을 돌렸다. 당시 난다 왕조의 통치 아래 있던 마가다 왕국은 20만 명의 병사와 수천 마리에 이르는 전투 코끼리와 전차를 보유하고 있었다. 하지만 찬드라 굽타는 난다 왕조의 방어선을 순식간에 무너뜨리고 파탈리푸트라를 손에 넣었다. 기원전 321년에 찬드라 굽타는 난다 왕조를 멸망시키고 왕이 되었는데, 이때 수도는 파탈리푸트라에 그대로 두었다. 이것이 바로 역사 속 마우리아 왕조의 시작이다.

이때 찬드라 굽타를 신경조차 쓰지 않았던 알렉산드로스는 이미 죽은 뒤였고, 알렉산드로스가 건설한 제국은 순식간에 붕괴해 수하 장군들이 나눠 가진 상태였다. 찬드라 굽타는 기병 3만 명, 전투 코끼리 9,000마리, 보병 60만 명의 대군을 조직해 알렉산드로스가 인더스 강 유역에 지은 군사요새를 공격하고 펀자브를 점령해 영토를 벵골 만에서 아라비아 해로 확장했다. 또 남쪽으로 내려가 중인도의 여러 국가를 공격해 영토를 데칸 고원까지 확장하면서 인더스 강 유역과 갠지스 강 유역은 역사상 처음으로 통일제국의 통치

오늘날까지 웅장한 위엄을 자랑하는 여러 건축물들은 마우리아 왕조의 화려했던 과거를 증명해준다.

를 받게 되었다.

찬드라 굽타는 중앙집권적인 전제정치를 펼쳐 군사와 행정, 입법, 사법을 독단으로 처리하고, 600만 명 규모의 상비군을 조직해 훈련시켰다. 생산을 늘리고 경제를 매우 중시했으며, 운하를 전문적으로 관리하는 부서를 설치해 농업 발전을 촉진하고, 전국적으로 도량형을 통일했다. 이 시기에는 수공업이 빠르게 발전해 금은과 구리, 철을 이용해 각종 생활용기와 장식품, 무기를 만들었고, 섬유, 보석, 상아제품 등도 발달했다. 상업의 번성으로 국내에 파탈리푸트라와 라자그리하 같은 대도시가 발전했다. 도로에 역참을 설치하고, 200미터마다 기둥을 세워 거리를 표시하는 도로체계도 갖추었다. 대외적으로는 영토 확장을 시도해 먼저 남인도로 진격해 국경을 마이소르까지 넓혔다.

승승장구하던 찬드라 굽타는 기원전 305년에 셀레우코스 1세라는 막강한 적수를 만났다. 알렉산드로스의 아시아 영토를 이어받은 셀레우코스 1세는 군대를 이끌고 펀자브를 침략해 인도에 대한 통치권을 되찾으려 했다. 적지 않은 나이였지만 찬드라 굽타는 녹슬지 않은 기량으로 치열한 접전을 벌였다. 기원전 302년에 양측은 강화조약을 맺어, 셀레우코스는 찬드라 굽타의 펀자브 지역 통치를 인정해 인더스 강 이남의 일부를 넘기고, 자신의 딸을 시집보냈다. 이로써 마우리아 왕조의 영토는 서북쪽으로 좀 더 확장되었다.

셀레우코스 1세(기원전 358/354~기원전 281) 마케도니아의 정치가이자 셀레우코스 왕조의 창시자다. 기원전 333년에 알렉산드로스 왕의 동방원정에 참여했고, 인도와의 전투에서 뛰어난 기량을 발휘해 유명해졌다. 알렉산드로스 왕이 죽은 뒤 여러 장군이 각각 군대를 조직하고 독립하면서 마케도니아 제국이 붕괴되자, 기원전 312년에 아시아로 돌아와 셀레우코스 왕조를 세웠다. 그 후 동쪽 국경을 박트리아와 시르다리야 강, 인더스 강 유역까지 확장했다. 기원전 305년에는 인도 북부에서 마우리아 왕조의 찬드라 굽타와 전투를 벌였다.

찬드라 굽타는 그 대가로 셀레우코스 1세에게 코끼리 500마리를 주고, 이집트 정벌을 지원했다. 강화조약을 체결함으로써 마우리아 왕조의 지위는 더욱 굳건해졌고, 이집트의 프톨레마이오스 왕조와 셀레우코스 왕조가 파탈리푸트라에 외교사절을 파견했다.

당시 인도에서는 불교가 번성했지만 찬드라 굽타는 독실한 자이나교도였다. 마지막 티르탕카라인 바르다마나가 기원전 6세기에 창시한 자이나교는 영혼의 해탈과 카르마, 윤회설을 믿으며, 비폭력, 불살생, 선을 행하라고 주장한다. 하지만 금욕과 고행을 수련하는 면에서는 불교와 힌두교보다 훨씬 엄격하고, 일부 교파는 심지어 나체 수행을 통한 무소유를 주장한다. 자이나교에 귀의한 찬드라 굽타는 기원전 300년에 아들 빔비사라에게 왕위를 물려준 뒤 산 속에서 고행을 했고, 결국 자이나교의 수행법대로 단식을 통해 생을 마감했다.

찬드라 굽타가 아들 빔비사라에게 남겨준 광활한 영토, 무소불위의 권력, 화려한 영광은 과거의 어떤 왕도 누리지 못한 것이었다. 찬드라 굽타가 일군 제국은 이후 아들 빔비사라와 손자 아소카의 노력으로 더욱 발전했다.

전 륜 성 왕   아 소 카

인도에서 아소카 왕은 가장 유명한 인물이자 찬란했던 고대 인도 역사의 상징이다. 아소카 왕은 고대 인도 마우리아 왕조의 3대 왕으로 무우왕無憂王으로도 불린다. 할아버지 찬드라 굽타는 마우리아 왕조를 세웠고, 아버지 빔비사라는 국가의 기틀을 확고히 다지고 남쪽으로 영토를 확장했다. 아소카 왕은 할아버지와 아버지 양대에 걸쳐 이룬 위대한 업적을 이어받아 더욱 찬란한

1 아소카 왕 석주 주두에 있는 네 마리 사자상의 도안이다.
2 아소카 왕의 석주 조칙은 대부분 치세 동안 일어난 여러 사건과
  그의 사상과 활동 등을 기록했다. 이를 통해 아소카 왕의 생애와 업적을 엿볼 수 있다.

공적을 남겼다.

  아소카 왕의 어머니는 브라만 계급 출신으로 미모가 매우 뛰어났는데, 어느 날 점술가가 그녀의 관상을 보고 미래에 왕비가 되어 두 아들을 낳는데, 이 중 한 명이 위대한 황제가 될 거라고 예언했다. 그러자 그녀의 아버지는 딸을 데리고 당시 마우리아 왕조의 수도 파탈리푸트라에 가서 왕실 후궁의 수발을 드는 시녀로 들여보냈다. 후궁은 그녀의 빼어난 외모에 놀랐을 뿐만 아니라 예언까지 듣자, 왕이 그녀를 보지 못하도록 특별히 경계했다. 하지만 영특한 소녀는 경비가 소홀한 틈을 타 빔비사라 왕을 만나 왕비가 되는 기회를 잡았다. 그 후 점술가의 예언대로 그녀는 두 아들을 낳았는데, 한 아들은 수도자가 되었고, 다른 한 아들은 왕이 되었다. 그 왕이 바로 아소카다.

  어린 시절 아소카는 장난이 심하고 부왕의 명령을 자주 거역해 노여움을 샀다. 빔비사라 왕은 아들의 버릇을 고쳐주기 위해 5강 지역에 반란이 일어

나자 아소카를 토벌대로 보내면서 전차나 코끼리 부대를 전혀 지원해주지 않았다. 하지만 아소카가 온다는 소식을 들은 5강 지역의 백성들이 스스로 반란을 그만둬, 아소카가 도착했을 때는 이미 진정 국면에 들어간 뒤였다.

불교 경전에 따르면 아소카 왕은 어렸을 때부터 불심이 지극했고, 특히 석가모니를 숭배해 심신의 고통을 극복하고 마침내 부처가 되는 이야기를 좋아했다고 한다. 아소카는 형제들에게 불교는 개인의 욕망을 이겨내고 자신의 본분을 지키는 방법을 알려주는 종교로, 국가를 다스리는 데 매우 유용하다고 말했다고 전해진다. 하지만 젊은 시절 아소카의 행동에서는 이런 점을 전혀 찾아볼 수 없었다.

기원전 273년에 빔비사라 왕이 위독해지자 왕자와 제후 들은 잔혹한 내전을 벌였고, 아소카 역시 왕위 쟁탈전에 휘말리는 것을 피할 수 없었다. 동서고금을 막론하고 왕위 쟁탈전에는 항상 피비린내와 잔혹함이 빠지지 않지만 아소카는 그 정도가 심했다. 그는 형제자매 99명을 처참하게 살해했다고 한다. 4년 동안 치른 전쟁에서 반대 세력을 모두 제거하고 성대한 즉위식을 거행한 아소카는 왕이 된 뒤에도 여전히 가혹한 형벌로 나라를 다스렸다. 당시 사람들은 수도 파탈리푸트라 북부에 있는 감옥을 아소카 왕의 감옥으로 불렀는데, 감옥 안에서는 간수들이 각종 형구를 이용해 죄인들을 잔인하게 고문했다. 아소카는 누구든지 이 감옥에 한 번 들어가면 살아나갈 생각은 하지 말라는 명령을 내렸다.

대외 정책 면에서 아소카 왕은 할아버지 찬드라 굽타의 확장정책을 이어나갔다. 그 일환으로 인도 남부 지역을 통일하기 위해 전쟁을 일으켜 시바국 등을 정복했는데, 이 중 가장 규모가 컸던 전쟁이 칼링가 원정이었다. 벵골만 연안에 자리 잡고 있던 칼링가국은 보병 6만 명, 기병 1만 명, 전투 코끼리 수백 마리를 보유한 군사 강국이었을 뿐만 아니라, 해외무역이 발달해 경제적으로도 부유했다. 기원전 262년에 아소카 왕은 본격적으로 칼링가국을 침략했다. 칼링가국 백성은 용감하게 싸우며 완강히 저항했지만, 격렬한 전투 끝에 아소카 왕의 용맹한 전사들이 마침내 칼링가국의 수도로 돌진했다. 병사들의 외침이 여기저기 울려 퍼졌고 전쟁터에는 불길이 높이 치솟았다. 치열하게 벌어진 전투로 하룻밤 사이에 병사 10만 명이 목숨을 잃었고, 포로로 끌려간 사람이 15만 명에 달하는 참극이 벌어져 차마 눈 뜨고 볼 수 없을 정도였다. 이 전쟁으로 마우리아 왕조는 인도 통일의 기반을 마련했다. 영토는 타밀을 제외한 인도 전역 대부분과 아프가니스탄 지역을 포함했고, 마우리아 왕조의 통치는 더욱 굳건해졌다.

　이 전쟁은 아소카 왕의 인생과 인도 역사에 전환점이 되었다는 점에서 매우 중요하다. 인도에는 다음과 같은 이야기가 널리 전해진다. 어느 날 불교 신자 한 명이 아무런 이유 없이 아소카 왕의 감옥에 갇혔다. 간수가 그를 물이 펄펄 끓는 솥에 집어넣자 희한하게도 순간 물이 조금도 끓지 않았다. 간수는 이를 왕에게 보고했고, 이 일을 계기로 아소카 왕은 불교에 관심을 갖게 되었다. 이때가 바로 칼링가 원정에서 병사 10만 명이 죽고 포로 15만 명이 잡힌 참극이 벌어진 때다. 피비린내가 진동하고 시체가 산처럼 쌓여 있는 모습을 본 아소카 왕은 양심의 가책을 느끼며 크게 후회했다. 어려서부터 마음속 깊이 자리하고 있었으나 권력욕에 눌려 있던 불성이 되살아나 측은지심을 자극했다. 그 후 아소카 왕은 불교 고승과 오랜 대화를 나눈 끝에 불문에 귀의하기로 마음먹고 통치방식을 완전히 바꿨다. 이렇게 해서 흑黑아소카 시대에서 백白아소카 시대로 넘어가는 과도기가 시작되었다.

　불교에 귀의한 아소카 왕은 잔혹한 전쟁이 벌어지면 백성이 얼마나 크나큰 고통을 겪는지를 깨달았다. 그는 칼링가국 백성이 겪은 아픔에 대해 "진심으로 걱정하고, 뼈저리게 후회한다"는 내용의 칙령을 발표했다. 또한 온 백성에게 "다시는 전투 북소리가 울리지 않을 것이며, 대신 모든 인간이 지켜야 할 윤리인 다르마[正法]의 소리를 듣게 될 것이다. 앞으로 공포정치와 전쟁 대신 불법을 널리 알리는 데 진력하겠다"라고 선포했다. 그리고 어쩔 수 없이 전쟁을 하더라도 살상을 최소화겠다고 덧붙였다. 이때부터 아소카 왕은 주변 국가에 군대가 아닌 불법을 전하는 승려를 보냈다. 또한 말 못하는 동물을 보호했고, 육류, 생선, 심지어 계란도 먹지 않았다. 불교를 국교로 선언하고 조칙과 다르마 정신을 암석과 석주에 새겼다. 아소카 왕 석주의 주두에는 다음과 같은 내용이 새겨져 있다.

모든 사람에게 자비로워야 한다. 부모를 공경하는 것은 물론이요, 친척과 친구뿐만 아니라 타인도 잘 대해주어야 한다. 또한 중생이 평등하듯이 동물의 생명도 존중해야 한다. 다리를 세우고 길을 닦고 나무를 심고 정자를 만드는 것처럼 대중에게 도움이 되는 선행을 해야 한다. 다른 종교에 관용을 베풀어 자이나교와 브라만교에 합당한 지위를 부여하고, 교파 간의 상호 공격은 엄격하게 금한다.

이러한 내용은 불교의 기본 정신을 구현했을 뿐만 아니라 아소카 왕의 통치에도 도움이 되었다. 아소카 왕은 불교 승려들에게 막대한 재산과 토지를 보시했고, 전국에 많은 불교 건축물을 지었다. 인도 전역에 그가 세운 불사리탑이 총 8만 4,000기나 된다고 한다. 불교 교파 간의 분쟁을 없애기 위해 고승 모갈리푸타 티사를 초청해 파탈리푸트라에서 제3차 상기티(결집)를 열었다. 이 자리에 참석한 비구 1,000명은 경전을 정리해 『논사論事』를 편찬했다. 변경 지역과 주변 국가에는 왕자와 공주를 포함한 포교단을 파견해 불교를 전파했는데, 스리랑카, 미얀마, 시리아, 이집트 등지에는 이들이 다녀간 흔적이 아직도 남아 있다. 스리랑카에 불교를 전파한 인도 공주는 많은 승려와 불교 경전뿐만 아니라 신성한 보리수 가지를 가져가서 직접 이곳에 심었다고 한다. 보리수는 지금까지 스리랑카에서 잘 자라고 있다. 이를 계기로 불교는 인도를 뛰어넘어 세계적인 종교로 발전할 수 있었다. 불교의 창시자는 석가모니지만, 널리 전파한 공은 아소카 왕에게 돌려야 한다.

 불교를 널리 알린 업적 외에도 아소카 왕은 백성에게 많은 선행을 베풀었다. 가로수를 심고, 3리마다 우물을 파고, 행인들이 쉴 수 있는 휴게소를 세웠다. 긴급 상황에 이용할 수 있도록 주요 도로의 교차점 부근에 곡식 저장 창고를 설치하고, 농업 생산량을 늘리기 위해 각지에 운하와 저수지를 파고 관개시설을 정비했다. 이 밖에 많은 환자를 수용할 수 있는 병원을 지었고, 심지어 가축병원도 세웠다(아마 이것이 세계 최초의 가축병원일 것이다). 위대한

상기티   불교 용어로 합송合誦 또는 회의會議라는 의미로, 불교 신도들이 모여 석가모니의 학설을 함께 암송하고 토론과 평가, 심사를 거쳐 최종적으로 문자로 나타내 경전을 편찬하는 회의를 말한다. 불교 역사에서 상기티의 횟수에 관한 남방불교와 북방불교의 문헌기록이 일치하지는 않으나, 두 문헌을 종합해 보면 총 네 차례의 상기티가 열렸다.

보리수   사유수思惟樹라고도 한다. 뽕나무과의 상록 활엽수로 잎은 전체적으로 평평하고 매끄러우며 수관樹冠(나무 위쪽의 가지와 잎이 무성해 갓 모양을 이룬 부분—옮긴이)이 매우 크다. 열대우림 기후에 적합한데, 원산지는 인도, 미얀마, 스리랑카다. '보리'는 깨달음 또는 지혜라는 뜻의 산스크리트어로 갑자기 잠에서 깨거나 몰입해 완전한 깨달음을 얻었을 때, 불교의 참뜻을 문득 깨달았을 때, 해탈의 경지에 이르렀을 때 등에 사용된다. 전설에 따르면 석가모니가 바로 보리수 아래에서 이레 동안 명상에 잠기면서 온갖 사악한 유혹을 뿌리치고 정각正覺(올바른 깨달음—옮긴이)을 얻어 비로소 부처가 되었다. 그래서 불교에서는 줄곧 보리수를 성스러운 나무로 여겼고, 인도에서는 국수國樹로 지정했다.

슝가 왕조(기원전 187~기원전 75)   왕조의 창시자인 푸시아미트라는 마우리아 왕조의 마지막 왕을 군대 열병식에서 암살하고 왕권을 장악했다. 슝가 왕조 초기에는 갠지스 강 유역 전체를 통치했으나, 이후 마가다 왕국의 작은 왕조로 만족해야 했다. 기원전 75년에 슝가 왕조는 캉바스 왕조로 교체되었다.

건축가이기도 했던 아소카 왕은 왕궁을 비롯한 여러 웅장한 건축물들을 모두 직접 설계했다. 발굴을 통해 발견된 정교하고 아름다운 나무 기둥은 지금까지도 완벽하게 보존되고 있다. 이는 무덥고 벌레가 많은 나라에서 그야말로 기적 같은 일이 아닐 수 없다.

아소카 왕이 통치한 40여 년 동안 백성들은 창고에 곡식을 가득 채워놓고 풍족한 생활을 누렸다. 길에 물건이 떨어져 있어도 줍지 않았고, 대문을 잠글 필요가 없을 정도로 서로 간에 신뢰를 가졌다. 그래서 경제적으로나 정치적으로나 평안한 국가로 국내외에 명성이 자자했다. 아소카는 인도와 다른 국가의 역사기록에서는 '위대한 아소카 왕'으로, 불교도에게는 '전륜성왕轉輪聖王'(통치의 수레바퀴를 굴려 세계를 지배하는 이상적인 제왕이라는 뜻—옮긴이)으로 불린다. 독실한 불교 신자였지만 다른 종교를 배척하지 않고 자이나교와 브라만교도 똑같이 보호했다. 기원전 236년에 아소카 왕은 호법왕護法王이라는 존호를 받으며 세상을 떠났다. 인도인들은 덕을 쌓고 선행을 베푼 그를 아직도 기억한다.

아소카 왕이 후기에 느슨한 정책을 펼쳐 마우리아 왕조는 그가 죽은 뒤에 빠르게 와해되었지만, 이후 통치자들은 파탈리푸트라를 수도로 삼고 마우리아라는 이름을 고수했다. 기원전 187년에 마우리아 왕조의 마지막 왕은 부하에게 살해당했고, 기원전 185년에 마우리아 왕조는 결국 멸망해 숭가 왕조가 그 뒤를 이었다.

굽타 왕조

기원전 185년에 마우리아 왕조가 멸망한 뒤에 수많은 독립 왕국이 인도를 분할 통치했고, 월지족과 쿠샨족 같은 외부 세력들도 잇달아 북인도를 침략했다. 하지만 아무도 지배적인 국가를 세우지 못하고 4세기 초까지 소국들이 난립했다.

굽타는 산스크리트어 'gupta'의 음역이다. 마가다 왕국의 파탈리푸트라 부근에 위치한 스리 굽타라는 작은 왕국의 왕이었던 찬드라 굽타 1세(재위 320~330)는 북쪽 지역에서 막강한 세력을 떨치던 리카비 부족의 쿠마라데비 공주와 결혼함으로써 주변 소국들을 하나둘 병합하고, 어느덧 중인도를 점령했다. 그는 갠지스 강과 야무나 강의 합류점인 프라야그와 지금의 알라하바드 부근까지 통치했다. 마침내 4세기 초에 마가다 왕국 치하의 지방 수장에 불과했던 찬드라 굽타 1세는 파탈리푸트라를 수도로 한 굽타 왕조를 세웠다. 뛰어난 재능과 지략을 겸비했던 찬드라 굽타 1세는 10년 정도밖에 안 되는 짧은 재위 기간 동안 중세 인도의 황금시대를 열었다.

찬드라 굽타 1세가 죽은 뒤 왕위를 이은 사무드라 굽타(재위 330~380)는 아버지 못지않게 똑똑하고 용맹스러웠는데, 특히 문화와 군사 분야에서 많은 업적을 남겼다. 우선 갠지스 강과 인더스 강 유역의 동부 지역을 정복하고, 남하해서 오리사와 데칸 동부를 점령해 한때 세력을 남인도 마드라스의 서남 지역까지 확장했다.

4세기 중엽까지 굽타 왕조는 동쪽으로 브라마푸트라 강, 서쪽으로 야무나 강과 참발 강, 북쪽으로 히말라야 산맥, 남쪽으로는 나르마다 강까지 뻗어나갔다. 동서 지역의 아삼과 갠지스 강 하구의 여러 왕국, 남인도 소왕국들도 사무드라 굽타의 공격 앞에 무릎을 꿇었다. 해상에서는 말레이 반도와 수마트라, 자바 같은 인도인의 해외 거주지까지 세력을 확장해 인도 역사상 마우리아 왕조에 비견될 만한 굽타 왕조의 기반을 마련했다. 그래서 사무드라 굽타는 인도의 나폴레옹으로 불리기도 한다. 사무드라 굽타는 남쪽 지역의 여러 국가를 정복해 거둔 승리를 과시하고 왕의 위엄을 세워 천하를 호령하고자 성대한 아슈바메다(다른 국가를 정복한 왕이 자신의 권력을 과시하기 위해 행하는 말[馬] 희생제—옮긴이)를 거행했다. 아슈바메다는 북인도 마우리아 왕조 말기에 푸시아미트라 왕이 거행한 이후 500여 년 동안 열리지 않았다는 점에서 그의 기세를 충분히 엿볼 수 있다.

사무드라 굽타의 아들 찬드라 굽타 2세는 용맹스러운 제왕이라는 뜻의 비크라마디티아라고 불렸다. 남인도와 동인도의 소왕국을 중심으로 대외 확장을 시도한 아버지와 달리, 찬드라 굽타 2세는 인도 서북 지역으로 진출해 300년 동안 사카족이 통치하던 수라트 부근의 카티아와르를 정복했다. 아라비아 해에 인접한 지리적 이점 덕분에 서양 세계와 왕래할 수 있는 항로가 개통되었고 아랍, 이집트, 로마와의 무역도 갈수록 활발해졌다. 찬드라 굽타

1 4세기 초에서 6세기 말에 걸쳐 인도의 북부 지역과 중서부 지역을 다스린 굽타 왕조는 중세 인도의 황금기를 열었다. 사진은 굽타 왕조의 왕궁 모습이다
2 이전까지의 간다라 양식과 달리 굽타 왕조 시대에는 불상의 얼굴 모습이나 옷맵시의 표현에서 뚜렷하게 인도인의 모습이 나타난다.

2세는 데칸의 바카타카 왕조와 결혼동맹을 맺고 우자인의 사카 왕국을 정복해 말와, 카티아와르, 신드를 손에 넣었고, 서펀자브와 카슈미르를 제외한 북인도를 영토에 편입시켰다. 이로써 굽타 왕조는 남쪽의 일부 지역을 제외한 인도의 대부분 지역을 통치했다. 그 판도는 마우리아 왕조의 아소카 왕이 차지한 영역과 거의 맞먹었다. 찬드라 굽타 2세는 자신의 업적을 기념하는 명문을 새긴 무게 6.5톤, 높이 7.25미터, 순도 97퍼센트인 쇠기둥을 델리에 세웠는데, 지금까지도 거의 녹슬지 않았다.

찬드라 굽타 2세는 수리 관개시설 건설과 농업 발전을 매우 중시했다. 당시 굽타 왕조는 벵골 만과 서인도 연해의 항구를 통해 비잔틴 제국, 그리스, 이집트, 아랍 등과 무역을 했고, 갠지스 삼각주와 칼링가 항구, 즉 해상 실크로드를 통해 동남아시아와 중국과도 교역했다. 당시 인도 상인들은 말라카 해협을 거쳐 중국 광주에도 다녀갔다. 국내에 상공업이 발달하면서 도시에는 부유한 상공계층이 생겨났다.

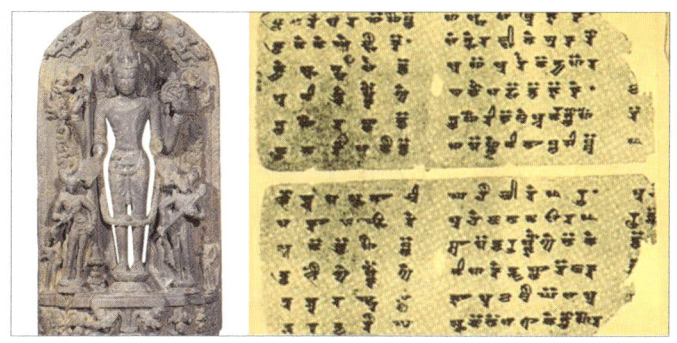

굽타 왕조 시기에는 힌두 문화가 꽃을 피워 성대한 아슈바메다를 거행하고, 산스크리트어를 공용어로 채택했다.

찬드라 굽타 2세는 파탈리푸트라에 오늘날의 자선병원과 같은 개념의 무료 요양소와 병원을 지었다. 이러한 백성을 향한 찬드라 굽타 2세의 따뜻한 마음에 감동한 신하들은 그를 공경하며 자비로운 왕이라고 불렀다. 당의 승려 현장은 『대당서역기』에 찬드라 굽타 2세가 백성을 지극히 보살폈다고 기록했다.

당시 인도는 슈라바스티국의 비크라마디티아 왕이 다스렸는데, 그 명성과 위엄이 널리 알려졌다. 왕은 매일 가난하고 외로운 사람들에게 5억 닢에 달하는 부를 베풀었다. 그러자 재정을 맡은 신하가 국고가 바닥날 것을 염려해 왕에게 간곡하게 고했다. "일국의 왕은 보통 사람과 달리 그 위엄이 매우 뛰어나 은혜가 곤충에까지 미칠 정도입니다. 왕께서는 지금 5억 닢을 풀어 가난한 백성을 구제하려 하십니다. 허나 그 때문에 국고가 눈에 띄게 줄어 토지에 세금을 부과하니 여기저기에서 원성이 자자합니다. 왕은 베푸는 은혜가 있으나, 신하는 왕이 잘못된 방향으로 나아가는 것을 바로잡을 책임이 있습니다." 이에 왕은 오히려 "넘치는 것은 모으고 부족한 것은 베풀어야 하는 법이니라. 그리고 그 돈은 짐이 사치를 부리며 국고를 낭비하는 것이 아니다"라고 대답하면서 5억 닢으로 가난한 사람들을 계속 돕겠다고 했다.

찬드라 굽타 2세가 종교 관용책을 실시하고 학술과 문화를 적극 지원한 덕분에 당시 인도의 종교, 철학, 연극, 시, 예술 등의 문화 분야와 천문학, 수학 등의 과학기술 분야가 모두 발전했다. 그의 왕궁에는 시인이자 극작가인 칼리다사와 천문학자 바라하미히라를 비롯해 '아홉 개의 보석'이라는 뜻의 나바라트나라고 불린 의학, 자이나교, 수학, 시, 문학 분야에서 뛰어난 학자 9명이 있었다. 중국 동진東晉 시대에 인도로 불법을 구하기 위해 떠난 승려 법현은 『불국기』에서 굽타 왕조의 어진 정치를 크게 칭찬하고, 평화롭고 안정적인 사회에서 백성들이 매우 즐겁게 살고 있다고 기술했다.

탁월한 공적을 세운 찬드라 굽타 2세가 세상을 떠난 뒤 왕위를 이어받은 쿠마라 굽타 1세는 선조만큼 똑똑하고 위엄을 갖추지는 못했지만, 여전히 천하를 호령했다. 그의 최대 업적은 중세 인도의 종교와 학술, 문화 중심지이자 대승불교의 중심지인 날란다 사원을 건설한 것이다. 날란다는 하염없이 베푼다는 뜻의 시무염施無厭으로 불리기도 했다. 불교 전설에 따르면 이곳은 본래 석가모니의 제자인 샤리푸트라가 탄생한 곳이자 열반한 곳으로, 석가모니도 설법을 한 적이 있다. 5세기부터 12세기까지 줄곧 인도 불교의 중심지였기 때문에 전성기 때는 유명한 불교학자들이 수행하고 강연했으며, 우리나라와 중국, 일본의 승려들도 먼 길을 마다하지 않고 찾아왔다.

쿠마라 굽타 1세의 통치 말기인 5세기에 서북 변경에서 에프탈족이 침입해 큰 타격을 주었다. 쿠마라 굽타 1세의 아들 스칸다 굽타는 초기에는 에프탈족의 침입을 성공적으로 막아냈지만, 몰락하는 왕조의 운명을 늦추지는 못했다. 500년경에 부다 굽타 이후 중앙정권이 약화되자, 각지의 봉건제후들이 들고일어나 굽타 왕조는 끝내 분열되었다. 게다가 재기에 성공한 에프탈족이 굽타 왕조의 영토 대부분을 병합하고 북인도의 정치와 경제, 문화를 심각하게 파괴했다. 이로 말미암아 봉건 소국들이 와해되면서 인도는 또다시 분열 상태에 빠졌고, 혼란한 정치 상황은 7세기 초반까지 지속되었다. 이때 하르샤 왕이 여러 차례 전쟁을 일으켜 북쪽의 여러 독립국을 연합하고 마침내 하르샤 왕조를 세웠다.

인도 민족이 세운 굽타 왕조 시기는 인도의 정통 문화인 힌두문화의 전성기였을 뿐만 아니라 중세 인도 문명의 부흥기였다. 농업 생산력은 크게 증가했고, 제련과 직물 제조, 조선 등의 수공업이 눈부시게 발전했다. 상인들은 기술 수준이 높은 평직물을 대량으로 국내에 판매했고, 200명을 태울 수 있는 대형 선박을 제작해 계절풍을 이용해서 항해를 했다. 방직품, 상아제품, 진주 장신구, 후추, 향료, 인디고, 진귀한 짐승 등을 수출하는 등 해외무역도 매우 활발했다. 생산력이 발전하면서 왕이 관료, 귀족, 사원에 하사한 봉지封地는 점차 세습되는 사유 영지로 바뀌어 봉토封土제도가 형성되었다. 봉지를 하사받은 자는 다시 자신의 신하들에게 나눠주었고, 이러한 토지의 단계별 분봉分封으로 등급제 종속관계가 생겨났다. 굽타 왕조의 통치자들은 힌두교도였지만, 민족과 교파 간의 갈등을 줄이려는 의도에서 종교 관용책을 실시했다. 덕분에 다양한 종교가 자유롭게 발전했고, 대승불교도 유행하기 시작했다. 산스크리트 문학, 회화, 조각, 건축예술 등의 분야도 눈에 띄게 발전했다.

8세기 이후에 인도 동북부는 하르샤 왕조의 노력으로 잠시 통일되었다가 다시 분열되었다. 750년에 팔라 왕조를 세운 고팔라가 파탈리푸트라를 수도로 삼고, 날란다에 많은 사원과 종교학교를 세웠다. 770년에는 아들 다르마팔라가 즉위해 카나우지를 정복하고, 프라티하라 왕조와 라슈트라쿠타 왕조 등과 북인도 통치권을 둘러싼 쟁탈전을 벌였다. 팔라 왕조는 한때 북인도의 대부분 지역까지 세력을 뻗었는데, 데바팔라 왕의 재위 기간(810~850)에는 동쪽으로 아삼, 서쪽으로 카슈미르를 경계로 하고, 남쪽으로 빈디아 산맥에 인접하고, 북쪽으로 히말라야 산맥 남쪽 기슭까지 영토를 확장했다. 그러나 1199년에 이슬람 세력이 침입해 인도 동북부 지역의 통치권을 차지했다.

찬란한 불교문화

『서 유 기』

중국 4대 기서 중 하나인 『서유기』에는 당 승려와 손오공, 저팔계, 사오정이 등장한다. 손오공, 저팔계, 사오정은 작가가 만들어낸 허구지만, 당 승려는 실존 인물이다. 소설 속의 그는 겁 많고 나약하며 인간과 요괴 또는 일의 잘 잘못을 제대로 구분하지 못하는 어리석은 존재로 묘사되지만, 실제로는 불법에 정통하고 담력과 식견이 뛰어난 용기 있는 승려였다. 그가 바로 당의 불교학자이자 저명한 불교 번역가, 여행가인 현장이다. 현장은 불교의 탄생지인 인도에 가서 불경을 얻고 불학을 공부하겠다는 일념으로 험난한 여정도 마다하지 않고 멀고 먼 서역 여행길에 올라, 19년 동안 죽을 고비를 몇 번이나 넘기면서 마침내 심오한 불교 진리를 깨달았다.

중국으로 돌아온 현장이 구술한 서역 이야기를 제자 변기가 정리하고 편집해 총 12권에 달하는 『대당서역기』를 완성했다. 현장은 이 책에서 여행길에 본 여러 나라의 역사와 지리, 교통 상황은 자세히 다루었지만, 자신이 한 일은 구체적으로 담지 않았다. 훗날 제자 혜립과 언종이 현장의 경험에 신화적 색채를 가미해 『대당대자은사삼장법사전大唐大慈恩寺三藏法師傳』을 편찬했다. 이때부터 당 승려가 불경을 구하러 가는 이야기가 민간에 널리 퍼져 남송南宋 시대에는 『대당삼장취경시화大唐三藏取經詩話』, 금金에서는 원본院本의 『당삼장唐三藏』과 『반도회蟠桃會』, 원元에서는 오창령의 『당삼장서천취경唐三藏西天取經』과 작자 미상인 『이랑신쇄제천대성二郞神鎖齊天大聖』 같은 잡극이 탄생했다. 명明에서는 소설가 오승은이 민간 전설과 화본話本, 잡극 등의 형태로 신화적 소설 『서유기』를 썼다.

『서유기』는 손오공과 저팔계, 사오정이 서역으로 불경을 구하러 가는 삼장법사를 보호하며 겪는 81가지 모험을 그렸다. 총 100회로 구성된 이 소설은 크게 세 부분으로 나뉜다. 1회부터 7회까지는 손오공의 탄생과 천궁天宮에서 소동을 벌인 일을 묘사했고, 8회부터 12회까지는 당 승려인 삼장법사 이야기와 불경을 구하러 가는 연유가 나온다. 100회까지는 삼장법사가 서역 여행길에 손오공과 저팔계, 사오정을 제자로 삼고 81가지 모험을 겪은 끝에 마침내 천축국에 도착해 불경을 얻는다는 내용을 담고 있다. 그 내용을 간략히 살펴보자.

아주 오래전에 동승신주東勝神洲 오래국傲來國의 화과산花果山 정상에 있는 신기한 바위에서 놀랍게도 돌원숭이가 태어났다. 돌원숭이는 스승을 찾아가 도술을 배우고 손오공이라는 이름을 얻었다. 손오공은 자유자재로 72가지 둔갑술을 부리고 근두운觔斗雲을 타고 10만 8,000리를 단숨에 날아다녀, 원숭이들 사이에서 미후왕美候王(잘생긴 원숭이 왕)이 되었다. 손오공은 바다의 깊이를 재던 쇠막대기를 훔쳐 마음대로 줄이고 늘릴 수 있는 여의봉을 만들고, 저승에 가서 살생부에서 원숭이들의 이름을 모두 지워버렸다. 이 사실을 알고 화가 난 옥황상제는 말썽을 부리는 손오공을 당장 잡아오라고 명령했다. 이때 신하 중에 태백금성太白金星이 손오공을 천상으로 데려와 필마온弼馬溫이라는 직책을 맡기자고 건의했다. 신나서 천상으로 올라온 손오공은 필마온이 말을 관리하는 하찮은 직책이라는 것을 알고, 화풀이로 천궁의 문을 부순 다음 화과산으로 돌아가 제천대성齊天大聖(하늘의 제왕)을 자처했다. 옥황상제는 신하들을 보내 다시 손오공을 잡아오라고 했지만, 손오공은 이천왕二天王과 나타태자哪咤太子를 손쉽게 물리쳤다. 결국 옥황상제가 한발 물러나 손오공에게 반도원蟠桃園 관리를 명했다. 하지만 손오공은 반도원의 복숭아를 몰래 따 먹고 서왕모西王母의 반도회를 엉망으로 만들었다. 게다가 태상노군太上老君의 금단金丹(불로장생 약—옮긴이)을 훔쳐 먹고 천궁을 빠져나왔다. 옥황상제에게 손오공을 잡아오라는 명령을 받은 이랑진군二郞眞君이 손오공과 겨루었지만 좀처럼 승부가 나지 않자, 태상노군이 몰래 무기를 던져 손오공을 공격해 겨우 붙잡았다. 하지만 날카로운 칼과 도끼를 휘두르고, 불에 태우거나 번개를 내리치고, 화로에 가둬놓아도 손오공은 아무렇지도 않았다. 이에 옥황상제는 석가여래에게 도움을 청했고, 석가여래는 손오공을 오지산五指山 아래에 가뒀다.

　석가여래의 명을 받은 관세음보살은 현장에게 서역으로 가서 불경을 가져오라는 임무를 내렸다. 당 태종은 현장과 의형제를 맺어 그를 아우로 삼고 삼장이라는 칭호를 내렸다. 이렇게 해서 삼장법사의 서역 여행이 시작되었다. 삼장법사는 먼저 오지산으로 가서 손오공을 꺼내준 뒤에 이마에 관세음보살이 준 금테를 씌우고 주문을 외웠다. 금테가 머리를 꽉 조여 죽을 것 같은 고통이 밀려오자 손오공은 결국 삼장법사를 따라 길을 나서기로 한다. 둘은 계곡에서 흰 용과 마주치자 사로잡아 삼장법사의 말로 삼았고, 고로장高老莊에서는 삼장법사가 저오능猪悟能을 굴복시킨 뒤에 팔계라는 이름을 지어주고 두 번째 제자로 받아들였다. 유사하流沙河에서는 사오정을 만나 세 번째 제자로 삼았다. 이렇게 모인 네 사람은 함께 불경을 구하기 위해 험난한 여정을 무릅쓰고 서둘러 서역으로 떠났다.

관세음보살은 삼장법사와 제자들을 시험해보기 위해 여산노모驪山老母, 보현普賢, 문수文殊를 미녀로 변신시켜 네 사람을 유혹하도록 했다. 삼장법사와 손오공, 사오정은 꿈쩍도 하지 않았지만, 저팔계는 여색에 빠져 결국 나무에 매달리는 신세가 되었다. 한편 만수산万壽山의 오장관五壯觀이라는 절에 도착한 손오공 일행은 인삼과를 몰래 훔쳐 먹는 것도 모자라 귀한 나무를 뽑아버렸다. 이를 배상하기 위해 손오공이 관세음보살을 찾아가 도움을 청하자 관세음보살은 달콤한 이슬을 떨어뜨려 나무를 살려냈다. 또 요괴 백골정白骨精이 세 번이나 변신해 삼장법사를 잡아먹으려고 했지만 매번 손오공에게 정체를 들켰다. 하지만 삼장법사는 저팔계의 말만 믿고 무고한 사람을 죽였다는 이유로 손오공을 쫓아냈다가 황포黃袍 요괴에게 잡힌다. 저팔계와 사오정이 황포 요괴에 맞섰지만 사오정은 붙잡히고 삼장법사는 무시무시한 호랑이로 변했다. 간신히 달아난 저팔계는 말로 변신한 흰 용의 도움으로 한달음에 화과산에 도착해 손오공에게 도움을 청했다. 결국 손오공이 나서서 요괴를 처치했고, 네 사람의 서역 여행은 다시 시작되었다. 도중에 만난 사자 요괴는 오계국烏鷄國 왕을 우물 안에 밀어넣어 익사시키고 자신이 왕 행세를 하고 있었다. 억울하게 죽은 왕의 영혼이 삼장법사에게 구해달라고 요청하자 저팔계가 우물 속에서 왕의 시체를 업고 나왔고, 손오공이 태상노군을 찾아가 금단을 얻어와 왕을 살려주었다. 또 화운동火雲洞에 살던 우마왕牛魔王의 아들 홍해아紅孩兒가 삼장법사를 잡아먹으려고 한 일도 있었다. 홍해아의 삼매진화三昧眞火 술을 이기지 못한 손오공이 관세음보살을 찾아가 요괴를 막아달라고 부탁하자, 관세음보살은 홍해아를 굴복시켜 선재동자善財童子라는 법명을 지어주었다. 서량여국西梁女國의 여왕은 삼장법사를 남편으로 삼으려 했으나 손오공 일행은 이를 거부하고 여행을 계속했다. 독적산毒敵山 비파동琵琶洞에서는 삼장법사가 전갈 요괴에게 납치되었다. 이때는 손오공의 부탁을 받은 묘일성관昴日星官이 쌍벼슬을 단 수탉으로 변신해 요괴를 처리했다. 얼마 후 손오공은 일행의 길을 막은 산적을 죽였다는 이유로 다시 삼장법사에게 파문을 당했다. 이 틈을 노려 육이미후六耳獼猴라는 요괴가 손오공 행세를 하다가 짐을 훔쳐갔다. 또 작은 요괴를 각각 삼장법사, 저팔계, 사오정으로 만들어 서역으로 가서 불경을 구하려고 했다. 진짜와 가짜 손오공을 구분할 수 없었던 관세음보살과 옥황상제, 지장왕地藏王이 뇌음사雷音寺로 석가여래를 찾아간 끝에 결국 모든 사건의 진상이 드러났고, 육이미후 요괴는 손오공에게 맞아 죽었다.

삼장법사 일행은 다시 예전처럼 사이좋게 서둘러 서쪽으로 길을 떠났다. 도중에 불이 난 곳을 발견한 손오공은 화염산火焰山의 철선鐵扇 공주에게 파초芭蕉 부채를 빌려 불을 끄려 했다. 하지만 철선 공주는 손오공이 자신의 아들인 홍해아를 낙가산落伽山으로 보내 동자 노릇을 시킨 사실에 화가 나 있었기 때문에 파초 부채를 빌려줄 생각이 전혀 없었다. 결국 손오공은 철선 공주와 우마왕에게 힘겹게 맞서다가 하늘에서 내려온 신들의 도움으로 요괴를 없애고 큰 불을 끌 수 있었다. 비구국北丘國의 왕은 국장國丈으로 변신한 흰 사슴에 현혹되어 어린아이 1,111명의 간을 약으로 쓰려 했으나, 손오공이 요괴를 제압하고 아이들을 구해주었다. 그러자 수성壽星이 급히 달려와 자신의 흰 사슴을 용서해달라고 한 뒤에 다시 데리고 갔다. 멸법국滅法國 왕이 승려 1만 명을 죽이려 한다는 소식을 들은 손오공은 도술을 써서 왕비와 관리들의 머리를 박박 밀었다. 그러자 왕은 뒤늦게 잘못을 뉘우치고 나라 이름도 불교를 숭상한다는 뜻에서 흠법국欽法國으로 바꾸었다. 천축국天竺國에서는 달나라에 살던 옥토끼가 가짜 공주로 변신해 삼장법사를 부마(임금의 사위—옮긴이)로 선택했지만, 진상을 파악한 손오공이 태음성군太陰星君과 힘을 합쳐 옥토끼를 진압하고 호포사弧布寺를 떠돌던 진짜 공주를 구해주었다.

　삼장법사 일행은 천신만고 끝에 부처가 계신 영취산靈鷲山에 도착했다. 그러나 아난존자阿難尊者와 가섭존자迦葉尊者는 아무 성의도 보이지 않았다는 이유로 이들에게 글자가 하나도 없는 백지 상태의 불경을 주었다. 삼장법사 일행은 어쩔 수 없이 다시 뇌음사로 가서 당나라 황제가 하사한 금주발을 가져와 바친 후에야 진짜 불경을 얻어 고국으로 돌아올 수 있었다. 그러나 이들은 81가지 모험 중에 아직 한 가지가 남았다는 사실을 몰랐다. 마지막 모험은 통천하通天河를 지날 때 자라가 삼장법사 일행을 물에 빠뜨리는 것으로 채워졌다. 이때 불경이 물에 젖은 까닭에 오늘날『불본행경佛本行經』이 불완전한 채로 전해진다고 한다. 삼장법사 일행은 당의 수도 장안에 도착한 뒤에 부처가 계신 영취산으로 돌아갔다. 그동안의 공을 인정받아 삼장법사는 전단공덕불栴檀功德佛, 손오공은 투전승불鬪戰勝佛, 저팔계는 정단사자淨壇使者, 사오정은 금신나한金身羅漢, 흰 용마龍馬는 팔부천동八部天龍이 되어 각자의 자리에서 극락을 함께 누렸다.

날 란 다　사 원

　『서유기』를 읽다 보면 다양한 신과 요괴의 세계를 묘사한 작가의 풍부하고 대담한 예술적 상상력에 감탄이 절로 나온다. 소설 속에서 삼장법사 일행이 찾아간 천축국의 실제 모델은 파트나 부근의 날란다 사원이다.

날란다 사원이 있는 라자그리하는 오늘날 비하르 주의 주도인 파트나로, 석가모니가 수행한 곳이자 마가다 왕국의 수도였다. 라자그리하는 구성舊城과 신성新城으로 나뉜다. 구성은 빔비사라 왕이 지은 것으로 마가다 왕국의 수도로 사용되었는데, 산간에 위치해 안팎으로 이중 성벽이 있었지만 큰 불에 다 타버렸다. 그래서 아자타샤트루 왕은 이곳에서 4킬로미터 떨어진 다섯 개의 산으로 둘러싸인 평야에 신성을 지었다. 화려하게 장식된 건물을 여러 개 지은 모습이 마치 왕궁처럼 보여 라자그리하(왕궁이라는 뜻—옮긴이)라고 불렸다. 전성기 때에는 도시의 문이 32개, 망루는 64개나 되었다. 아소카 왕은 파탈리푸트라로 천도하고 나서 이곳을 브라만의 거주지로 보시했다.

라자그리하에서는 초기에 용신龍神과 야차夜叉를 숭배하는 범신汎神사상이 유행하다가 나중에는 불교와 자이나교가 성행했다. 문헌기록에 따르면 석가모니가 생전에 이곳에서 오랫동안 머물렀다고 한다. 석가모니가 입적하자 신도들은 그의 발자취를 좇아 곳곳에 불교 유적과 사원, 불탑 등을 지었다. 구성 북문 밖에는 불교 교단에 대항한 데바닷타의 탑, 동북쪽에는 샤리푸트라 증과證果(수행한 결과로 얻은 깨달음—옮긴이)탑, 북쪽에는 명의名醫 지바카가 석가모니를 위해 지은 설법당과 탑이 있다. 도시의 동쪽 교외에는 석가모니가 오랫동안 머문 영취산이 있다. 여기에는 제1차 상기티가 열렸던 사타판니 동굴, 데바닷타가 석가모니 암살을 계획한 바위, 석가모니가 입정入定한 곳, 제자 아난이 입정한 곳, 샤리푸트라가 입정한 곳, 석가모니가 이레 동안 가르침을 전한 설법당 등이 있다. 북쪽 교외에는 석가모니가 머물렀던 죽림정사, 아자타샤트루 왕이 건설한 불사리탑, 아난반신탑, 아난증과탑 등이 있다. 신성의 서북쪽에는 장자탑長者塔이, 남문 밖에는 석가의 맏아들인 나후라

1 날란다 사원은 굽타 왕조의 쿠마라 굽타 1세가 건설했다고 알려져 있는데, 7세기에 하르샤 왕조의 하르샤 왕이 이곳에 많은 도움을 주었다고 전해진다. 당 승려 현장은 하르샤 왕조 시기에 날란다 사원에 머물면서 이곳에 대해 생생하게 묘사한 글을 남겼다.
2 발굴된 유적지의 규모와 건축양식에서 전성기 시절 날란다 사원의 위엄 있는 옛 모습을 고스란히 느낄 수 있다.

의 탑이, 서남쪽에는 각국에서 예불을 드리러 온 사람들이 머무는 작은 사원 세 곳이 있다.

고대 중인도 불교의 최고학부이자 학술 중심지였던 날란다 사원은 파트나에서 동남쪽으로 90킬로미터 떨어진 곳에 있다. 불교 전설에 따르면 이곳은 석가모니의 제자 샤리푸트라가 탄생한 곳이자 열반한 곳으로, 석가모니도 설법을 펼쳤다고 한다. 샤리푸트라가 열반한 뒤 사람들이 진신사리眞身舍利를 봉안한 불탑을 지었다. 아소카 왕은 진신사리 불탑을 참배한 뒤에 그 옆에 최초로 사원을 지었다. 지금은 일반적으로 굽타 왕조의 쿠마라 굽타 1세가 날란다 사원을 건설한 것으로 알려져 있다. 『대당대자은사삼장법사전』에는 날란다 사원에 대해 이렇게 기록하고 있다.

뜰은 순서대로 열려 있고, 중간은 여덟 개의 사원으로 나뉜다. 보대寶臺가 별처럼 늘어서 있고, 옥루玉樓가 산처럼 솟아 있다. 화려한 건물과 험준한 산이 매서운 연기 사이로 보이는 모습이 마치 노을 위로 날아오르는 듯하다. 창에서 구름이 솟아나는 것 같고 처마 끝이 해와 달에 닿을 듯하다. 꽃과 나무를 감싸며 맑은 물이 구불구불 흘러가고, 보라색 연꽃이 그 사이에서 유혹하듯 피어 있다. 사찰 안에는 밖에서 보일 정도로 높이 솟은 나무가 드물다. 강연장과 승방에는 겹겹이 쌓인 누각, 긴 다리, 옻나무 무늬의 붉은 기둥, 난간이 있다. 〔……〕 인도에는 절이 천만 개에 달하며 모두 웅장하고 숭고한데, 이 사원은 특히 그러하다.

불교사에서 날란다 사원은 대승불교의 중심지였다. 대승불교에는 중관파中觀派와 요가파, 밀교가 있고, 인도 바이셰시카, 상키야, 4베다 같은 기타 종교와 철학도 아우른다. 이 밖에 인명因明(논리학), 성명聲明(문학), 의방명醫方明(의

학), 술수術數(음양陰陽과 복서卜筮 따위로 길흉을 점치는 방법—옮긴이) 등도 포함한다.

  날란다 사원에는 매일 대승불교, 천문학, 수학, 의약 등을 가르치는 백여 가지 강연이 열렸고, 소장한 책도 900만 권에 달할 정도로 다양했다. 도서관 세 곳을 각각 보해寶海, 보증寶增, 보색寶色이라 불렀는데, 이는 모두 소장한 책이 진귀한 보물이라는 것을 뜻한다. 전성기에는 불교학자들의 방문이 끊이지 않았고, 머문 손님만 만여 명에 달했다고 한다. 당시 유명한 인도 불교학자들이 이곳에서 수행하고 강연했을 뿐만 아니라, 우리나라와 중국, 일본의 승려들도 먼 길을 마다하지 않고 찾아와 유학했다. 현장과 의정도 이곳에서 여러 해 동안 공부했는데, 특히 현장은 유가파 세친(바수반두)의 직속 제자와 계현에게서 직접 『유가론瑜伽論』 강의를 들었다.

  12세기에 접어들면서 불교는 인도에서 점차 쇠퇴했고, 날란다 사원 역시 1197년과 1203년에 두 차례의 침략을 받아 불타면서 자취를 감추었다. 1915년에 인도의 역사가와 고고학자 들이 현장의 『대당서역기』를 근거로 발굴조사를 한 끝에 천 년 넘게 묻혀 있던 고대 유적지가 발견되었다.

  날란다 사원의 유적지는 면적이 100만 제곱미터에 이른다. 작은 산언덕에 총 4층으로 지은 장방형의 주 건물은 층마다 거대한 석주가 여러 개 있고, 석주 사이의 벽에는 불상이 새겨져 있다. 이 밖에 경당, 승방僧房, 원형 탑 등이 있다. 사원 유적지의 길이는 남북으로 500미터인데, 동서 너비는 이보다 약간 좁다. 동서 양쪽에 있는 건물은 남북으로 줄지어 서 있고, 출입구들이 서로 마주 보고 있다. 동쪽에는 승원, 서쪽에는 불당이 있다. 불당 남단에는 대형 탑이 있는데, 초창기에 주로 예배를 드린 곳으로 날란다 사원의 핵심이다. 서쪽의 불당 건물들은 크기와 건축 시기는 서로 다르지만 양식은 매우 비슷하다. 이 중에 12불당이 가장 잘 보존되었는데, 5탑 형식의 불당이다.

불전은 사각형 기단 위에 지어졌고, 기단 동쪽에 넓은 언덕길이 있다. 기단 가운데 있는 사각형의 높은 탑 내부 중앙에 불당이 있고, 안에는 커다란 불상이 모셔져 있으며, 동쪽 방향으로 출입구가 나 있다. 기단의 네 모서리에 작은 탑이 있고, 탑 중앙도 불당으로, 내부에 좌불상이 조각되어 있다. 동쪽의 작은 불당은 문 두 개가 마주 보고 있고, 서쪽의 작은 불당은 문 두 개가 동쪽으로 나 있다. 동쪽에는 승방 여섯 개가 서로 붙어 있다.

승원은 정방형으로 세워진 외벽에 둘러싸여 있고, 내부에는 방이 있다. 더 안쪽으로 들어가면 회랑이 있고, 중간에 넓은 야외 정원이 있다. 모든 승방과 불당이 줄지어 늘어서 있는 구조다. 승원마다 정원 가운데, 즉 정문 옆에 불당이 세워져 있고, 작은 탑과 탑을 모시는 곳에는 흙으로 빚은 불상과 보살상이 있다. 불상과 보살상은 7~8세기에 만들어진 것으로, 굽타 왕조 시기의 전형적인 사르나트 조각상을 보여준다. 전체적으로 옷 무늬가 많지 않지만 가늘고 섬세하게 표현했으며, 명상에 잠긴 듯한 표정을 짓고 있다.

발굴된 유적지의 규모와 양식에서 눈부신 전성기를 구가하던 날란다 사원의 옛 모습을 고스란히 느낄 수 있다.

부 다 가 야

파트나에서 멀지 않은 곳에 유명한 불교 성지 부다가야가 있다. 바로 이곳에서 석가모니가 깨달음을 얻었기 때문에 불교도들은 가장 신성한 곳으로 추앙하고 있다.

기원전 6세기에 탄생한 불교의 창시자 고타마 싯다르타는, '석가족 출신의 성자'라는 의미를 지닌 석가모니로 널리 알려졌다. 싯다르타는 카필라바스

석가모니는 오랜 고행 끝에 수자타라는 여인이 바친 우유죽을 먹고 활력을 되찾아, 부다가야의 보리수 아래에서 명상 49일째 만에 깨달음을 얻었다.

투의 룸비니(지금의 네팔 남부 틸틸라울라코트 부근)에서 태어났는데, 어머니 마야 부인은 그를 낳은 지 7일 만에 세상을 떠났다. 어머니를 일찍 여읜 탓에 싯다르타는 정반왕淨飯王(수드호도한)인 아버지의 보호 아래 호화로운 생활을 누리며 자랐다. 훗날 사촌 동생과 결혼해 아들을 얻었지만, 스물아홉 살에 세상의 생로병사를 목격하고 출가를 결심했다.

　어느 날 밤 싯다르타는 왕자의 지위를 포기하고 깊이 잠든 아내를 남겨둔 채 성불의 길에 올랐다. 초기에는 이곳저곳을 돌아다니며 유명한 스승을 찾아가 해탈의 가르침을 청했으나 뜻대로 되지 않았다. 부다가야 부근을 돌아다니던 싯다르타는 나이란자나 강가의 숲에서 고행을 시작했다. 몸은 초췌하고 쇠약해졌지만 6년이 지나도 해탈의 경지에는 이르지 못했다. 싯다르타는 나이란자나 강에서 목욕을 하면서 묵은 때를 씻어내고 수자타라는 여인이 바친 우유죽을 먹었다. 격렬한 고행으로 쇠약해져 있던 싯다르타는 우유죽으로 활력을 되찾고는 부다가야의 보리수 아래에서 완전한 깨달음을 얻기 전까지 절대로 떠나지 않겠다고 굳게 결심했다. 명상 49일째에 마침내 깨달음을 얻은 싯다르타는 불교의 시조가 되었고, 이때부터 부다가야는 전 세계 불교도의 마음속 성지가 되었다. 그 후 석가모니는 인도 북부 곳곳을 돌아다니며 설법을 했다.

　불교에서는 세상 만물이 변화무쌍한 인연으로 이어져 있으며, 고통스러운 것이라고 여긴다. 사람은 무명無明의 상태에서 고통의 세계로 윤회하는데, 이때 팔정도八正道(깨달음과 열반으로 이끄는 올바른 여덟 가지 길—옮긴이)를 지켜야만 무명에서 벗어나 최고의 경지인 열반에 오를 수 있다. 불교는 당시 유행하던 힌두교의 카스트제도를 부정하고 제행무상諸行無常(우주의 모든 사물은 늘 돌고 변해 한 모양으로 머물러 있지 아니함—옮긴이)과 인간 평등을 주장했는데, 이는 당

부다가야는 불교 4대 성지 가운데 한 곳으로, 여러 불교 유적들이 남아 있다.

시 크샤트리아와 바이샤, 수드라 계급의 바람과 맞아떨어져 갠지스 강 중상류 일대에서 불교가 빠르게 전파되었다. 불교는 마우리아 왕조의 아소카 왕이 집권하던 시기에 크게 성행해 국교가 되기도 했다. 하지만 13세기부터 이슬람 세력이 침입하면서 치명적인 타격을 입고 인도에서 거의 자취를 감추었다.

석가모니가 과거에 가부좌를 틀고 명상에 잠겼던 자리는 현재 유명한 불교 성지이자 관광지가 되었다. 영국의 고고학자 알렉산더 커닝엄이 1861년에 발굴을 시작해 1870년에 복구되었다. 부다가야의 주요 유적지로는 보리수, 마하보디 사원, 금강보좌金剛寶座 등이 있다. 이 중에 아소카 왕이 지은 마하보디 사원은 1,800여 년의 역사를 갖고 있는데, 참배길의 시작인 사원 정면 입구부터 긴 계단이 늘어서 있고 양옆으로는 작은 부처와 불교 문양이 정교하게 새겨진 각양각색의 불탑이 우뚝 솟아 있다. 마하보디 사원의 최고 볼거리는 방추형 불탑이다. 딱딱한 사암으로 만들어진 이 불탑은 높이가 50미터나 되고, 장방형의 기단 폭 너비는 15미터다. 중간 부분부터 층층이 좁아지는 피

부다가야에는 석가모니가 깨달음을 얻은 자리인 금강보좌가 있고, 근처에는 보리수가 심어져 있다.

라미드형으로 정상에는 금동으로 만든 보병이 있다. 탑 일층의 네 모서리에는 주탑과 비슷한 모양의 작은 탑 네 개가 조화를 이루고, 탑 위에는 다양한 형태의 불상이 놓여 있다. 사원 내에는 석가모니의 전신 불상 한 기가 있다.

사원 뒤편에 빽빽하게 자리 잡은 유명한 보리수의 녹음은 마치 커다란 우산처럼 사원의 뒷부분을 가려준다. 보리수 아래에는 석가모니가 깨달음을 얻은 자리인 금강보좌가 있는데, 기둥 네 개가 받치고 있는 천막으로 뒤덮여 있다. 그 안에는 신도들이 바친 꽃과 공물이 쌓여 있다. 지금의 보리수는 1870년에 스리랑카에서 다시 옮겨 심은 것이다. 하지만 이 보리수의 조상은 석가모니가 깨달음을 얻은 보리수라고 한다.

7장 | 식민지의 흔적 콜카타

갠지스 강의 지류인 후글리 강 연안에 위치한 콜카타는 오늘날 인도 동부 서벵골 주의 주도로, 벵골 만에 인접해 지리적으로도 매우 중요할 뿐만 아니라 인도 동부 해안의 최대 항구도시다. 역사가 겨우 200~300년밖에 안 된 콜카타는 갠지스 강 유역의 다른 고대 도시와 비교했을 때 매우 젊다. 콜카타의 역사는 영국의 식민통치와 매우 밀접한 관련이 있다. 1698년에 영국 동인도회사는 칼리카타를 비롯한 마을 세 곳을 사들여 서로 연결하고, 화물 하치장, 상점, 예배당, 극장, 군대 주둔지 등을 건설했다. 그리고 칼리카타를 근거지로 삼고 콜카타라 이름 지었다. 칼리카타는 본래 칼리 여신의 거처라는 뜻으로, 칼리 여신은 지금까지도 이곳 주민들에게 매우 중요한 신이다. 콜카타의 역사는 이 순간부터 시작되었다.

갠지스 강은 바다로 흘러가기 전에 풍요로운 삼각주를 만들었는데, 복잡한 역사적인 이유 때문에 삼각주는 현재 방글라데시에 편입되었고, 그 옆에는 방글라데시의 수도 다카가 있다. 하지만 역사적 배경을 고려하면 갠지스 강 하류에서 가장 주목해야 하는 도시는 콜카타다. 갠지스 강의 지류인 후글리 강 연안에 위치한 콜카타는 오늘날 인도 동부 서벵골 주의 주도로, 벵골 만에 인접해 지리적으로도 매우 중요할 뿐만 아니라 인도 동부 해안의 최대 항구도시다. 역사가 겨우 200~300년밖에 안 된 콜카타는 갠지스 강 유역의 다른 도시와 비교했을 때 매우 젊다. 영국이 인도를 식민지로 삼은 뒤에 콜카타를 호화로운 유럽식 수도로 만들려는 계획의 일환으로 웅장한 건물들을 계속 지어 궁전의 도시로 불리기 시작했다.

콜카타의 역사는 영국의 식민통치와 매우 밀접한 관련이 있다. 벵골 만 상류를 따라 후글리 강에서 갠지스 강 삼각주의 비옥한 땅을 밟은 포르투갈과 프랑스, 영국의 제국주의자들은 서로 앞다투어 이곳을 점령하려 했고, 마침내 영국 동인도회사가 우위를 점했다. 1698년에 영국 동인도회사는 헐값에 칼리카타를 비롯한 마을 세 곳을 사들여 서로 연결하고, 화물 하치장, 상점, 예배당, 극장, 군대 주둔지 등을 건설했다. 그리고 칼리카타를 근거지로 삼고 콜카타라 이름 지었다. 칼리카타는 본래 칼리 여신의 거처라는 뜻으로, 칼리 여신은 지금까지도 이곳 주민들에게 매우 중요한 신으로 숭배되고 있다. 콜카타의 역사는 이 순간부터 시작되었다.

갠지스 강 삼각주 세계 최대 규모의 삼각주로 폭이 320킬로미터, 시작점에서 하류에 이르기까지의 거리는 500킬로미터에 이른다. 삼각주의 정점은 파라카로 서쪽의 바기라티-후글리 강에서 시작해 동쪽으로 메그나 강까지 이르고, 남쪽으로는 벵골 만에 인접해 있다. 총면적은 6만 5,000제곱킬로미터로, 오늘날 대부분이 방글라데시 남부 지역에 속하고, 일부만 인도의 서벵골 주에 속한다. 대부분의 지역에서는 비옥한 토양 덕분에 농업이 크게 발달해 남아시아의 중요한 경제 중심지 중 하나다.

궁전의 도시

식 민 통 치 의   중 심

18세기 초에 무굴 제국이 몰락하면서 인도는 또다시 여러 소국으로 분열되었다. 이런 와중에 영국 동인도회사는 점차 영향력을 확대해 마드라스와 콜카타, 뭄바이를 점령했다. 동인도회사는 다른 지역까지 손쉽게 침입하기 위해 1716년에 500만 루피를 들여 콜카타에 식민통치의 중심인 윌리엄 요새를 만들었다. 요새 안에는 완전 무장을 한 영국 군인들과 엄격하게 훈련받은 인도인 용병들이 있었다.

본래 상업회사인 동인도회사가 인도에서 군대를 만들었다는 점에 인도인은 강한 불만을 품었다. 1756년 벵골 주의 나와브(무굴 제국의 지방 장관—옮긴이)였던 시라지 웃다울라가 동인도회사에 강하게 항의하며 요새 철거와 군대 철수를 요구했지만, 영국은 눈 하나 깜빡하지 않았다. 결국 분노한 인도인은 웃다울라의 지도하에 영국인을 공격하고 콜카타를 되찾았다. 하지만 영국은 이를 도화선으로 삼아 플라시 전투를 일으켰다.

콜카타의 옛 건물들은 영국 식민지 시절에 번영했던 이 도시의 특별한 역사를 보여준다.

인도인이 콜카타를 수복하자 당시 벵골 지방의 책임자였던 로버트 클라이브는 서둘러 마드라스로 관료들을 소집해 대책을 세웠다. 이때 대영 제국이 이런 굴욕을 어찌 참을 수 있냐며 반드시 인도와 싸워야 한다는 주장과 양측의 실력 차이가 심하므로 충분히 준비한 뒤에 다시 결정해야 한다는 주장이 날카롭게 대립했다. 당시 벵골 주는 7만 명에 달하는 병사를 보유했을 뿐만 아니라, 프랑스의 지원도 받고 있었다. 이와 달리 클라이브가 이끄는 군대는 영국 병사 900명이 전부였고, 설령 이들이 훈련시킨 인도인 용병 2,000명을 합한다고 해도 채 3,000명이 되지 않았다. 하지만 이미 마음속에 다른 계략을 생각해둔 클라이브는 거침없이 전쟁을 일으켰다.

1757년 1월, 클라이브가 이끄는 영국군은 갠지스 강기슭에 상륙해 격렬한 전투를 벌이고 순식간에 콜카타를 다시 점령했다. 그러자 같은 해 6월, 웃다울라는 7만 대군을 이끌고 다시 플라시에서 클라이브의 병사 900명과 결전을 벌였다. 지난번 전투에서 막강한 인도군에 지레 겁먹고 패한 영국군은 엄청난 돈과 보석으로 인도 장교들을 매수하고, 특히 벵골 주의 미르 자파르 장군을 첩자로 심어놓는 등 비열한 수단을 동원했다. 전투 시작과 거의 동시에 억수같이 쏟아진 비로 벵골군과 프랑스군의 화약에 습기가 차 총포가 효력을 제대로 발휘하지 못한 데 반해, 영국군은 방수포로 미리 화약을 덮어두었기 때문에 피해를 입지 않았다. 벵골군에 사상자가 속출하기 시작했고, 자파르 장군은 군사행동을 중단하고 손을 놓은 채 구경만 했다. 영국에 매수된 벵골 부대도 소극적으로 공격하거나 아예 저항조차 하지 않았다. 순식간에 벵골의 7만 대군은 오합지졸이 되었다. 영국군이 대포를 발사하자 자파르 장군이 이끄는 기병이 클라이브 세력에 합류했다. 벵골군은 참패했고, 웃다울라는 영국군에 살해당했다. 영국군은 승리의 기세를 몰아 프랑스군을 물리

치고 벵골 주를 점령한 뒤에 친영파인 인도인을 나와브 자리에 앉혔다.

이 전투에서 벵골 주는 7만 대군을 모두 잃었지만 영국인 사상자는 72명에 불과했다. 영국 제국주의자들은 벵골 주를 점령하자 가장 먼저 이곳의 국고를 약탈했다. 몇 년 뒤 의회에서 이때의 약탈에 관해 진술한 클라이브는 크게 후회하며 "당시에는 제가 정말 어리석었습니다. 주위에는 눈부시게 화려한 금과 은 그리고 각양각색의 보석으로 넘쳐났습니다. 하지만 이 중에서 제가 챙긴 건 20만 파운드에 불과합니다"라고 말했다. 통계에 따르면 영국군은 약 3,700만 파운드에 달하는 금은보석을 약탈했다고 한다. 여기에는 고위 관리가 개인적으로 빼돌린 2,100만 파운드는 포함되지 않았다. 플라시 전투

로버트 클라이브(1725~1774) 영국 슈롭셔에서 태어났고, 열일곱 살에 동인도회사에 입사했다. 스물여섯 살에 동인도회사의 후방 물자 지원을 관리했고, 1755년에 총사령관으로 승진해 플라시 전투를 지휘했다. 나중에 그 공을 인정받아 플라시 남작으로 서훈되었다. 1765년 5월에 콜카타에서 벵골 주 총독을 맡아 일련의 분열정책을 실시하고, 마구잡이로 재물을 착취해 막대한 경제적 이익을 얻었다. 1774년에 자살로 생을 마감했다.

1757년 로버트 클라이브가 이끄는 영국군은 플라시에서 벵골의 나와브 시라지 웃다울라의 군대를 물리치고 결정적 승리를 거두었다. 플라시 전투는 영국 제국주의가 본격적으로 벵골 지방을 점령하는 계기가 되었다.

의 규모는 크지 않지만 그 의미는 매우 중요하다. 이 전투로 영국은 벵골 주를 점령했고, 나아가 인도 전역을 차지하는 발판을 마련했다. 아울러 영국이 전투물자와 경제자원을 증강하고 인도에 남아 있던 프랑스 세력을 완전히 제거하는 데 쐐기를 박았다. 이때부터 콜카타는 영국이 남아시아에 주둔하는 근거지가 되었다. 인도에서 영국이 세력을 점차 확대하면서 콜카타의 지위도 계속 상승했다.

  독단적이고 포악한 영국의 통치를 견딜 수 없었던 인도인들은 끊임없이 반란을 전개했다. 이에 영국 제국주의자들도 마이소르에서 네 차례, 마라타에서 세 차례의 전쟁을 일으켜 인도 통치의 양대 골칫거리를 해결하고 세력을 키워나갔다. 1858년 영국의 잔혹한 제국주의자들은 인도 전역을 정복하고 자연스럽게 콜카타를 영국령 인도의 수도로 삼았다. 광활한 영토, 풍요로운 자원, 많은 인구, 전략적으로 뛰어난 지리적 위치에 이르기까지 모든 것을 갖춘 인도는 영국 여왕이 쓴 왕관의 가장 커다랗고 빛나는 진주가 되었다. 이런 역사적 배경 때문에 콜카타는 한때 제2의 런던으로 불리며 크게 번영했다.

콜카타의 빅토리아 기념관은 인도가 영국의 식민지였던 시절을 상징하는 건물이다.

1911년 이후 영국령 인도의 수도를 델리로 옮기면서 콜카타의 지위도 하락했다. 1931년에 뉴델리가 건설되어 영국령 인도의 권력 중심이 자연스럽게 북쪽으로 이동하면서 콜카타의 입지는 더욱 좁아졌다. 마침내 1947년에 인도가 독립했고 뉴델리가 수도가 되었다. 그 후에 일어난 인도와 파키스탄의 분할 통치와 방글라데시의 독립은 모두 콜카타의 발전에 부정적인 영향을 미쳤다. 독립한 인도는 콜카타에 전국을 지나는 철도와 고속도로, 국제공항을 건설했다. 콜카타는 인도 최대의 황마 가공 중심지로서 전체 황마 생산량의 90퍼센트를 차지했다. 하지만 오늘날에는 뉴델리가 인도의 정치 중심지 역할을, 뭄바이가 상업 중심지 역할을 하고 있어 콜카타는 그저 인도 동

방글라데시 원래는 파키스탄의 일부로, 동파키스탄으로 불렸다. 1200년에 이슬람 세력이 통치하면서 사회가 안정되고 번영했지만, 1757부터 영국의 식민통치를 받았다. 1947년에 동파키스탄을 세우고 파키스탄의 일부가 되었다가, 무장투쟁을 통해 1971년 3월 26일에 독립을 선포했다. 1972년 1월에 방글라데시 인민공화국을 공식적으로 출범시켰다.

부 지역에서만 가장 영향력 있는 도시다.

역사가 짧은 탓에 유명한 유적지가 많지 않지만 콜카타에서는 영국식 건물, 식민지 시대의 유적, 각종 종교 사원 들을 둘러볼 수 있다. 콜카타의 관광 명소인 마이단은 잔디로 뒤덮인 대형 광장으로, 울창한 나무 사이로 새들이 지저귀고 향기로운 꽃향기가 물씬 풍긴다. 가장 눈길을 끄는 곳은 광장 동남쪽에 있는 빅토리아 기념관이다. 영국의 식민통치 후반인 1935년에 타지마할처럼 순백의 대리석을 쪼개서 쌓아 올린 정방형 건물로, 영국과 이탈리아, 인도의 건축양식과 조각예술이 조화롭게 섞여 있다. 기념관의 정문 앞에는 왕좌에 앉은 빅토리아 여왕의 동상이 있고, 뒤편 건물의 돔 지붕 위에는 키가 6미터나 되는 천사가 승리의 나팔을 불고 있다. 오늘날 박물관으로 사용되고 있는 빅토리아 기념관 내부에는 회화, 조각상, 역사문헌, 고대 무기 같은 귀중한 유물이 전시되고 있다. 마이단 중앙에는 영국 제국주의의 인도 점령을 상징하는 윌리엄 요새가 있다. 이 밖에 광장 주변에는 성 바울 성당, 벌라 천문관, 에덴 화원, 주정부 건물, 의회 건물 등이 있다.

동 인 도 회 사

영국 동인도회사는 인도 식민통치에서 매우 중요한 역할을 했다. 세계 근대사에서 동인도회사를 세운 국가는 많다. 유럽의 선진 자본주의 국가들이 세계를 나눠 가지며 식민 광풍이 불던 16세기 말에서 17세기 초에 포르투갈, 영국, 네덜란드, 덴마크, 프랑스 등이 잇달아 인도와 인도네시아, 말레이시아 등지에 동인도회사를 설립했다.

동인도회사라는 이름의 유래는 크리스토퍼 콜럼버스와 관련이 있다. 1492

년에 긴 항해 끝에 중앙아메리카 서인도제도에 도달한 콜럼버스는 이곳을 인도라고 여겼다. 훗날 콜럼버스가 착각했다는 것이 밝혀졌지만, 오랫동안 길들여진 습관 때문에 오늘날에도 사람들은 여전히 아메리카대륙의 원주민을 인디언으로 부른다(인디언과 인도인은 같은 영어 단어를 사용한다). 또한 인도와 인도네시아 등을 포함한 일부 동남아시아 국가는 동인도로, 카리브 해의 섬은 서인도라고 부른다. 그래서 제국주의 국가들은 자신들이 세운 식민회사에 동인도회사라는 이름을 붙였다.

동인도회사를 세운 유럽 국가 가운데 영국, 프랑스, 네덜란드가 가장 유명하다. 17~18세기에 세 나라는 동반구를 둘러싸고 치열한 접전을 벌였고, 유리한 고지를 차지하기 위해 서로 앞다투어 동인도회사를 세웠다. 결국 수많은 식민지를 거느린 영국이 네덜란드와 프랑스를 잇달아 격파하고 최후의 승리자가 되었다. 세계 곳곳에 식민지를 두어 한때 해가 지지 않는 제국으로 불리던 영국은 식민지를 잔혹하게 약탈해 부강한 자본주의 국가로 성장했다. 동인도회사의 설립과 발전은 영국이 인도를 식민지로 만드는 과정을 명확하게 보여준다.

이베리아 반도의 포르투갈이 세력을 확장하던 시기에 포르투갈인 바스코 다 가마는 함대를 이끌고 아프리카대륙 남단의 희망봉을 지나 인도의 말라바르 해안에 도착했다. 유럽 제국주의자들은 당시 번영을 누리던 인도에 군침을 흘렸고, 이때부터 유럽 세력이 인도를 약탈하는 피비린내 나는 역사가 시작되었다. 하지만 무굴 제국이 막강한 군사력을 보유했기 때문에 유럽 제국주의자들은 당장 광활한 인도아대륙을 점령할 수는 없었다. 초기에는 인도의 동서 해안에 거점을 확보하고, 해상 강탈과 약탈 무역을 하는 데 그쳤다.

서유럽 상인들이 인도에 발을 들여놓으면서 오래전부터 여러 나라와 활발

1 2

1 영국의 인도 식민통치에 커다란 기여를 한 동인도회사는 인도인에게 엄청난 재난을 안겨주었다. 그림은 당시 상황을 묘사한 풍자화다.
2 로버트 클라이브는 인도에 영국 세력을 구축하는 데 커다란 역할을 했다. 특히 플라시 전투를 승리로 이끌어 인도를 식민지로 만드는 데 결정적인 기여를 했다.

하게 무역을 해온 인도 상인들은 해상무역에서 점차 배제되었다. 반면에 포르투갈과 영국, 네덜란드, 프랑스가 면직물, 견직물, 인디고, 향료, 진주 같은 상품의 수출을 장악했다. 인도 시장을 둘러싸고 치열하게 쟁탈전을 벌이던 유럽 각국은 잇달아 동인도 지역에 자신들의 사무를 처리할 기구를 설립했다. 1600년 12월 31일에 영국 상인들이 먼저 동인도회사를 세웠고, 1년 뒤에 네덜란드도 동인도회사를 세웠다. 프랑스, 덴마크, 오스트리아, 스페인, 스웨덴 등도 자국의 동인도회사를 설립하는 데 발 벗고 나섰다. 이 중에서 네덜란드와 영국의 경쟁이 가장 치열해 늘 팽팽한 긴장감이 감돌았는데, 1623년에 네덜란드는 동인도제도를, 영국은 인도아대륙을 독점하기로 암묵적인 합의를 했다.

서유럽 상인들이 풍족한 아메리카대륙에서 약탈한 은과 황금으로 인도의 최상급 면직물과 견직물을 대량 구입하면서 인도의 수출은 더욱 늘어났고, 더불어 농산물 생산도 증가했다. 17세기 중반에 벵골 주와 펀자브의 일부 지역에서는 수십만 농가가 수출용 면직물을 생산하는 데 종사했다. 덕분에 인도인은 부유해졌고, 정부의 세수도 그만큼 불어났다. 여전히 건재했던 무굴 제국의 황제는 서유럽 상인이 통제하는 수출형 경제를 용인하고, 이들이 세운 동인도회사도 내버려두었다. 심지어 1717년에는 인도 내에서 영국의 자유무역을 허용했다.

초기에 동인도회사는 단순한 해외식민 무역기구로, 주로 무역 관련 사무를 처리했다. 그러나 점차 인도 침략을 위한 도구로 변질되었다. 1609년에 동인도회사는 영국 왕실로부터 토지 약탈 및 화폐 주조, 요새 건설 및 병사 양성, 동맹 체결, 휴전, 민·형사 사건 처리 등과 관련한 다섯 가지 특권을 얻었다. 1613년에 영국은 인도 서부 수라트와 동남부의 마드라스에 무역소를 설치하고, 1651년에는 후글리에서의 통상을 허가받았다. 1698년에 동인도회사는 칼리카타를 비롯한 마을의 세수권을 얻었는데, 이는 실질적으로 이 마을의 땅을 사들인 것이나 다름없었다. 동인도회사는 비록 면적은 매우 작지만 지리적으로 중요하고, 쌀과 황마가 대량 생산되는 이 지역을 인도 식민 통치의 중심지로 삼고 무역 본부를 설립했다. 이곳을 통해 인도의 식량과 공업 재료가 영국으로 운반되었고, 동인도회사는 이 과정에서 엄청난 경제적 이득을 챙겼다.

1716년에 동인도회사는 500만 루피를 들여 콜카타에 식민통치의 중심인 윌리엄 요새를 짓고 완전 무장한 영국군을 훈련시켰다. 영국의 경제 약탈에 불만을 품은 인도인은 침략자들이 인도 영토에서 군대를 창설한 것에 대해 격렬하게 분노했다. 1756년 4월에 벵골 주의 나와브 시라지 웃다울라는 강한 항의에도 영국이 별 반응이 없자, 군대를 이끌고 무력으로 콜카타를 되찾았다. 이 사건은 영국과 인도 간에 벌어진 플라시 전투의 도화선이 되었다. 당시 영국 군대의 총사령관이던 클라이브는 뇌물로 인도의 지방 귀족들을 매수해 1757년에 벌어진 플라시 전투에서 벵골군을 격파했다. 이 전투에서 웃다울라가 죽고, 벵골군은 와해되었다. 얼마 뒤 영국군은 다시 프랑스군을 무찌르고 벵골 주를 독점으로 점령했다. 클라이브는 이곳에 괴뢰 정권을 키웠고, 이는 영국의 인도 침략이 시작되었음을 상징한다. 1765년에 동인도회사는 벵골 주와 비하르 주, 오리사 주의 세수권을 획득했다.

1767년에 영국 의회는 동인도회사관리법을 통과시켰는데, 이 법은 콜카타의 나와브를 영국 여왕이 직접 임명하는 총독으로 바꾸고, 총독이 점령한 모든 인도 영토를 관리하도록 규정했다. 영국은 이로써 그동안 동인도회사를 통해 간접적으로 통치해온 방식을 바꿔 아예 동인도회사를 식민정부로 전환했다. 이후 영국은 1774년에 아요디아를 점령했고, 1799년에 23년 동안 지속된 전쟁을 끝내고 남부의 마이소르를 장악했으며, 1849년에는 서북부의 펀자브를 강점했다. 이때부터 인도 전역은 영국의 식민지로 전락했다.

소규모의 동인도회사가 광활한 영토를 가진 인도를 조금씩 합병하다가 끝내는 전역을 통제할 수 있었던 요인은 무엇일까? 우선 인도의 특수한 상황을 제대로 간파한 점을 들 수 있다. 방대한 제국을 건설한 무굴 왕조가 16세기 초부터 인도 전역을 통치하면서 통일을 이룬 듯 보였지만, 실질적인 통일은 이루지 못하고 있었다. 봉건 세력들끼리 서로 다툼을 벌였을 뿐만 아니라, 제국 내부에서도 갈등이 비일비재했다. 설상가상으로 외부 세력이 인도의 전통적인 카스트제도에 끊임없이 간섭하면서 사회 각계각층의 갈등은 갈수록 첨예해졌다. 이러한 인도의 상황을 정확히 꿰뚫어본 영국은 식민통치를 시작하면서 내부 갈등을 최대한 이용해 인도인이 인도인을 공격하는 어처구니없는 상황을 만들어 자신들의 이익을 챙겼다. 예컨대 18세기 말에 동인도회사는 힌두교 봉건제후가 이슬람교도인 하이데르 알리가 다스리던 마이소르를, 하이데라바드 제후가 마라타를 공격하도록 부추겼고, 마라타 제후 간의 관계를 이간질해 인도 전역을 극도의 혼란 상태로 몰아넣었다. 동인도회사는 그제야 난국을 수습하겠다고 나섰고, 결국 식민통치를 확립했다.

동인도회사는 인도 전역에서 약탈을 서슴지 않았다. 벵골 주의 국고를 약탈한 것 외에도 1799년에 마이소르를 공격해 1,500만 파운드에 달하는 왕실 소유 보석을 훔쳐갔다. 동인도회사의 또 다른 약탈 수단은 바로 아편과 소금, 담배 무역을 독점하는 것이었다. 벵골 농민이 심은 아편을 강탈해서 중국으로 밀수출해 폭리를 취했는데, 당시 아편 독점 판매로 발생한 금액이 회사 총수입의 7분의 1이나 됐다고 한다.

영국은 경찰국을 포함한 여러 행정기구를 설치해 인도 식민통치의 주요 수단으로 활용했다. 그래서 인도는 영국 제국주의자들의 잔혹한 약탈에 시달려 신음했다.

동인도회사의 잔혹한 약탈과 착취로 인도 전역은 끝없는 고통의 수렁에 빠졌고, 인도인들은 견디기 힘든 재난을 겪었다. 인도의 전통 수공업이 치명적인 타격을 입어 수공업 종사자 수백만 명이 일자리를 잃었고, 굶주림으로 죽는 사람이 속출했다. 다카를 예로 들면 18세기 중엽에 15만 명이었던 인구가 1840년에는 3만 내지 4만 명으로 줄어들었다. 동인도의 한 총독은 "이런 재난은 상업 역사에서 극히 드문 일이다. 방직 노동자의 유골이 인도 평원을 하얗게 뒤덮을 정도다"라고 말했다. 동인도회사는 더 많은 돈을 벌기 위해 인도인의 고혈을 짜는 행위도 서슴지 않았다. 인도 동부에서 여러 해 동안 기근이 계속되었는데도 토지세를 거의 두 배나 올리는 등 터무니없이 많은 세금을 착취해, 1770년에는 벵골 전체 인구의 3분의 1에 해당하는 무려 천만 명이 굶주림으로 사망했다.

동인도회사는 작은 주식회사가 거대한 제국의 공식적인 정부가 되는 모습을 보여주었지만, 1760년대부터 내리막길을 걸었다. 1813년에 인도에 대한 무역 독점권을 취소당했고, 같은 해에 영국 정부는 중국에 대한 무역 독점권도 박탈했다. 여러 특권이 취소되자 동인도회사는 결국 파산했고, 1858년에는 모든 기능이 정지되고 영국 정부의 직접 통치하에 들어가면서 해체되었다. 영국에 막대한 자본을 축적해준 동인도회사는 이렇게 역사의 마침표를 찍었다.

동방의 위대한 시인

라빈드라나트 타고르

인도 근대사에서 세계적으로 영향을 끼친 뛰어난 인물로는 인도 민족해방운동의 지도자 마하트마 간디와 동방의 위대한 시인 라빈드라나트 타고르를 꼽을 수 있다. 이 두 사람은 모두 갠지스 강과 깊은 관련이 있는데, 간디는 갠지스 강 상류의 델리에 영원히 잠들었고, 타고르는 갠지스 강 하류의 콜카타에서 태어났다.

1861년 5월 7일에 콜카타의 한 귀족 집안에서 남자아이가 태어났다. 그가 바로 세계적으로 이름을 떨친 라빈드라나트 타고르(1861~1941)다. 원래 성은 벵골어로 '성자聖者'라는 뜻을 가진 타쿠르로, 타고르는 영어식으로 바꿔 부른 것이다. 근대 인도의 가장 위대한 시인이자 철학자, 교육자, 민족주의자였던 타고르는 아시아인으로서는 최초로 노벨문학상을 받았다.

타고르의 가정환경은 매우 독특했다. 타고르 가문은 브라만 계급으로 할아버지는 '왕자'라는 존칭으로 불릴 정도로 지방의 유명한 힌두교 지도자이

콜카타에서 태어난 타고르는 인도의 위대한 시인이자 철학자, 교육자, 민족주의자였다.
그는 벵골의 자연을 사랑했고, 무엇보다도 갠지스 강을 아껴서 문학의 중심 이미지로 삼았다.

자 사상가, 문화계 인사로, 당시 진보 인사의 개혁운동은 모두 그의 후원을 받았다. 아버지 데벤드라나트 역시 명성이 자자한 철학가이자 사회운동가였다. 하지만 내성적이고 신중한 성격이라 사교모임에는 관심이 없었고, 오로지 철학과 종교 연구에만 몰두했다. 독실한 종교인으로 예술적 감각이 뛰어났고, 실제 업무에서는 꼼꼼하고 판단력이 빨랐다. 이런 성격은 자연스럽게 자신보다 더 유명해진 아들 타고르에게 깊은 영향을 미쳤다.

아버지 데벤드라나트는 열다섯 명의 자녀를 둔 대가족을 꾸렸다. 결혼한 딸과 사위, 심지어 친척들까지 모두 집에 머물렀고, 수많은 하인들을 거느렸다. 자녀들은 모두 완전한 자유를 누리는 동시에 엄격한 가정교육을 받았고, 독실한 신앙심을 가지고 인생을 즐기는 법을 배우며 자랐다. 가족들은 할아버지의 영향으로 인도 문화의 전통을 계승하면서 서구 문화도 적극적으로 받아들였다. 집안에서 자체적으로 철학과 종교 토론회, 시 낭송회를 열거나 연극을 즐겼고, 때로는 음악회를 열어 유명한 시인, 배우, 음악가, 학자 들을 손님으로 초대했다.

막내로 태어난 타고르는 어렸을 때부터 가족의 사랑을 독차지해 라비라는 애칭으로 불렸다. 타고르 가족의 생활방식은 매우 소박해 종교 법규에 따라 아이들은 열 살이 돼야 양말과 신발을 신을 수 있었다. 라비는 콜카타에서 학교를 네 군데나 다녔지만 끝내 적응하지 못했다. 그는 개성이 무시되는 교육제도와 자연과는 거리가 먼 새장처럼 답답한 교실이 불만스러웠고, 교사의 위압적인 태도와 야만적인 체벌을 참지 못했다. 오히려 학교 밖의 정원과 연못, 구름을 좋아했다. 나중에 동방학교와 사범학교, 벵골에 있는 학교를 다녔지만 학업을 마치지는 못했다. 훗날 타고르가 교육 혁신을 위해 애쓴 것도 이와 관련이 있다. 학교와 달리 가정교육은 타고르에게 긍정적인 영향을 미쳤다. 역사와 문학, 과학에 관한 풍부한 지식은 모두 부모와 형들에게서 배운 것이다. 뛰어난 재능을 지녔던 큰형은 시인과 철학가로 활동하면서 인도에 서양 철학을 소개했고, 인도인으로서는 최초로 영국령 인도 행정기관에 입사한 둘째 형은 여러 언어에 능통해 산스크리트어와 벵골어로 된 수많은 고전을 번역했다. 누나는 벵골어로 소설을 쓴 최초의 여류 작가였다. 타고르보다 열세 살 많았던 다섯째 형은 음악가, 극작가, 시인, 신문기자로 활동했는데, 동생의 재능을 높이 평가해 칭찬을 아끼지 않았다. 직접 월간 문학잡지 『바라티』를 창간해 타고르가 등단할 수 있도록 이끌어주었다. 단아하고 아름다운 외모에 고상하고 관대한 성격을 지녔던 형수도 라비를 진심으로 아끼며 문학활동에 더없이 좋은 환경을 만들어주었다. 그녀는 타고르의 이상형이었다.

문학적인 집안 분위기 덕분에 타고르는 여덟 살 때부터 시를 쓰기 시작해 열두 살에는 각본을 썼다. 열다섯 살에는 처녀 장편시「들꽃」을, 열일곱 살에는 서사시「시인의 이야기」를 발표했다. 1878년에 가족의 뜻에 따라 영국 유학을 떠나 법률을 공부했지만, 런던대학에 입학한 뒤 전공을 영국 문학으로 바꾸고 서양 음악도 연구했다. 1880년에 귀국한 타고르는 본격적으로 문학 창작에 뛰어들었다. 1884년에는 도시를 떠나 농촌으로 내려가 할아버지의 소유지를 관리했다. 이때 그는 영국의 식민통치를 비난하는 수많은 정치평론을 내놓았다. 1886년에는 시집『강함과 부드러움』을 통해 창작의 길에서 인생과 현실생활을 마주하는 시기를 상징적으로 표현했다. 시 모음집인『마나시』는 타고르의 성숙한 천재성을 보여주는 작품으로, 이때부터 그의 독특한 스타일이 형성되기 시작했다. 이 시기에 타고르는 극본『왕과 왕비』와『희생』을 통해 브라만 사제의 특권 회복과 낡은 풍습을 반대했다.

1890년대는 타고르의 창작활동이 매우 왕성했던 시기다. 1891년부터 자신이 편집장으로 있던 잡지『사다나』에「마하마야」등을 비롯한 단편소설 60여 편을 실어 봉건 탄압을 반대하고 불합리한 현실을 고발했다. 이 밖에 5권의 서정시집『황금 조각배』,『경이』,『늦은 추수』,『꿈』,『찰나』, 철학적 단편시『조각들』과『이야기 시집』을 발표했다.「경이」를 수록한『2에이커의 땅』은 타고르의 민주주의 사상이 가장 잘 표현된 작품이다. 타고르는『찰나』부터 벵골어로 시를 쓰기 시작했다. 두 번째 영어판 시집『정원사』에 수록된 시는 대부분 이 시기에 쓴 작품들 가운데 선택한 것이다.

20세기 초에 타고르는 아내와 딸, 아버지를 연이어 잃는 불운을 겪었다. 당시의 고통과 슬픔은 시집『회상』,『어린이』,『나룻배』에 기록되어 있다. 그는 장편소설『작은 모래』와『난파선』을 쓰기도 했다. 1910년에 발표한 장편소설『고라』는 인도의 복잡한 사회현실을 반영하고, 민족의 자유와 해방을 쟁취하려는 전사의 이미지를 형상화했다. 또한 신新힌두교도가 품은 애국심과 조국의 자유를 쟁취하겠다는 자신감을 노래했다. 이와 동시에 낡은 전통을 고수하려는 행위를 비판하고, 브라마 사마지(라모한 라이가 콜카타에 세운 개신교와 비슷한 힌두교 내의 일신교 운동—옮긴이)의 교도주의와 외국의 것을 맹목적으로 숭배하는 태도를 신랄하게 비난했다. 이 기간에는 상징극 『암실의 왕』과 『우체국』, 풍자극 『견고한 보루』를 발표했다. 1910년에는 벵골어로 쓴 시집 『기탄잘리』를 출판했다. 훗날 타고르는 런던을 여행하면서 『기탄잘리』, 『나룻배』, 『희생』의 시 일부를 영어로 번역했다. 1913년 『기탄잘리』 영어판이 출판되었고, 아시아인 최초로 노벨문학상을 수상하는 영예를 안았다. 그 후 다시 한 번 창작의 전성기를 맞으면서 시가 『노래의 꽃다발』, 『송가』, 『백조』, 『도피』와 중·장편소설 『네 사람』, 『가정과 세계』 등을 발표했다.

독특한 교육철학

타고르는 영국이 인도에 확립한 교육제도를 맹렬하게 반대했다. 대자연과 어울리는 학교를 꿈꾸던 그의 생각과 달리, 당시 교육은 인위적이고 틀에 박힌 암기 위주였다. 이러한 교육현실을 바꾸기 위해 타고르는 콜카타 부근에 국제대학교를 설립했다.

타고르의 아버지 데벤드라나트는 말년에 수행을 위해 조용하고 외진 곳을 찾다가 산티니케탄을 발견했다. 당시 이곳은 인가가 전혀 없는 황폐한 곳으로, 도적들의 은신처로 자주 이용됐다. 이곳이 무척 맘에 들었던 데벤드라나트는 나무 두 그루밖에 없던 황량한 땅에 천막을 짓고 수행 장소로 탈바꿈시켰다. 이 과정에서 도적들도 감화되어 수행에 동참했다. 여러 해에 걸친 노력 끝에 산티니케탄은 푸른 벌판으로 변신했고 건물과 예배당도 들어섰다. 1901년에 데벤드라나트는 여기에 브라만 학교를 세우고, 가족에게 매년 6,000루피를 학교에 기부하라는 유언을 남겼다. 데벤드라나트가 정성을 쏟아부은 브라만 학교가 바로 국제대학교의 전신이다. 1913년에 영국 여행을 떠난 타고르는 친구들에게 브라만 학교를 동·서양 문화의 중심지로 만들고 싶다고 말했고, 친구들은 그의 생각을 전폭적으로 지지하고 도움을 주었다. 인도에 돌아온 타고르는 본격적으로 일을 진행해 1921년에 브라만 학교를 세계 평화와 동서 화합에 취지를 둔 국제대학교로 탈바꿈시켰다.

국제대학교에는 타고르의 깊은 뜻이 깃들어 있다. 파란 하늘을 지붕으로 짙푸른 나무를 벽으로 삼고, 나무 아래에 칠판을 둔 자연 친화적인 숲 속이 바로 교실이다. 교사와 학생 들은 각자 깔개를 깔고 편한 자세로 앉아 이야기를 나누거나 책을 읽는다. 학생들 대부분은 토담 초가집에서 지내고, 인도풍과 유럽풍 건축양식이 뒤섞인 몇 안 되는 벽돌집은 먼 곳에서 온 교사와 학생 들이 사용한다. 도서관에는 수만 권의 진귀한 책이 있는데, 특히 산스크리트어로 직접 베껴 쓴 수천 권의 고서들이 유명하다. 이 중에는 3,000년 전에 옮겨 적은 것도 있는데, 나뭇잎 여러 장이 대나무에 집힌 채 노끈으로 묶여 있다. 국제대학교에서 중요한 건물은 예술원이다. 인도와 유럽의 건축양식이 융합된 예술원 건물 내부에는 회화, 조각, 소조상 같은 정교하고 아름다운 각종 예술품이 전시되어 있는데, 대부분이 학생들의 작품이다.

교육기관은 대학원과 대학부, 학교부 세 부분으로 나뉜다. 대학원은 고정된 과목이나 연한 제한이 없고, 철학, 문학, 예술, 불학, 산스크리트어 등 여러 분야 가운데 각자 좋아하는 과목을 하나 또는 여러 개를 선택해 연구를 진행한다. 전문적으로 담당하는 교수가 없기 때문에 학생들이 서로 가르쳐

1 타고르는 영국이 인도에 도입한 인위적이고,
틀에 박힌 암기 위주의 교육제도를 맹렬히 반대했다.
2 타고르는 자연과 어울리며 자유롭게 공부할 수 있는 학교를 만들기 위해 노력했다.
사진은 타고르가 인도 청년들과 함께 찍은 것이다.

주기도 한다. 대학부는 총 두 단계로 구성되는데, 수업 연한은 2년이고 과목은 세 종류다. 임의 선택 과목 1단계에는 문명사, 일반 예술, 일반 과학 등이, 2단계에는 문화사, 주요 근대 사상, 일반 문학, 예술 등이 개설되어 있다. 필수 과목 1단계에는 산스크리트어를 비롯한 언어, 영문학, 윤리, 수학 이론 등이, 2단계에는 인도 고대 문화, 인도 철학, 종교, 철학, 역사, 경제학, 언어학 등이 개설되어 있다. 마지막은 선택 과목으로 그리스 문화와 라틴 문화, 인도 방언 등이 있다. 대학부는 과목마다 정해진 교수가 있다. 학교부는 초등과 고등 두 단계로 나뉘며, 교과 과정은 초등·중등 교육과 유사하다. 평소 여학생과 남학생은 함께 수업을 받지만, 여학생들은 특별히 개설된 여성부 수업을 듣기도 한다. 여성부 수업은 주로 집안 살림과 관련된 과목으로 구성되는데, 여러 가지 오락활동이나 모임도 있다. 대학부에는 방직 기술, 목공, 채소 심기, 닭이나 누에 키우기 등을 배우는 실업부도 개설되어 있다. 대학 상점에서 파는 채소, 직물, 담요 등은 모두 실업부에서 생산한 것이다.

국제대학교에서 강의하는 학자들은 대부분 타고르의 정신에 감동해서 온 사람들로, 월급은 매우 적다. 예컨대 콜카타대학에서 강의를 하면 한 달에 1,500루피를 받지만, 국제대학교에서는 200루피밖에 받지 못한다. 그래서 교수들의 생활도 평범하기 그지없다. 국제대학교의 학생 수는 모두 200명이 채 되지 않으며 대학부에 100명 이하, 대학원에 10여 명이 있다. 하지만 각국의 유명한 학자들이 방문할 때마다 특별 강의를 해서 강연이 열리는 횟수는 매우 많다. 타고르를 비롯한 교수들도 특별 강연을 자주 열었다. 학교부는 종종 타고르의 각본을 토대로 연극을 공연하기도 했다. 당시 인도에서는 남존여비 사상이 강한 탓에 여자들은 외출할 때 항상 스카프로 얼굴을 가려야 했지만, 국제대학교에서는 여학생들도 머리를 풀고 간편한 차림에 맨발로 다녔고, 남녀 간에 거리낌 없이 자연스럽게 어울렸다.

행 동 하 는 양 심

타고르는 인도가 영국의 식민지였던 시절을 살았다. 그래서 그의 마음속에는 나라를 잃은 민족은 비참하다는 생각이 깊이 박혀 있었다. 이러한 애국심은 그의 작품 속에서 강하게 드러난다.

영국이 벵골에서 분열정책을 실시하자 1905년에 인도에서 첫 번째 민족해방운동이 일어났다. 크게 분노한 타고르는 콜카타에서 반제국주의 운동에 뛰어들어 애국을 노래한 수많은 시를 지었다. 나아가 영국 총독에게 식민통치에 항의하는 편지를 쓰고, 자신이 쓴 애국 시가를 부르짖으며 시위를 지휘했다. 하지만 얼마 지나지 않아 타고르와 다른 운동권 지도자들 사이에 의견 차이가 생겼다. 타고르는 영국 상품을 불태우고 영국인에게 욕설을 퍼붓는

타고르는 제국주의의 침략 때문에 신음하는 각국 국민들에게 깊은 관심을 기울였다.
사진은 유명 물리학자 아인슈타인과 함께 있는 모습이다.

등의 직접적인 행동을 반대하고, 농촌으로 가서 산업을 발전시키고 빈곤과 문맹을 퇴치하는 등의 좀 더 건설적인 일을 해야 한다고 주장했다. 결국 1907년에 운동권에서 탈퇴하고 산티니케탄으로 돌아온 타고르는 칩거하며 창작에 몰두했다. 1913년에 타고르는 『기탄잘리』로 아시아인으로서는 최초로 노벨문학상을 받는 영예를 안았다. 콜카타대학은 그에게 박사학위를 주었고, 영국 정부도 기사작위를 수여했다.

타고르는 편협한 애국주의자가 아니었다. 그는 제국주의의 침략과 압박 속에서 생활하는 각국의 국민들에게 깊은 동정심을 표하고 이들의 저항을 강력하게 지지했다. 제1차 세계대전이 발발하자 타고르는 십여 차례나 바다를 건너 여러 나라를 방문하면서 평화와 우정을 널리 알리고 문화 교류에 힘썼다. 1919년에 무장한 영국 군대가 인도 시민 천여 명을 죽이는 암리차르 학살 사건이 발생하자, 이에 항의하는 표시로 영국 정부에게 받은 기사작위를 반납했다. 1930년에는 소련을 방문해 『러시아에서 온 편지』를 썼다. 타고르는 이탈리아의 아비시니아(지금의 에티오피아) 침략을 비난하고, 파시즘을 표방한 프란시스코 프랑코 장군에 대항한 스페인공화국을 지지했다. 제2차 세계대전이 일어나자 그는 곧바로 히틀러의 행위는 옳지 않다고 질책하고, 전 세계에 "저는 이 세상을 떠나기 직전까지 각 가정에 사람의 가죽을 벗기는 야수에 대항하는 전투를 준비하라고 호소할 것입니다"라고 부르짖었다. 타고르는 자신의 생을 마감하는 순간까지 불의에 당당하게 맞섰고, 1941년 8월 7일에 콜카타에서 숨을 거두었다. 오늘날 인도 국민은 존경과 사랑의 뜻을 담아 타고르를 위대한 시인, 인도의 양심, 인도의 영혼이라고 부른다.

타고르는 우리나라를 소재로「동방의 등불」과「패자敗者의 노래」라는 두 편의 시를 남겼다.「패자의 노래」는 최남선의 요청을 받아 썼고,「동방의 등불」은 1929년에 타고르가 일본에 들렀을 때,『동아일보』기자의 한국 방문 요청에 응하지 못함을 미안하게 여겨 대신『동아일보』에 기고한 작품이다.

불 후 의 문 호

타고르는 인도 고전과 민간 문학의 전통을 계승하고 유럽의 낭만주의와 현실주의 문학에서 풍부한 양분을 흡수해 창작활동의 꽃을 피워 마침내 최고의 경지에 올랐다. 그는 평생 동안 시집 50여 권, 장편소설 12편, 단편소설 100여 편, 각본 20여 편, 이 밖에 문학, 철학, 정치 관련 글을 썼으며, 그림 1,500여 점과 시가 2,000여 곡을 남겼다. 시가는 장르와 소재가 다채로워 참신하면서도 의미심장하고, 소설은 독특한 품격과 강한 흡인력을 보여준다. 또 철학적 의미가 강한 수많은 희곡과 형식에 구애받지 않고 구슬프거나 웅장한 기세를 다양하게 표현한 노래도 빼놓을 수 없다. 산문은 주로 사회,

1 세계적으로 영향력 있는 타고르의 문학작품은 각국의 언어로 번역되어 수많은 독자들의 사랑을 받고 있다.
2 타고르는 인도 문학의 정수를 서양에 소개하고, 서양 문학의 정수를 인도에 소개하는 데 커다란 공헌을 했다.

정치, 교육 등을 다루었는데, 중요한 작품으로는 『죽음의 무역』, 『중국의 담화』, 『러시아에서 온 편지』 등이 있다. 단편소설 중에 『카불에서 온 과실 장수』와 『마하마야』는 사람들 입에 가장 많이 오르내리며, 세계 단편소설의 걸작으로 불린다. 이 밖에 중편소설 『네 사람』, 장편소설 『난파선』, 『고라』, 『가정과 세계』가 있다. 각본 『속죄』, 『견고한 보루』, 『붉은 협죽도』 등은 당시 인도의 사회현실을 적나라하게 폭로한 것으로 유명하다.

타고르는 시를 통해 아름다운 자연과 생명 그리고 사랑을 노래했다. 타고르의 시가는 생명의 본질과 다양성에서 즐거움을 찾을 수 있다. 그는 전쟁에 대한 절망과 비통함을 표현하기도 했다. 그는 항상 어떠한 정치적 요소도 가미되지 않은 평화를 꿈꿔 모든 사람이 완벽하게 평화로운 세계에서 살기를 바랐다. 타고르는 여러 국가와 지역을 여행하면서 다양한 각 문화 간의 차이점을 이해하고 작품을 통해 동서양의 문화를 매우 섬세하게 묘사했다.

타고르는 많은 작품을 내놓은 작곡가 겸 화가이기도 하다. 그는 평생 대중의 심금을 울리는 아름다운 노래를 2,000여 곡이나 작곡했다. 인도의 민족해방운동이 고조되었을 때 열정이 넘치는 그의 노래는 인도인들이 식민통치에 맞서는 강력한 무기가 되기도 했다. 이 중에 「자나 가나 마나」는 1950년에 인도의 국가가 되었다. 일흔이라는 고령에 그림을 배운 타고르는 회화 1,500여 점을 남겨 세계 여러 지역에서 전시회를 열기도 했다.

타고르는 수많은 작품을 창작한 작가이자 지식이 해박한 철학가며 탁월한 업적을 이룬 사회활동가이자 혁신적인 교육가였다. 그가 평생 일군 업적은 인도 역사에서 커다란 의의를 가질 뿐만 아니라 국제 사회에도 영향을 미쳤다. 오늘날 인도를 여행하는 사람들은 타고르가 살던 집을 둘러보며 위대한 작가를 추모한다. 콜카타 시에 있는 타고르 하우스는 붉은 벽돌과 기둥에 파란 창문이 있는 이층집으로, 잎이 얇고 긴 열대 상록수로 둘러싸여 있다. 중앙에는 짙푸른 잔디밭이 깔려 있고, 전반적으로 따스하고 조용하며 고풍스러운 분위기다. 붉은 궁전식 건물 앞쪽에는 2미터 높이의 순백색 대리석 기단 위에 수염을 길게 기른 타고르의 반신 동상이 있다. 생전에 눈부신 업적을 이룬 타고르는 조용하고 따스한 이곳에서 사후 생활을 즐기며 인도인을 비롯해 전 세계인의 존경을 한 몸에 받고 있다.

부록

타고르의 유언

한가롭게 노닐던 여름새가 창 앞으로 날아와 지저귀다가 다시 날아갔고, 시들어버린 가을 잎은 노랫소리 없이 춤추듯 사뿐히 떨어졌다. 오늘 새벽, 나는 창 앞에 앉아 있었다. 현실 세계는 나그네처럼 그곳에서 잠시 걸음을 멈추고 나를 향해 고개를 끄덕이더니 곧 가버렸다.

　오늘은 햇빛이 살짝 보이는 것이 마치 물레 옆에 앉은 여인이 이미 잊혀진 언어로 나에게 오래된 노래를 흥얼거리는 것만 같다. 속세는 움직이는 마음속에서 가슴 아픈 음악을 서둘러 연주했다. 멀리 가버린 여름의 음악이 가을을 떠돌며 자신의 옛 둥지를 찾아 헤맨다. 알 수 없는 세월의 감동이 내 마음을 감싸며 마치 외로운 이끼가 나무에 기대는 것만 같았다. 내 마음속 슬픔 뒤편에서 누군가의 소리가 들렸지만 나는 이들을 볼 수 없었다. 어째서 이 마음이 침묵 속에서 동정심을 유발한 만한 지친 모습을 하고 있는지 나는 알 수 없었다. 분명히 그것을 위해 처음부터 부탁했지만 이해한 적이 없고, 그럴 필요도 느끼지 않았을 것이다. 멈추지 않고 세차게 내뿜는 저 물보라의 원천은 어디일까?

　생명은 수없이 많은 작은 틈을 남기고, 그 속에서 죽음의 신의 슬픔과 기쁨이 흩날린다. 나의 태양은 곧 사라질 것이다. 나는 마치 조각배가 백사장에 좌초된 것처럼

황혼 속에서 춤곡을 경청하는 것 같다. 마치 이 어둠 속에서 조용히 추억의 발자국 소리를 듣는 것 같다. 나는 사라진 세계의 화려함을 나의 세계로 가져왔다. 생명과 사랑 그리고 죽음의 시냇물은 떠돌다가 결국 잊혀지면서 끝이 났다. 그래서 나는 이제 세상과 작별하는 자유를 느낀다. 생은 여름새의 화려함을 닮았고, 죽음은 가을 잎의 조용한 아름다움과 같다.

「자나 가나 마나」

타고르가 작사·작곡한 곡으로, 가사의 원본은 벵골어로 쓰였다. 1912년에 최초로 발표했고, 1919년에 직접 영어로 번역했다. 당시의 제목은 '인도의 아침 노래'였다. 이 노래는 인도의 독립운동에 큰 영향을 미쳤다. 총 5절로, 다음은 1절의 내용이다.

당신은 국민의 마음속 통치자,
당신은 인도의 운명 개척자.
당신의 명성이 펀자브, 신드, 구자라트, 마라타,
드라비다, 오리사, 벵골의 민중을 일깨웠죠.

당신의 명성이 빈디아 산맥과 히말라야 산맥까지 울려 퍼지고,
야무나 강과 갠지스 강의 소리를 따라
인도양의 파도 소리와 어울리죠.
이들은 당신의 축복을 기도하고, 당신의 명성을 찬양해요.
승리, 승리, 승리는 영원히 당신의 것.

광대한 인도에 아직 공식 국가가 없던 1947년에 국제연합이 갑자기 인도에 국가를 요구하자, 인도 대표단은 급하게 이 노래를 보냈다. 1947년 8월 14일 자정, 독립을 선포한 역사적인 순간에 입법회의에서 이 노래가 크게 울려 퍼졌다. 1950년 1월 24일에 「인도의 아침 노래」는 '자나 가나 마나'로 제목을 바꾸고 인도의 공식 국가가 되었다. 타고르의 목소리를 대변하는 「자나 가나 마나」는 한 민족, 한 국가를 일깨웠을 뿐만 아니라, 국경을 뛰어넘어 전 세계의 하늘 위를 맴돌았다.

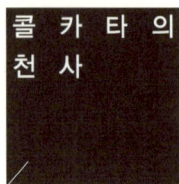

콜카타의 천사

역사가 짧은 콜카타에서 활동 분야가 전혀 다른 두 명의 성인을 배출한 것은 갠지스 강 삼각주의 모든 에너지가 이곳에 모였기 때문인지도 모른다. 동방의 위대한 시인으로 불리는 타고르를 제외하고, 당대에 가장 영향력 있는 인도인은 바로 가톨릭 신자이자 노벨평화상을 받은 테레사 수녀다. 사실 정확하게 말하면 테레사 수녀는 콜카타 출신도 인도인도 아니다.

1910년 오스만 제국 코소보의 스코페(오늘날 마케도니아공화국의 수도)에서 태어난 테레사 수녀의 원래 이름은 아그네스 곤자 보야지우로, 성공한 사업가였던 아버지 덕분에 매우 부유했던 집안의 1남 2녀 중 막내였다. 테레사 수녀는 자신의 어린 시절 이야기를 거의 하지 않았지만, 열두 살에 가톨릭계 아동 자선단체에 가입하면서 가난한 사람들을 돕는 것이 천직이라고 느꼈다는 말을 한 적이 있다. 1927년에 아일랜드의 로레토 수녀원에 들어갔고, 1928년에는 히말라야 산기슭에 있는 다르질링에서 선교사 훈련을 받고 학교 교사로 부임해 지리와 역사를 가르쳤다. 1931년에 정식 수녀가 되었다.

1 테레사 수녀는 숱한 난관과 반대에 부딪혔지만, 조금도 굴하지 않고 사랑의 선교수녀회의 활동을 넓혀나갔다.
2 죽어가는 사람들과 나병 환자, 버려진 아이들, 노인들에게 테레사 수녀는 애정 어린 도움을 베풀었다. 사진은 테레사 수녀가 콜카타에 지은 요양소다.

1937년 5월, 수련을 마친 그녀는 정식으로 하느님께 일생을 바치겠다는 종신서원을 하고, 19세기에 가장 유명했던 프랑스의 성녀 테레사의 정신을 따르고자 이름을 테레사 수녀로 바꾸었다.

그 후 테레사 수녀는 벵골 상류계층의 자녀들이 다니는 콜카타의 세인트메리 고등학교의 교장이 되었다. 당시 인도는 빈부 격차가 매우 커 학교 담장 안은 평온했지만, 담장 너머 거리에는 온통 버림받은 나병 환자와 거지, 고아 들로 넘쳐났다. 전혀 다른 세상 같은 빈민굴과 귀족학교가 병존하는 모습에 테레사 수녀는 깊은 자책감을 느끼고 더 이상 학교에서 마음 편히 지낼 수 없다는 것을 깨달았다. 빈민굴이야말로 자신이 가야 하는 곳이었고, 가장 가난하고 신분이 낮은 사람들을 돕는 것이 자신의 운명이라고 생각했다.

1946년 9월 10일, 다르질링의 수도원에서 1년을 보내고 다시 콜카타로 돌아온 테레사 수녀는 총원장 수녀에게 학교와 수도회를 떠나고 싶다는 의사를 밝혔지만, 허락을 받지 못했다. 당시 테레사 수녀는 정식 수녀가 된 지 이

수녀는 수녀원에서 지내야 한다는 생각을 가진 보수적인 로마 가톨릭 인사들의 반감에도
굴하지 않고 테레사 수녀는 바깥 세상에 도움의 손길을 멈추지 않았다.
그래서 교황도 빈민굴의 성자인 테레사 수녀에게 경의를 표했다.

미 십 년이나 지났기 때문에 쾌적하고 안정적인 수도원 생활에 적응한 상태였다. 그래서 가족과 친구들을 떠나 수녀원으로 들어가겠다고 결정했을 때보다 더 큰 고통이 따랐고, 수도회에서도 결정을 포기하라고 그녀를 설득했다. 하지만 테레사 수녀는 끝까지 결심을 굽히지 않았다.

1947년에 동파키스탄이 독립을 하자 만여 명에 달하는 난민이 콜카타로 몰려들었는데, 대부분이 힌두교 신자였다. 난민들이 효과적으로 통제가 되지 않으면서 콜레라와 나병 등의 전염병 환자가 골목마다 넘쳐났고 콜카타는 순식간에 지옥으로 변했다. 이 모든 상황을 지켜본 테레사 수녀는 너무 고통스러웠다. 그녀는 계속해서 총원장 수녀와 바티칸 교황청에 허락을 요청했다. 1948년이 되어서야 교황 비오 12세는 재속 수녀의 신분으로 도움이 필요한 가난한 사람들에게 선행을 베푸는 것을 허락하고, 자원봉사자와 거처를 지원했다. 테레사 수녀는 의료훈련을 받고 자원봉사자를 모집했다. 1950년 10월에 테레사 수녀와 다른 수녀 12명은 '사랑의 선교수녀회'를 설립하고 기존의 수녀복을 인도 고유의 부인복인 사리로 바꿨다.

어느 날 일 문제로 상의하기 위해 병원으로 가던 테레사 수녀는 정류장 근처의 광장에서 죽은 듯이 쓰러져 있는 나이 든 여성을 발견했다. 그녀의 발은 다 떨어진 천으로 감겨 있었고, 온몸에는 개미가 기어 다니고 머리는 쥐에게 물린 듯 피가 묻어 있었다. 상처 주변에는 온통 파리와 구더기가 가득했다. 테레사 수녀는 급히 사람을 불러 금방이라도 숨이 끊어질 듯한 여인을 인근 병원으로 옮겼다. 병원은 처음에는 보호자가 없다는 이유로 환자를 받아들이는 걸 거부했으나 테레사 수녀의 간곡한 부탁 덕분에 치료를 했다. 환자를 병원에 부탁한 테레사 수녀는 가난한 환자들이 쉴 수 있는 장소를 제공해야겠다는 마음에 급히 공중보건소로 걸음을 옮겼다. 다행히 보건소 소장은 그녀의 부탁을 받자마자 사원 숙소를 무료로 제공했다. 인도인이 아닌 테레사 수녀에게 이런 혜택을 준 것을 두고 처음에 힌두교의 브라만은 강하게 반발했다. 하지만 테레사 수녀는 아랑곳하지 않고 하루도 채 안 된 사이에 가장 가난하고 고통스러운 사람들 30명을 이곳으로 데려왔다. 한 노인은 바로 그날 저녁에 숨을 거두었는데, 죽기 직전에 테레사 수녀의 손을 꼭 잡고 벵골어로 조용히 "저는 평생을 개처럼 살았습니다. 그런데 지금은 사람처럼 죽을 수 있게 되었네요. 정말 감사합니다"라고 속삭였다. 테레사 수녀는 계속 길에서 임종 직전인 수많은 환자를 구했고, 이 중에는 힌두교도 역시 포함되었다. 그 모습에 수많은 인도인이 감동했고 그녀를 반대하던 목소리도 점차 줄어들었다.

　사실 테레사 수녀를 비롯한 여러 수녀들의 노력만으로는 콜카타의 모든 임종자를 돕는 것은 불가능했다. 하지만 테레사 수녀는 인류가 불행한 이유는 질병이나 가난으로 죽기 직전에 도움의 손길을 내미는 사람이 없기 때문이지, 단순히 빈곤이나 질병, 기아 때문은 아니라고 생각했다. 그녀는 모든 사람이 죽음 직전에 반드시 돌아갈 곳이 있다고 믿었다. 1952년 8월, 임종자들을 위한 요양소가 정식으로 문을 열었다. 입구에는 벵골어로 평온의 집이라는 뜻인 니르말 히르데이라는 간판이 걸렸다. 7년 뒤에 사랑의 선교수녀회는 인도의 수도인 델리와 란치에도 이러한 공간을 마련했다. 계속해서 테레사 수녀는 길거리, 경찰서 앞, 쓰레기통, 집 앞에 버려진 아이들을 전문적으로 돌보는 요양소를 열었고, 나병환자 요양소도 세워 따스한 보살핌을 받을 수 있도록 했다.

　1960년대에 테레사 수녀의 요양소가 있는 콜카타는 길거리를 떠돌던 환자나 도움이 필요한 환자들 사이에 안식처로 알려지면서 순식간에 사람들로 붐볐다. 일손이 부족해지자 요양소 측은 세계 각지에서 자원봉사자들을 모집해 국제적으로 이름을 알리기 시작했다. 1969년에 영국 기자 맬컴 머거리지는 테레사 수녀를 주인공으로 한 다큐멘터리 「하느님을 위한 아름다운 일」을 제작했다. 요양소와 가난에 찌든 충격적인 인도 거리의 모습, 아무런 도움을 받지 못하는 현실이 촬영되었고, 평생 가장 가난한 사람들을 위해 헌신하겠다는 테레사 수녀의 정신이 고스란히 담겼다. 다큐멘터리가 공개되자 사람들은 크게 감동했고 테레사 수녀는 전 세계적으로 유명해졌다.

　1971년에 교황 비오 12세는 테레사 수녀에게 평화상을 수여했다. 같은 해 테레사 수녀는 케네디상도 받았다. 1979년에는 노벨평화상과 인도의 최고

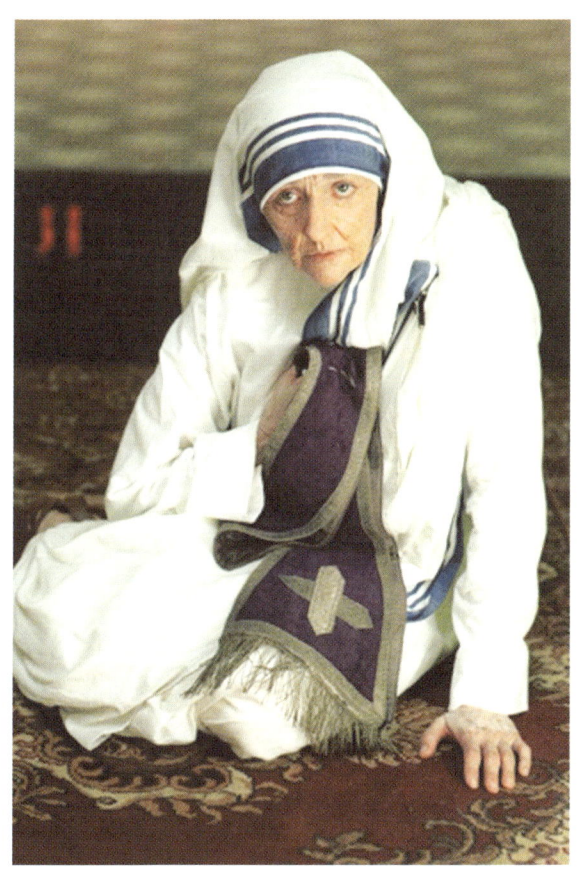

테레사 수녀는 1979년에 노벨평화상을 수상함으로써 가난한 사람들과 도움을 필요로 하는 사람들을 위해 정열적인 활동을 펼칠 수 있는 국제적 기반을 더욱 폭넓게 확보했다.

시민훈장인 바라트 라트나를 받았다. 1985년에는 미국 대통령이 수여하는 자유 훈장을, 1994년에는 미국 의회가 수여하는 연방 의회 금메달을 받았고, 1996년에는 미국의 명예 시민권과 여러 대학의 명예학위를 받았다. 하지만 테레사 수녀는 이런 명성에 현혹되지 않고 여전히 가난한 사람들을 위해 봉사하는 생활을 이어갔다.

세계적인 기업들이 선뜻 기부하면서 테레사 수녀가 세운 조직은 막대한 자산을 보유했다. 그녀의 곁에는 정식 회원 7,000여 명과 100개국에서 활동하는 셀 수 없을 만큼 많은 추종자와 자원봉사자가 있었고, 각국의 대통령, 왕, 거물급 언론인, 기업인과 알고 지냈으며 이들의 존경을 받았다. 하지만 테레사 수녀는 소박한 생활을 고수했다. 그녀가 살던 곳의 유일한 전자제품은 전화였고, 옷은 세 벌밖에 없었다. 인도인 대부분이 맨발로 다니자 테레사 수녀는 이들과 멀어지지 않기 위해 신발을 신지 않았다. 인도를 방문해 테레사 수녀를 직접 만난 영국의 다이애나 황태자비는 흰색 하이힐을 신고 있던 자신과 달리 테레사 수녀가 맨발인 모습을 보고 너무 부끄러웠다고 말했다.

유고슬라비아가 코소보 사태를 일으켰을 때 테레사 수녀는 지휘관을 찾아가 불쌍한 여성과 아이 들이 미처 도망가지 못했다고 말했다. 지휘관이 상대

코소보 사태 코소보는 알바니아계 주민이 전 인구의 80퍼센트 가까이를 차지하지만 영토는 신유고연방에 속해 있는 자치주였기 때문에 절대다수를 차지하는 알바니아계 주민들은 세르비아로부터 분리 독립을 바랐다. 1998년 3월 초에 코소보의 알바니아 분리주의 반군들이 세르비아 경찰을 공격하면서 전쟁이 시작되었다. 세르비아는 5월 3일에 대규모 소탕작전을 전개해 알바니아계 반군을 사살하고, 알바니아계 주민들을 대상으로 이른바 인종청소작전을 펼쳤다. 그러자 수십만 명의 알바니아계 주민들이 이를 피해 코소보를 탈출했다. 1998년 6월에 사태 개입을 선언한 미국과 유럽연합은 북대서양조약기구 병력을 코소보 주변에 배치하고, 세르비아 병력의 철수와 잔혹한 인종청소의 중단을 촉구했다. 10월에는 세르비아에 대한 무력 사용을 결정했다. 결국 세르비아와 서방 측은 여러 차례에 걸쳐 평화협상을 가진 끝에 6월 9일에 군사협정을 체결했다.

방이 휴전을 원하지 않기 때문에 자신들도 어쩔 수 없다는 입장을 보이자, 테레사 수녀는 의연히 전쟁터로 걸어 들어가 휴전을 호소했다. 이 모습에 감동한 양측은 즉시 휴전을 선언했고, 테레사 수녀가 불쌍한 여성과 아이들을 데리고 빠져나온 뒤에 전쟁을 재개했다. 이 소식을 들은 전 국제연합 사무총장 코피 아타 아난은 크게 감탄하며 "그것은 이 자리에 앉아 있는 나조차 하지 못한 일이다"라고 말했다.

1997년 9월 5일, 건강이 악화된 테레사 수녀는 인도 콜카타에서 여든일곱 살에 세상과 작별을 고했다. 그녀의 유해는 인도인 열두 명이 옮겨 관에 안치했다. 관에 안치하기 전에 사람들은 테레사 수녀에게 신발을 신길지를 논의했지만, 생전에 신발을 신지 않았던 뜻을 존중해 맨발인 채로 두기로 결정했다. 테레사 수녀의 몸에는 인도 국기가 덮였고 인도 정부는 국장을 거행했다. 유해가 옮겨지자 인도 총리를 비롯한 장내의 모든 인도인이 무릎을 꿇었고, 유해가 거리로 나오자 건물 양쪽에 있던 인도인들이 존경하는 마음을 표현하기 위해 전부 아래로 내려와 바닥에 무릎을 꿇었다. 테레사 수녀의 서거 소식에 전 세계는 충격에 휩싸였다. 인도에서는 시민 수천만 명이 폭우를 뚫고 거리로 나와 자신들이 존경하고 사랑한 머더 테레사를 추모했다. 싱가포르, 영국, 뉴질랜드, 미국 등 각국의 지도자들은 천사의 서거에 가슴 아픈 마음을 담아 애도문을 발표했다. 유네스코는 공식 성명을 발표해 경의를 표했고, 로마교황청도 추모 미사를 열었다. 필리핀의 하이메 신 추기경은 그녀를 "평화와 희생, 즐거움을 대표하는 상징"이라고 추모했다.

부 록

테레사 수녀의 노벨평화상 수상 연설(발췌)

오늘 이 자리에 함께할 수 있게 해주신 하느님께 감사드립니다. 또한 노벨평화상이라는 선물을 안겨주신 하느님께 다시 한 번 감사드립니다. 저는 이곳에서 여러분과 성 프란체스코의 기도문을 함께 낭송하는 것이 매우 큰 의미가 있다고 생각합니다. 우리는 매일 맛있게 차려진 식탁 앞에서 이 기도문을 올립니다. 제가 말하고 싶은 것은 성 프란체스코가 이 기도문을 썼을 당시의 사람들도 오늘날의 우리와 똑같은 어려움을 겪고 있었다는 점입니다. 사실 우리는 이 기도문을 오늘날의 상황에 더 알맞게 고쳤습니다. 그래서 저는 이곳에 모인 여러분께 이 기도문을 나눠드리고 함께 기도하고 싶었습니다.

노벨평화상 수상으로 우리가 평화로운 삶을 살아갈 수 있음을 일깨워주신 하느님께 다시 한 번 감사드립니다. 원죄 없으신 하느님은 우리와 다를 것이 없습니다. 그분은 모든 사람들에게 기쁨을 가져다주셨습니다.

저는 사람들의 미소, 죽음의 문턱에 선 사람들의 미소를 보는 것에 너무나 익숙합니다. 하지만 이 자리에서 저는 사랑에 목말라 있는 모습을 보았습니다. 한 자매님이 저에게 "이곳은 거의 매일 그래요. 이들은 날마다 자식들이 자신을 보러 와주기를 너무나도 간절히 바라고 있죠. 하지만 곧 자신이 잊혀진 사람이라는 사실에 마음의 상처를 크게 받아요"라고 말했습니다. 바로 이것이 세상에 존재하는 또 다른 가난입니다. 사랑이 부족한 가난입니다. 어쩌면 이러한 가난은 우리 곁에, 우리의 가정에 이미 오래전부터 있었는지도 모릅니다. 우리의 가족 중에도 외로움을 느끼는 사람이 존재할 수 있습니다. 이들은 이미 마음의 상처를 받았거나 초조하고 불안한 상태일지도 모릅니다. 만약 이런 일이 벌어진다면 다른 가족들은 모두 걱정을 할 겁니다. 만약 그렇다면 우리는 외로움을 느낀 가족을 어떻게 포용해야 할까요? 만약 당신이 어머니라면 자식들을 너그럽게 이해할 수 있을까요? 서구 사회에 대해 제가 가장 크게 놀랐던 점은 남녀 가릴 것 없이 많은 아이들이 흡연을 한다는 사실이었습니다. 저는 과연 누가 이 문제를 초래했고, 이러한 일이 벌어진 이유가 무엇인지를 분명히 하고 싶습니다. 저는 그 해답이 자신을 따뜻하게 대해주고 너그럽게 이해해주는 가족이 없기 때문이 아닐까 하는 생각을 했습니다. 어쩌면 부모들은 일이 너무 바빠서 아이들을 돌볼 시간이 없다고 말할지도 모릅니다. 하지만 그 시간에 아이들은 거리에서 방황하고, 나쁜 습관에 물들고 있습니다. 우리가 오늘 평화를 이야기하고 있지만, 이 사실이 우리의 평화를 위협할 수도 있습니다.

가난한 사람들은 위대합니다. 이들은 우리에게 많은 아름다운 습관을 가르쳐줍니다. 어느 날 가난한 사람들이 저를 찾아와 감사하다는 말을 전했습니다. 이들은 "여러분처럼 선행을 베푸시는 분들 덕분에 저희는 가족계획을 세우고 실천하는 방법을

배울 수 있었습니다. 덕분에 저희는 스스로를 단속하고 서로 사랑하는 것보다 더 중요한 것은 없다는 사실을 알게 되었습니다"라고 말했습니다. 이들의 꾸밈없는 말이야말로 가장 아름답고 살아 있는 언어입니다. 먹을 것과 입을 것이 부족하고 심지어 머물 집이 없을지라도 이들은 위대합니다.

저는 이 자리에 함께하신 여러분이 자신의 재산을 전부 가난한 사람들에게 나눠줄 수 없다는 것을 잘 알고 있습니다. 물론 여러분이 꼭 그래야 할 필요도 없습니다. 다만 여러분이 할 수 있는 만큼 우리 일을 도와주시기를 바랄 뿐입니다. 제가 정말 기뻤던 것은 가난한 집에서 배고픔을 참아야 하는 견디기 힘든 생활을 하는 아이가 여전히 즐거워하고 또 즐거움을 부모에게 안겨준다는 점입니다. 부모로서 우리는 아이에게 물질적인 필요를 만족시켜주는 것뿐만 아니라, 커다란 사랑을 줘야 합니다.

이미 세계 각지에 퍼져 있는 사랑의 선교수녀회의 여러 수녀님들이 전 세계 어린이들을 돕고 있습니다. 저는 오늘 받은 이 상금으로 갈 곳 없는 이들을 위한 시설을 지어 이곳에서부터 사랑의 마음을 키워나갈 겁니다. 반드시 온 세상에 평화를 전달해 우리의 사랑을 느낄 수 있도록 해야 합니다. 가난한 사람들이 이 기쁜 소식을 듣고 자신의 가족에게 전달하고 나아가 전 세계에 전달하도록 해야 합니다. 이를 위해 수녀님들을 포함한 모든 사람들은 계속 기도해야 합니다. 기도를 통해 하느님과 소통하면 서로를 이해할 수 있습니다. 우리가 전 세계에 사랑의 수녀선교회의 역할을

알림으로써 모두의 열정을 불러일으켜 함께 가난한 사람들의 고통을 나눌 수 있다고 굳게 믿습니다. 저는 이 일이 가난한 국가에서는 쉽게 이룰 수 있지만, 해결해야 할 문제가 많은 서구에서는 어려운 일이라는 점을 알고 있습니다.

 훗날 제가 천국에 가게 된다면 바로 이 자리에 계신 여러분 덕분입니다. 여러분들이 저의 마음을 정화시켜준 덕분에 편안하게 하느님을 마주할 수 있을 겁니다. 하느님이 우리를 사랑하기 때문에 우리는 그분과 함께합니다. 하느님이 우리를 사랑한다는 것을 기억하고, 우리도 다른 사람을 사랑해야 합니다. 큰 사랑이 아닌 작은 사랑으로도 충분합니다. 사소하고 작은 일에서 큰 사랑이 보이는 법입니다. 노르웨이를 중심으로 전 세계에 사랑을 전달하고 전쟁을 멀리한다면 곧 태어날 아이들이 기쁜 마음으로 우리를 찾아올 겁니다. 스스로를 세계 평화를 전달하는 씨앗으로 삼는다면 노르웨이의 노벨평화상은 진정으로 평화의 선물이 될 겁니다.

 주님의 가호가 있기를!

신화의 강 갠지스
황토빛 강물에 흐르는 신과 인간의 대서사시

초판 인쇄 2010년 7월 1일
초판 발행 2010년 7월 5일

엮은이   베이징대륙교문화미디어
옮긴이   곽선미

발행인   권윤삼
발행처   도서출판 산수야

등록번호 제1-1515호
등록일자 1993년 4월 30일
주소   121-826 서울시 마포구 망원동 472-19
전화   02-332-9655
팩스   02-335-0674

ISBN 978-89-8097-208-1 04900
ISBN 978-89-8097-206-7 (전 5권)

값은 뒤표지에 있습니다. 잘못된 책은 바꾸어드립니다.

이 책의 모든 법적 권리는 도서출판 산수야에 있습니다.
저작권법에 의해 보호받는 저작물이므로
본사의 허락 없이 무단 전재, 복제, 전자출판 등을 금합니다.

이 도서의 국립중앙도서관 출판시도서목록(CIP)은 e-CIP 홈페이지
(http://www.nl.go.kr/cip.php)에서 이용하실 수 있습니다.
(CIP제어번호 : CIP2010002162)